한국
역사
고고학
연구

한국역사고고학연구

2013년 10월 15일 초판 1쇄 인쇄
2013년 10월 20일 초판 1쇄 발행

지은이 강봉원
펴낸이 권혁재

편집 박현주 · 조혜진 · 오미선
출력 엘렉스프린팅
인쇄 한영인쇄

펴낸곳 학연문화사
등록 1988년 2월 26일 제2-501호
주소 서울시 금천구 가산동 371-28 우림라이온스밸리 B동 712호
전화 02-2026-0541~4
팩스 02-2026-0547
E-mail hak7891@chol.net

ISBN 978-89-5508-306-4 93910
ⓒ 강봉원, 2013
협의에 따라 인지를 붙이지 않습니다.

책값은 뒷표지에 있습니다.
잘못된 책은 바꾸어 드립니다.

한국역사고고학연구

Historical Archaeology of Korea

강봉원

Bong Won Kang

Professor of Archaeology in the Department of Cultural Resources Studies
Gyeongju University

학연문화사

책머리에

본서에 수록된 논문들은 우리나라의 역사고고학과 관련된 것들이다. 우리나라 학술지의 이곳저곳에 게재하였던 글들을 모아 다소 수정·보완하여 한 권의 책으로 엮어내게 되었다. 이 책을 읽어 보는 사람들은 알겠지만 접하기에 쉽지 않은 내용이 대부분이다. 그러나 이 글을 통해 학부 및 대학원생, 그리고 연구자들이 어떻게 역사고고학을 하는가에 대한 몇 가지 사례를 제시하고자 한다.

필자는 논문을 쓰면서 '내 견해가 옳고, 다른 사람들 것은 그르다'고 말하지 않는다. 다만 '나만의 시각'과 '나의 목소리' 혹은/그리고 '새로운 시각과 해석'에 주안점을 두고자 한다. 누가 옳고 누가 그르다는 것은 중요하지 않다. 과거를 다루는 역사나 고고학에서는 누가 맞고 누가 틀렸는지를 알 수 없는 경우가 허다하기 때문이다. 특히 고고학과 역사의 경우 끊임없이 새로운 자료가 발굴되어 나오기도 한다. 아울러 새로운 이론과 방법론이 개발되어 사용되기도 한다. 이러한 상황에서 수십 년 전에 도출된 학문적 성과에 대해 새로운 견해를 제시하는 것은 너무나 당연한 일이 아닌가.

한 가지 학문적 주제에 대한 선학들의 견해나 결론만을 단순 반복하거나 그 틀에서 벗어나지 못한다면 학부는 물론이고 석·박사 과정도 무의미하며 새로운 세대가 학문을 연구할 필요조차도 없다. 필자는 여러가지 주제에 대해 늘 호기심을 가지고 있으며 특히 기존 학설에 대해 끊임없이 의문을 제기하고 '다르게 볼 여지는 없는지'를 생각한다. 그래서 학계에 정설로 자리잡은 것에 대해서조차도 늘 '새로운 발견'이나 '새로운 해석과 주장'을 하고자 노력한다.

과학과 전반적인 학문 분야가 급속도로 발전해 가는 이 시점에서 역사 및 고고학계에서도 과거의 학설에 대한 재검토가 필수 불가결하다. 그렇지 않으면 학문의 발전이 있을 수 없거나 상대적으로 발전이 지지부진하게 된다. 한 가지 연구 주제에 대한 정(正)-반(反)-합(合)의 변증법적 논리 전개가 지속적으로 반복되는 과정에서 학문의 발전을 기대할 수 있고 결실을 맺을 수 있을 것이다. 우리나라 역사 및 고고학계의 일부에서 한 가지 연구 주제에 대하여 정(正)에만 지나치게 집착하고 있거나 사고가 획일화된 경향은 없는지 되돌아 볼 필요가 있다. 그런 맥락에서 본 서의 내용이 한국의 역사와 고고학의 학문적 발전을 위해 다소나마 기여하게 된다면 큰 다행으로 여기겠다.

2013. 10.
강봉원

| 목차

책머리에

서론   11

I. 한국 고대 국가 형성에 있어서 관개수리 역할의 재고
   : 영천 청제를 중심으로   21

   1. 머리말   23
   2. 이론적 배경   26
   3. 한국 고대의 관개수리에 관한 연구사 및 청제   31
   4. 청제 병진명의 해석   37
   5. 청제 정원명의 해석   47
   6. 맺음말   51

II. 한강 유역 횡혈식 석실분의 성격 고찰: 여주 지역을 중심으로   55

   1. 머리말   57
   2. 한강유역 횡혈식 석실분 성격 구명에 대한 연구: 문제 제기   59
   3. 여주지역 석실분의 성격 구명에 대한 연구사적 배경   68
   4. 여주 하거리지역 석실분의 성격: 구조적 특징과 출토 유물의 검토   85
   5. 맺음말   106

Ⅲ. 백제 무왕과 '서동'의 관계 재검토
   : 신라와 백제의 정치·군사적 관계를 중심으로   115

1. 머리말   117
2. 서동요 연구의 학설사 및 문제의 제기   120
3. 4~6세기 고구려·신라·백제의 정치·군사적 배경   124
4. 백제 무왕의 출계와 왕위 계승   131
5. 백제와 신라의 적대적 관계 검토: 무왕 대 진평왕   139
6. 맺음말   145

Ⅳ. 신라 왕경의 인구수에 관한 역사 및 고고학적 고찰   147

1. 머리말   149
2. 왕경 인구수 추정과 관련된 변수   150
3. 왕경의 개념과 공간적 범위   152
4. 방에 대한 역사적 고찰   156
5. 왕경의 방에 대한 고고학적 고찰   163
6. 맺음말   176

Ⅴ. 경주 북천의 수리에 관한 역사 및 고고학적 고찰   179

1. 머리말   181
2. 경주의 지형과 홍수 문제   182
3. 신라의 홍수에 관한 역사 기록과 홍수에 대한 응전   187
4. 북천 수치의 성공과 실패: 고고학적 관점   197
5. 맺음말   206

Ⅵ. 경주 남고루(南古壘)에 관한 일 고찰 209

1. 머리말 211
2. 남고루 연구의 역사적 배경과 문제의 제기 212
3. 남고루의 고고학적 배경 219
4. 편년과 고찰 224
5. 맺음말 237

Ⅶ. 구어역(仇於驛)의 위치에 관한 고찰
: 불국사 경내 출토 '仇於馹'(구어일) 명문기와와 관련하여 239

1. 머리말 241
2. 고고학적 배경과 문제의 제기 242
3. '구어일'(仇於馹)의 역사적 배경 246
4. '구어역'(仇於驛)의 위치에 관한 고찰 254
5. 맺음말 265

결론 269

영문개요 277

참고문헌 290

찾아보기 308

〈본서 수록 논문 발표 학술지명 및 년월〉

I. 한국 고대 국가 형성에 있어서 관개수리 역할의 재고
 : 영천 청제를 중심으로(『역사와 담론』 52: 1~42, 2009. 4.)
 (Large-scale Reservoir Construction and Political Centralization: A Case Study from Ancient Korea. *Journal of Anthropological Research* 62: 193~216, 2006).

II. 한강 유역 횡혈식 석실분의 성격 고찰
 : 여주 지역을 중심으로(『선사와 고대』 15: 227~273, 2000. 12.)
 (An Examination of Chronology, Ethnic Group, and Social Ranking: Based on Mortuary Data from Central Korea. *Asian Perspectives* 49(1): 180~204. 2010. 6.)

III. 백제 무왕과 '서동'의 관계 재검토
 : 신라와 백제의 정치·군사적 관계를 중심으로(『백산학보』 63: 131~164, 2002. 8.)

IV. 신라 왕경의 인구수에 관한 역사 및 고고학적 고찰(『대구사학』 90: 1~37, 2008. 2.)

V. 경주 북천의 수리에 관한 역사 및 고고학적 고찰(『신라문화』 25: 1. 337~360, 2005. 2.)

VI. 경주 남고루(南古壘)에 관한 일 고찰(『신라문화』 27: 275~299, 2006. 2.)

VII. 구어역(仇於驛)의 위치에 관한 고찰
 : 불국사 경내 출토 '仇於馹'(구어일) 명문기와와 관련하여(『대구사학』 98: 1~32, 2010. 2.)

| 서론

　우리나라에서 역사고고학이라 함은 대체로 기원전 3~2세기경을 기점으로 고려 및 조선시대, 심지어는 해방 전후 시기까지를 연구 대상으로 삼고 있다. 사실 우리나라 고고학계에서는 얼마 전까지만 하여도 고려와 조선시대의 연구는 고고학으로 취급하지 않는 경향이 농후하였다. 이러한 학문적 분위기는 과거 우리나라 고고학이 삼국 및 통일신라시대 '분묘 고고학'에 지나치게 초점을 맞추었던 탓이었던 것이 아닌가 추정된다. 근래 들어와 구석기, 신석기, 그리고 청동기시대의 선사시대는 물론이고 조선시대와 그 이후의 고고학적 현상에도 많은 주의와 관심을 두고 있다. 이러한 경향은 우리나라 고고학의 학문적 발전을 위해 다행스러운 일이다.

　우리나라 역사고고학은 시기적인 측면에 의해 분류한 것으로 역사시대의 고고학이라는 의미가 강하다. 그러나 필자는 역사고고학의 방법론적 측면의 의미를 더 강조한다. 즉, 역사고고학은 고고학에 역사학을 접목하는 것으로 간주한다. 좀 더 구체적으로 말하자면 단군, 기자 및 위만조선과 삼한 사회, 그리고 삼국시대를 비롯한 그 이후 시기의 고고학을 연구함에 있어 중국의 사서나 우리나라의 『삼국사기』와 『삼국유사』 등을 이용하는 것을 의미하는 것으로 본다. 실제로 이러한 접근 방식은 이미 우리나라 고고학의 초창기부터 적극적으로 수행되어 오고 있던 것이다. 그런 의미에서는 필자가 간주하는 시기적인 측면으로 역사고고학의 개념을 설정하는 것과 크게 다르지 않다. 미국의 고고학이 인류학과 밀접한 관계가 있다면 우리나라의 고고학은 역사학과 다소 지나칠 정도로 가깝다. 이러한 우리나라 고고학의 학문적 분위기는 '한국 고고학은 역사학 그 이외의 아무것도 아니다'라고 말할 수 있을 정도로까지 보인다.

과거 한국 고고학은 역사학의 보조 학문 혹은 고미술사와 밀접한 관련이 있는 것으로 분류되거나 취급되는 것이 일반적인 추세였고, 지금도 그렇게 논의되는 것을 흔히 볼 수 있다. 그간 한국 고고학의 성격과 연구의 방향을 좀 더 상세하게 설명해 줄 수 있는 상황은 "…오랜 역사를 가진 나라나 지역에서 고고학이란 역시 역사 과학이고, 고고학의 궁극 목적은 문화변동 법칙의 발견이 아니라 역사의 복원과 설명이어야 할 것이다"(김원룡 1986:1)라고 하는 데서 찾아볼 수 있다. 또 "고고학이… 우리의 경우 인류학 자체가 아니라 역사학이라는 점… 궁극적으로 역사의 구성을 위해서는, 특히 고대사의 연구와 밀접히 연관되어야 바람직한 결과를 유도하게 된다"(김정배 2000:22)고 보는 시각이다.

이러한 일반적인 학문적 배경에서 한국 고고학은 역사학과 밀접한 관계가 있으며 심지어 그 보조 학문으로 자연스럽게 취급될 수밖에 없는 실정이었을 것으로 생각된다. 유럽은 역사 시대의 시작이 비교적 빨랐고 아울러 역사 기록[문헌자료]이 풍부하다. 그러다 보니 고고학보다는 역사학이 학문적으로 훨씬 더 일찍 발달하게 되었다. 예를 들면, '역사학의 아버지'라고 불려지는 헤로도투스(Herodotus, 485~425 B.C.)의 『역사』(Histories)가 기원전 5세기의 저작인데 비해 덴마크의 고고학자 톰센(Thomsen, Christian J., 1788~1865)이 석기-청동기-철기시대의 삼시기 시대 구분을 창안한 것은 19세기 중엽이 되어서였다. 이러한 사정을 감안하면 고고학이 역사학보다 얼마나 늦게 출발하였는가를 이해할 수 있을 것이다.

우리나라의 경우만 하더라도 중국의 영향을 받아 비교적 이른 시기에 역사 시대로 접어들었고, 따라서 그 기간도 길다. 비록 전해지지는 않지만 고구려의 『유기』와 『신집』, 백제의 『서기』, 『백제본기』, 『백제기』, 『백제신찬』, 그리고 신라의 『국사』 등 삼국시대에 이미 각종 역사들이 편찬되었다. 그에 비하면 고고학은 20세기 일제강점기 때 일인에 의해서 시작되었고 해방 이후가 되어서야 우리나라 사람들이 조금씩 관심을 가지기 시작한 분야이다. 이러한 학문적 상황을 고려하면 우리나라에서 고고학의 출발이 아주 늦었다는 것을 알 수 있다. 따라서 고고학은 역사학의 보조 학문으로 취급될 수밖에 없는 상황이었을 것으로 생각된다.

우리나라의 고고학에는 나름의 고유하고 독특한 학문적 정서가 있다. 위에서 언급한 두 선학뿐만 아니라 대부분의 학자들이 부지불식간에 고고학을 역사학과 연계시킨 학문 분야로 취급하였다. 우리나라 고고학이 역사학으로부터 출발하다 보니 이러한 정서가 형성되었을 것으로 생각된다. 결과적으로 고고학이 넓게는 역사학, 좁게는 '한국사'와 밀접한 관계가 있다고 인식되었던 것이다. 우리나라의 고고학사를 회고하여 볼 때 이러한 연구 경향은 어쩌면 필연적이었는지도 모른다. 현 시점에도 그러한 학문적 경향이 농후하다. 물론 이것이 근본적으로 잘못된 것은 아니다. 다만 필자는 학문의 세계가 각양각색이어서 제 학설이 난무하고 있는 터에 모두가 인습적으로 우리나라의 고유한 학문 방향으로만 나아가면 고고학의 상당 부분을 포기하게 되는 결과가 초래될 수 있다는 것이 우려된다.

왜냐하면 고고학이 추구하고자 하는 학문적 연구 대상은 시간적으로 고대사 혹은 역사시대의 현상에만 국한되어야 하는 것이 아니기 때문이다. 중요한 것은 인류 역사의 99% 이상이 역사가 아닌 선사시대로 이루어져 있다는 사실이다. 따라서 고고학의 균형있는 발전을 위해서는 구석기시대부터 현대에 이르기까지 전반적인 문화 현상을 다루는 것이 바람직하다. 과거 한 때 한국 고고학은 '삼국시대 분묘의 고고학'이라고 치부되어 왔다. 그러나 이제 그 연구 영역의 시간적 깊이가 깊어지고 공간적 폭이 많이 확대되어 가는 것은 바람직한 현상이라고 생각된다. 우리나라 고대사의 중요성을 강조하는 만큼 고려와 조선시대, 그리고 그 이후 시대의 고고학적 현상에 대해서도 주의와 관심을 기울일 때 진정한 의미에서의 고고학을 발전시킬 수 있다.

우리나라 고고학에서는 중국의 사서들, 특히 『삼국지』나 우리의 고문헌인 『삼국사기』와 『삼국유사』가 있다는 것이 큰 다행이다. 그러므로 고고학을 잘 하기 위해서는 문헌자료를 적극 수용하는 것이 바람직하다. 그러나 문헌자료나 사서들이 과거에 관한 모든 것을 알 수 있게 해 주는 것도 아니다. 우리가 그나마 역사서를 가지고 있는 것은 지극히 다행스러운 일이지만, 일반적으로 역사서라는 것이 허위, 위작, 착오, 그리고 가필 등의 소지를 동시에 지니고 있다. 따라서 문헌의 기록을 액면 그대로 수용하여 아전인수(我田引水) 격으로 이용하는 것은 지극히 위험하다.

역사 기록이 현존하고는 있지만 우리나라의 역사 시대를 명쾌하게 설명해줄 수 있을 만큼 내용이 풍부하지 않다. 또 역사서의 진순성과 신빙성에 많은 문제가 있어 사료의 비판이 뒤따라야 하는 것에도 모두가 공감하고 있다. 고고학에서 연구의 주제가 무엇인가에 따라서 사서의 내용으로 연구할 수 있는 부분이 있지만 대부분 과거 문화와 역사에 대한 연구는 사서만으로는 명백한 한계가 있다.

따라서 필자는 역사고고학이라 함은 역사서에 등장하는 기사를 '가설의 자원(sources of hypotheses)'으로 보고, 특정한 혹은 관심있는 분야에 대해 역사의 기록을 토대로 가설(들)을 수립하고 이(들)를 고고학 자료, 즉 물증으로 검증하는 것이라고 본다. 이런 방법으로 하다 보면 반대로 고고학 자료를 통하여 사서의 내용을 검증할 수도 있다. 예를 들어, 『삼국사기』에는 기원후 1~2세기에 이미 신라에서 '금'을 사용한 것처럼 묘사되어 있다. 그러나 고고학적 연구 성과에 의하면 기원전후에서 3세기에 해당하는 목관묘와 목곽묘에서 아직까지 '금제 유물'에 대한 출토 보고는 없다. 따라서 『삼국사기』에 보이는 '금'에 관련된 기사는 후대에 조작된 것으로 추정되며 역사적 사실이 아닐 가능성이 높아지게 된다. 따라서 『삼국사기』에 많은 역사적인 사실이 기록되어 있는 것은 사실이지만 내용 전체를 액면 그대로 수용해서는 안 된다는 것을 고고학 자료를 통해서 알 수 있는 것이다.

본서에 실린 논문들은 대개가 이러한 생각을 염두에 두고 작성한 것이다. '역사는 해석'인 것처럼 '고고학도 해석'이다. 그러므로 동일한 문헌자료와 고고학적 유물을 놓고도 해석이 분분하다. 하지만 어떤 해석이 더 신빙성과 설득력이 있을 것인가가 중요하다. 본서에 실린 논문들은 거개가 기존의 학설에 재고의 여지가 있다고 생각하는 것들에 대해 반론을 제기한 것이다. 필자는

'반론을 제기해야 학문의 발전을 초래할 수 있다'는 것을 신조로 삼고 있다. 예를 들어, 한국의 저명한 고고학자가 고고학의 특정 분야에 대해 도출해 놓은 연구성과에 대해 아무도 감히 의문은 물론이고 반론을 제기하지 않거나 못한다고 가정해 보자. 그러면 그 분야에 대한 연구는 그 학자의 해석과 결론에서 벗어날 수 없을 것이고 후학들은 단지 그 학설을 앵무새처럼 반복하게 될 것이다. 그렇게 될 경우 우리나라 고고학에 발전은 있을 수 없고, 있다고 하더라도 엄청나게 많은 시간이 걸리게 된다.

동서고금을 막론하고 학문의 세계가 통상 보수적인 것은 사실이다. 헤로도투스의 『역사』에 그리스의 지도 제작자들이 지구를 완전한 원형(a perfectly circular earth)으로 보았다는 사실에 대해 헤로도투스는 "모든 지도 제작자들의 어리석음에 웃지 않을 수 없다"(I cannot help laughing at the absurdity of all the map-makers)고 하였다(Herodotus 1959:253). 이 내용으로 본다면 기원전 5세기에 그리스의 지리학자들은 지구가 둥글다는 사실을 인지하였으나 일반적으로 수용되지 않았다는 것을 짐작할 수 있다. 그 이후 16세기 말에 지구가 둥글다는 지극히 상식적인 사실이 확인될 때까지 무려 2,100년 이상의 세월이 걸렸다. 이것이 극단적인 예일지 몰라도 일반적인 학문 세계, 구체적으로 한국 고고 및 역사학계의 보수성을 감안하면 그리 놀랄만한 상황은 아니다. 인간 사회에 있어서 그러한 보수성은 어쩌면 당연한 일일지도 모른다. 이러한 점을 고려한다면 한 신진학자가 기존의 학설에 반론을 제기하고 새로운 견해를 제시한다는 것이 결코 쉽지만은 않다. 본서의 내용이 방법론 상으로, 그리고 기존 고고학계의 통설과는 다르게 볼 수 있는 여지를 제공하여 향후 얼마의 시간이 걸릴지 모르겠고, 그에 연연해하지도 않겠지만 관련 분야의 발전에 다소나마 기여하게 되기를 바란다.

본서의 I장은 신라의 국가 형성 과정에서 관개수리의 역할에 대해 고찰한 것이다. 이 연구 주제의 핵심은 대규모의 수리시설 축조가 정치적 집권화의 '원인'이었던가, 혹은 '결과'였던가에 대해 고찰하는 것이다. 고대국가-중앙집권화된 정치조직체-의 형성과 대규모 수리시설과의 상관관계 유무 여부는 세계의 고고 및 인류학계에서 주요 연구 대상이 되어오고 있다. 과거 우리나라 역사학계의 일부에서는 위트포겔(Wittfogel)에 대해 논의한 적이 있었다. 그리하여 혹자는 '그 얘기는 이미 끝났는데 왜 또?'라고 반문할 수도 있다. 필자는 이러한 사고방식이 학문 발전에 큰 걸림돌이 된다고 생각한다. 이 세상에 끝나버린 학문적 주제는 없기 때문이다. 실제로 우리나라 역사학계나 고고학계에서 고대 저수지를 이용하여 위트포겔의 학설을 검토한 논문은 많지 않았고 이를 국제 학술지에 출간한 예는 지극히 드물었다. 이 논고의 내용이 일부 사람들에게는 진부하게 보일지 몰라도 당시 역사학계의 학문적 관심과 방향과는 많이 다르다. 이 장에서는 위트포겔의 가설을 검토하고 이를 역사고고학적으로 검증하여 반론을 제기하고자 한다.

Ⅱ장은 한강 유역에서 발굴조사된 횡혈식 석실분의 문화적 성격을 고찰한 것이다. 특히 여주 지역 석실분의 문화적인 성격과 축조 주체를 밝히는 데 초점을 맞추었다. 서울을 위요하여 여주를 포함한 경기도 지역은 삼국시대에 백제, 고구려, 그리고 신라에 차례로 예속되었다. 그러다보니 여주 지역에서 발굴조사된 고분의 성격에 대하여 일제시대 이래 상반된 견해들이 제시되었다. 그간에 발표되었던 일인 및 한국 학자들의 학설들을 일별해보고 재고의 여지가 있다고 생각되는 부분을 검토하였다.

여주 지역의 석실분 성격을 구명하는 데 있어서 기존의 연구 결과에 역사적인 사실 관계에 대한 오류가 있는 점, 논리적인 모순과 일관성이 결여되어 있음을 고찰하고자 한다. 특히, 필자가 직접 발굴조사한 여주 방미기골 하거리(下巨里) 석실분의 구조적인 측면과 석실분에서 출토된 유물을 분석하여 여주 하거리, 나아가서는 여주 지역의 석실분이 많은 학자들이 주장하는 것처럼 신라가 한강 유역으로 진출하면서 발생한 결과물이 아니라 백제의 주민들에 의해서 축조되었을 것이라는 견해를 제시하고자 한다.

Ⅲ장에서는 한국 최초의 향가인 서동요에 등장하는 서동이 백제의 무왕이 아닐 가능성이 높다는 것에 대해서 고찰하고자 한다. 아울러 역사적 맥락을 고려하여 '서동과 신라 진평왕의 딸 선화공주의 결혼도 성립될 수 없었을

것'이라는 데에 초점을 맞추고자 한다. 이 가설을 검증하기 위하여 사료의 취사선택과 관련하여 야사(野史)인 『삼국유사』보다는 정사(正史)인 『삼국사기』에 서술되어 있는 내용을 취신하고자 한다. 왜냐하면 후자의 사료가 당시 신라와 백제간의 역사적 현실을 더 정확하게 반영하고 있다고 판단되기 때문이다. 특히, 백제 무왕의 출자와 왕위 계승을 논함에 있어서 『삼국사기』를 도외시하고 『삼국유사』에 보이는 기사를 근거로 논리를 전개하는 것은 문제가 많으며 설득력이 없다는 점을 강조하고자 한다.

Ⅳ장에서는 통일신라시대 왕경(王京)에 거주하였던 인구수에 관해 고찰하였다. 고려시대에 편찬된 『삼국사기』와 『삼국유사』에 기원후 9세기까지 신라 왕경의 지리적인 영역, 가호 수, 혹은/그리고 인구수에 관한 정보가 있다. 특히, 『삼국유사』에 의하면 9세기 말엽에 왕경에만 178,936호(戶)가 있었다고 기록되어 있다. 국·내외의 적지 않은 학자 및 일반인들이 이 가호 수를 역사적인 사실로 수용하여 왕경의 인구수를 80만 혹은 그 이상으로 추정하고 있다. 그러나 이 기사를 액면 그대로 수용하기가 지극히 어렵고, 이 수를 가호수가 아닌 인구수로 보는 것이 합리적이라는 견해를 제시하고자 한다. 왜냐하면 당시 왕경의 면적은 31.32km^2 정도에 지나지 않아 80만의 인구를 수용할 수 없다고 판단되기 때문이다. 『삼국사기』雜志 第二. 屋舍의 기사를 참고하고 고고학 조사에 의해서 확인된 주거지 면적과 도로 폭 등을 기술(記述) 통계학적인 차원에서 계량화하고 분석하여 『삼국유사』에 보이는 9세기 대 신라 왕경의 호구수(즉, 178,936)는 가호수로 보기 어렵고 이를 인구수로 간주하는 것이 합리적이라는 것을 검토하고자 한다.

Ⅴ장에서는 신라시대부터 조선시대에 이르기까지 경주에서 발생한 홍수에 대해서 고찰할 것이다. 논지 전개를 위해 『삼국사기』 신라본기에 기록되어 있는 홍수 관련 기사와 고려·조선시대의 문헌 및 금석문인 알천수개기(閼川修改記)를 이용하고자 한다. 과거 경주에서 발생한 대부분의 홍수는 경주시의 북쪽에 놓여있는 북천 혹은 알천 때문이었는데, 상류에 돌출되어 있는 금학산의 산자락이 물 흐름 방향에 크게 작용하였다는 점을 알아보고자 한다. 경주의

홍수를 방지하기 위하여 신라시대에 북천에 제방이나 천방을 축조하였다는 문헌의 기록이나 고고학적인 증거가 확인된 것은 아니다. 그러나 6세기 중엽 이후 북천을 중심으로 남쪽에 황룡사와 분황사 그리고 북쪽에 동천사와 임천사를 비롯한 많은 사찰과 건물지가 건축되었다는 점으로 미루어 보아 북천에 홍수를 방지하기 위한 제방을 쌓았을 가능성이 높다는 점에 대해서 알아보고자 한다.

Ⅵ장에서는 경주에 있는 남고루(南古壘)의 성격에 관하여 고찰하고자 한다. 남고루는 경주시내 성동동, 황오동, 인왕동, 황남동 등에 걸쳐져 놓여있는 토루(土壘)로서 1930년 일인 건축학자였던 후지시마(藤島亥治郎)에 의해서 그 존재가 처음으로 학계에 보고되었다. 이 때 남고루가 '성벽'이라기보다는 홍수에 대비한 '제방'이라는 견해를 제시하였다. 그러나 1970년대 들어와서 일부 한국 학자들은 남고루를 '제방시설'이라기보다는 '성곽'으로 간주하여야 한다는 반론을 제기하였다. 그 이래 역사 및 고고학계에서 남고루의 성격에 관한 두 가지의 다른 견해에 대해 다소의 논의가 이루어지고 있다. 여기에서는 역사 및 고고학 자료를 토대로 남고루가 군사용 '성곽'이 아니라 '제방'이었다는 사실을 구명해보고자 한다.

Ⅶ장에서는 현재 경주시의 동남쪽에 신라 및 고려시대 이래 조선시대까지 존재하였던 '구어역'의 위치에 관해서 알아보고자 한다. 경주대학교 박물관이 2004년 불국사 경내에서 발굴조사를 실시하여 다양한 종류의 유물을 다수 수거하였고 9기의 건물지 등을 비롯한 각종 유구를 확인하였다. 유물들 중에 '仇於馹'이라는 명문(銘文)이 있는 기와가 184점 수거되었는데 다수의 학자들이 이것을 근거로 '구어역'은 이 유물이 출토된 불국사 경내에 위치하였을 것이라는 견해를 제시하였다. 그러나 『삼국유사』, 『고려사』, 『신증동국여지승람』, 『여지도서』 등 고려 및 조선시대에 편찬된 문헌들과 고지도 및 근대 지도를 분석하여 '구어역'은 불국사 경내가 아닌 다른 곳에 위치하였을 가능성이 높다는 것에 대해서 고찰해 보고자 한다.

신라의 역사가 길었고 삼국통일의 위업을 달성한 만큼 방대한 유물과 유적이

전국의 곳곳에 산재해 있다. 본서에서 다룬 내용은 신라 고고학의 빙산의 일각에 지나지 않는다. 그러나 본서에서 다룬 주제와 내용들 중에는 우리나라 역사 및 고고학계의 논쟁의 쟁점이 되는 민감한 것도 있다. 필자가 이들 주제에 대하여 결정적인 해답을 제시할 것은 아니지만 논쟁과 재고의 여지가 있는 것에 대해 재해석을 하고 반론을 제기하고자 한다. 일반적으로 특정한 연구 주제에 대해 갑론을박(甲論乙駁)하는 과정에서 학문이 발전한다는 것을 명심하고 이러한 과정에서 적지 않은 시간이 걸릴 것이기에 향후에도 계속 연구를 수행하고자 한다.

I. 한국 고대 국가 형성에 있어서 관개수리 역할의 재고 :
   영천 청제를 중심으로

1. 머리말
2. 이론적 배경
3. 한국 고대의 관개수리에 관한 연구사 및 청제
4. 청제 병진명의 해석
5. 청제 정원명의 해석
6. 맺음말

1. 머리말

　대규모 수리시설의 출현과 국가 단계 사회 형성과의 관계는 세계의 역사, 고고, 및 인류학계의 중요한 연구 과제들 중 하나이다. 이 연구 주제와 관련하여 기념비적인 역할을 한 것은 1957년 카를 위트포겔(Karl Wittfogel)에 의해 출판된 『동양적 전제주의』(Oriental Despotism)이다. 그는 이 논저에서 '고대 사회에서 대규모 관개 수리시설의 축조가 국가 단계의 사회를 발생시키는 데 결정적인 역할을 하였다'는 가설을 제기하였다. 고대 국가 형성과 관련하여 그가 도출한 가설에 대해 긍정적이거나 이의를 제기하는 엄청나게 많은 수의 논저가 출판되었다. 그러나 학문의 세계가 늘 그러하듯 아직 이 가설에 대한 명쾌한 결론이 난 것은 아니다. 따라서 위트포겔에 의해서 창출된 '수리이론'에 대해서는 적지 않은 의문이 해결되지 않은 채 남아있다.

　위트포겔의 수리이론이 많은 취약점을 가지고 있는 것은 사실이다. 특히 이 이론은 아시아 고대국가의 성립을 설명하는 데 맹점과 한계를 내포하고 있다고 비판을 받았다. 위트포겔의 이론이 한국 학계에도 소개되고 거론되기는 하였지만 지극히 피상적인 것에 지나지 않았다(강봉원 2003a:52~53). 더욱 중요한 것은 오랜 농경의 역사를 가지고 있는 한국 고대의 수리시설인 저수지를 토대로 우리나라 고대 국가 형성과 관련하여 위트포겔의 이론을 심층적으로 검증한 시도는 결코 흔하지 않다는 사실이다. 그런 의미에서 그의 이론을 맹목적으로 수용하거나 혹은 많은 사람들이 기왕에 반대하였기 때문에 애당초 배제하는 것은 바람직하지 않다고 생각한다. 이와 같은 학술사적인 배경을 염두에 두고 필자는 본고에서 그간 우리나라에서 발견 조사된 구체적인 고고학적 자료와 문헌자료를 접목하여 그의 이론을 검증하여 보고자 한다. 이 연구의 결과는 향후 한반도 곳곳에 산재해 있는 저수지에 주의와 관심을 기울여 위트포겔의 이론에 대한 점검을 하고 나아가 우리나라 고대 국가 형성의 문제를 연구하는 데 하나의 시발점을 제공하는 계기를 마련할 수 있다는 측면에 의의가 있을 것으로 생각한다.

위트포겔의 수리이론에 문제점이 있음에도 불구하고 그의 이론이 엄청나게 많은 학자들의 학문적 관심을 불러일으키고 신·구대륙에 걸쳐서 국가 단계 사회 발생의 연구(Adams 1966; Butzer 1976; Downing and Gibson 1974; Earle 1978, 1980, 1997:72~89; Hunt et al. 2005; Lees 1973; Price 1971, 1977; Sanders and Price 1968; Service 1975; Stanish 1994)와 일반적인 이론적 논쟁(Hunt 1988, 1989; Hunt and Hunt 1976; Leach 1959; Mitchell 1973; Pfaffenberger 1989; Price 1994; Scaborough 1991; Woodbury 1961)에 지대한 공헌을 한 것에 대해서는 재론의 여지가 없다. 동시에 다수의 인류 및 고고학자들이 대규모 수리시설과 국가 형성과의 관계에 대하여 대안적 설명이나 혹은 예외를 찾아보고자 다양한 연구를 수행하였다.

이 논문은 한국 고대, 특히 신라에 축조된 대규모의 수리시설을 토대로 위트포겔의 '수리이론'에 대하여 반론을 제기한 것이다. 필자는 이와 유사한 논문을 2003년 발표한 바 있다(강봉원 2003a). 이 논문에서는 『삼국사기』 및 『삼국유사』에 등장하는 백제·신라의 농경 관련 및 관개수리 관련 기사를 검토하면서 이 내용들과 집권화된 중앙정부와의 관련성에 대해서 고찰하였다. 또 우리나라 국사 교과서에 등장하는 저수지들의 현상을 일별하고 이들과 국가단계 사회(즉, 고구려, 백제, 신라)들과의 지리적인 위치가 일치하지 않은 점 등을 거론하면서 위트포겔의 수력 이론에 반론을 제기하였다. 본고는 영천 청제비 병진명과 정원명의 내용 분석과 해석을 토대로 한국 고대의 경우 '수리시설'은 중앙집권적 정치조직체의 성립을 초래한 '요인'이 아니고 '결과'라는 결론을 도출한 것이다. 바꾸어 말하자면, 최소한 신라의 경우 국가 형성이 먼저 이루어진 이후에 대규모의 수리시설들이 축조되었다는 것이다. 이 견해를 검증하기 위해서 본고에서는 신라에서 기원 후 5세기와 6세기 사이에 건축되었을 것으로 추정되는 우리나라의 현존하는 가장 오래된 저수지들 중의 하나인 '청제(菁堤)'에 관해서 고찰하고자 한다.

'청제'는 '청 못'이라고도 불려지는 저수지로 경북 영천시(永川市) 금호읍 구암리 437-1, 437-4에 위치하고 있다. 1968년 12월 신라 삼산학술조사단에 의해서 이 저수지의 북쪽에서 비가 발견되었다. 이 비는 '청제비'라고 불려지며 보물 517호로 지정되어 있다. 이 비석은 양면을 가지고 있는데 한 면에는 병진(丙辰)의 간지(干支)가 있는 것으로 보통 병진축제기(丙辰築堤記)로, 다른 한 면에는 정원(貞元) 14년(798년, 신라 원성왕 14년)이라는 절대연대가 있으며 그 면에 새겨져 있는 내용을 근거로 정원수치기(貞元修治記)로 학계에 통용되고 있다(이기백 1984:281). 또 이 청제비 옆에는 조선 숙종 14년(1688, 康熙 27년)에 세워진 청제중립비(菁堤重立碑)가 나란히 서 있다. 조선시대에 세워진 중립비에 새겨진 내용은 이 논문의 내용과 직접적인 관련이 없다. 그러므로 신라시대에 세워진 청제비의 양면에 새겨진 내용만을 이 글에서 검토하기로 하겠다.

청제비문에는 청제의 축조 과업을 총괄하고 수행하였던 사람들의 직명(職名), 부명(部名), 인명(人名), 그리고 관등(官等)을 기록해 놓고 있다. 아울러 이 비문에는 저수지 축조에 동원된 인원의 총 수에 관해서도 언급해 놓았다. 청제비 비문의 판독과 내용에 대한 역사적 해석에 대해서는 논란의 여지가 있다. 그러나 이 비문은 청제의 축조 연대와 저수지와 관련된 전반적인 사항뿐만 아니라 신라의 역역(力役)체제와 관련된 정치적인 측면에 대한 정보까지도 제공하고 있다. 이 논문에서는 청제와 청제비문, 그리고 역사적으로 알려져 있는 고대 저수지를 토대로 한국 고대 국가 형성에 대한 문제에 대해 고찰하고자 한다. 아울러 『삼국사기』에 기록되어 있는 고대 산성 축조 관련 기사를 간접적인 자료로 이용하고자 한다.

이 사례 연구는 한국 고대사회, 보다 광범위하게는 세계의 다른 여러 지역에 있어서 국가 형성과 관련하여 관개수리의 역할에 대한 대안적 해석을 제공할 수 있다는 차원에서 중요하다. 아울러 이 논문에서 학자들이 국가 사회 형성과 관련하여 대규모의 인력 동원을 설명함에 있어서 대규모 수리사업만이 아니고 다른 토목공사(예를 들면, 축성이나 종교 및 기념비적 건축물)에 대해서도 주의를 기울여야 한다는 점을 다소나마 부각시키고자 한다.

2. 이론적 배경

위트포겔(Wittfogel 1957)에 의해서 창출된 관개수리 이론은 지난 반세기 동안 국가형성 문제를 다루는 데 있어서 중요한 역할을 차지하였고 많은 연구 수행을 촉발시켰다. 그의 저작 내용 중에서 세계의 역사, 인류 및 고고학계에 걸쳐서 가장 격렬한 논쟁을 유발시킨 것은 아래에서 인용한 부분이다.

> 대량의 물은 수로를 통해서 운반되거나 일정한 범위 내에 가두어 두는데 이는 대규모의 노동력을 통해서만이 가능하다. 아울러 이 대규모의 노동력은 조정, 훈련, 그리고 통솔되어져야 한다. 건조한 저지대와 평야를 차지하기를 갈망하는 많은 농부들이 농기계가 없는 상황에서 성공할 가능성이 있는 조직적 책략을 유발시키지 않으면 안 된다. 그들은 다른 동료들과 협동해서 일해야 하고 관리 혹은 통솔자들의 권위에 스스로를 낮추어야만 한다(Wittfogel 1957:18).

여기에 더하여 위트포겔(Wittfogel 1957:18, 25)은 소규모의 수리시설들은 중앙집권체제의 권력 개입 없이 지역 주민들이 협동을 통하여 건설·유지 하였다고 지적한다. 농경은 복합사회가 형성되기 훨씬 전에 시작되었기 때문에 이 설명은 어느 정도 설득력이 있어 보인다. 예를 들어, 하와이 원주민들의 관개(灌漑) 체계는 소규모로 초(超) 지역사회 조직을 필요로 하지 않는 한 지역 사회만을 토대로 운용되는 것으로 판명되었다(Earle 1980:22, 1997:76).

한국 청동기시대(대략 기원전 1,000년에서 300년까지)의 고고학적 증거에 의하면 소규모 관개수리 시설들은 평등사회(즉, 무리 혹은 부족사회)에서조차도 축조·유지되었던 것으로 나타난다(이홍종 외 2004:90~94, 120~128, 147~148; 이상길·김미영 2003:165; 박영철 외 2000:25~40). 한국의 청동기시대 사람들은 소규모의 수리시설뿐만 아니라 그들의 주거지역 주위의 환호 시설들도

집권화된 정치조직이 없는 상황에서 축조하였다(배덕환 2000; 부산대학교 박물관 1995).

위트포겔의 관개수리 이론이 설득력이 없다고 판단하는 다수의 인류학자들은 세계의 여러 지역에서 고대 국가 형성과 관련된 자신들의 연구를 수행하여 다른 결론을 도출하였다. 예를 들면, 써어비스(Service 1975:274)는 "페루에서 대규모 수리시설은 대도시 제국(帝國)보다 훨씬 앞서는 반면, 다른 경우에는 대규모 수리시설은 정치적 발전 이후에 발생되었다"고 주장한다. 바꾸어 말해 정치와 수리시설 두 개의 큰 시스템 사이에 어떤 연계성이 있었다고 가정한다면, 보다 중요한 역할을 한 것은 정치적 시스템이었다는 것이다. 카르네이로(Carneiro 1970:734)의 경우에도 중앙집권화된 정치조직(즉, 국가)이 먼저 생성되고 난 후에 대규모의 수리시설 축조가 이루어졌다고 주장한다.

이와는 대조적으로 미국 애리조나 주의 피닉스에 있는 인디안 원주민 호호캄(Hohokam) 문화의 경우 대규모의 수리시설들은 집권적 정치 조직체의 개입 없이 지역 주민들에 의해 축조되고 또 효율적으로 운영되었다는 것으로 밝혀졌다(Woodbury 1961:556~557). 리치(Leach 1959:23)도 실론(Ceylon)에서 똑같은 사실을 발견하였다. 그는 실론에서 관찰되는 증거로는 위트포겔의 가설을 입증할 수 없다고 주장하였다. 즉, 대규모의 수리시설들이 위트포겔의 가설에서 요구하는 수리관료사회의 발생에 큰 역할을 하였다는 명백한 증거가 없다는 것이다(Leach 1959:23). 이곳에서의 연구 결과를 토대로 그는 아래와 같은 결론에 이르게 된다.

> 대규모 수리시설로부터 중앙정부의 통제 하에 큰 노동력의 존재를 추론하는 것은 수용하기 어렵다. 또 수리시설로부터 식량자원을 공급받게 되는 인구의 크기를 추정하는 것도 불가능하다. 그리고 고대 국가에 있어서 정치적 권위의 속성에 관해서도 추론한다는 것이 쉽지 않다(Leach 1959:23).

네팅(Netting 1974:73~74)과 미첼(Mitchell 1973)도 이와 같은 리치의 견해에 동조하고 있다. 특히, 미첼(Mitchell 1973:533)은 "대규모의 수리시설이 반드시 상명하달(上命下達) 식의 조직적인 노동력을 요구하거나 양산하는 것은 아니고 … 사회는 관개수리 행위를 집권화된 방식으로 이끌고 갈 수도 있고 그렇지 않을 수도 있으므로 그러한 방식이 필요한 것은 아니다"라고 주장한다. 그러나 리치(Leach 1961:16)는 나중에 발표한 논문에서 고전적 신하리스(Sinhalese, 스리랑카) 왕국은 "위트포겔이 수력 문명이라고 명명하였던 것과 놀라울 정도로 부합하는 특징적인 예"라고 서술하고 있다. 다른 한편, 리치(Leach 1961:17)는 중앙정부가, 과거에 그랬던 것처럼 대규모의 저수지 작업과 수로에 물을 공급하는 것을 책임지고 있다(…and the very much larger central reservoirs and feeder canals which now, as formerly, are under the control of the central government)고 함으로서 실론(Ceylon)의 경우에 많은 혼란을 야기하고 있다.

밀론(Millon 1962:56) 역시 관개수리 체계의 크기와 정치적 집권 사이에 관계가 있는지의 여부를 검토하였다. 그는 "중앙집권체제의 정치적 권위의 정도와 수리 체계의 규모, 혹은 그것을 지지하는 사람들의 수와는 명백한 연관성이 없고, 나아가 수리의 실행이 중앙권력의 실질적인 성장을 초래하는 것은 아니다"라고 결론짓고 있다(Millon 1962:56). 그의 결론은 몇몇 학자들에 의해서 수용되어오고 있다(Lees 1973:23~24; Mitchell 1973:533). 그러나 헌트와 헌트(Hunt and Hunt 1976:393~394)가 지적하듯이 밀론의 주요 연구 과제는 위트포겔의 연구 관심사 중의 지극히 한 부분인 물의 배급에만 관련되어 있다. 나아가 밀론의 연구는 많은 "방법론에 있어서의 문제와 불확실한 추정을 하고 있기 때문에"(Sanders and Price 1968:181), 그의 결론이 전적으로 설득력이 있는 것이 아니다.

이와 같은 '닭과 계란 중에 무엇이 먼저 나왔는가'라는 식의 질문에 다소의 불만을 가지고 있는 미첼(Mitchell 1973:533)은 "이러한 추정은 잘못된 이슈를 유발한다"고 하면서 수리와 정치적 통제는 "상호작용으로 인한 시너지 양상으로" 함께 발전하였다고 주장한다. 여기에 더하여 그는 규모에 상관없이 수리

작업은 중앙집권적 정치적 권위를 필요로 하지 않으며 수리시설 작업에 있어서 협동은 오히려 불리한 것으로 치부되기도 한다고 주장한다(Mitchell 1973:533; Hunt 1988:335~336).

아래에서 논의하듯이 대규모 수리 체계는 하나의 과업을 수행하기 위하여 많은 수의 노동자들과 정치적 관리자를 동시에 필요로 한다. 예를 들어 대규모의 저수지를 축조하기 위해서는 높은 지위에 있는 정부 관료와 엄청난 수의 노동력뿐만 아니라 정교한 기술과 그에 따른 전문가들이 요구된다. 이러한 의미에서 래닝(Lanning 1967:181)의 아래와 같은 결론은 한국의 사례와 관련하여 상당히 설득력이 있다: "그러므로 우리는 수리가 집권적 권력의 발생을 유도하는 것이라고 말할 수 없다. 오히려 권력이 먼저 집중되고 난 후에 수리시설들을 축조하고 유지하는 것이 가능해진다. 따라서 수리는 문명의 산물(産物)이지 문명의 원인이 아니다." 문헌자료에 의하면 고대 한국에서 비록 물의 배분과 저수지 유지 및 관리가 어떻게 운용되었는지에 대해서는 잘 알려져 있지 않지만 중앙집권 정치체가 대규모의 저수지 축조에 깊이 개입되어 있다는 것을 시사한다.

필자는 미첼(Mitchell 1973:533)에 의해서 제기된 "수리와 정치적 통제의 동반 상승 발전"의 가능성을 배제하지는 않지만 한국 고대의 수리작업이 협동 혹은 중앙집권화가 불리하다는 예외적인 사례를 보여준다고는 생각하지 않는다. 또 필자는 수리이론에 관한 위트포겔의 주장을 지지하지 않고 반대의 입장에 있다. 따라서 많은 노동력을 필요로 하는 대규모의 저수지 축조가 중앙집권적 정치체의 발전에 결정적인 역할을 하지 않았다고 간주한다. 그러나 중앙집권적 조직체의 정도와 수리시설의 규모에는 긍정적인 상관관계가 있다고 생각한다 (Nicholas and Neitzel 1984; Price 1994:192~195).

위트포겔(Wittfogel 1957:18)은 역역(力役)에 관해서 "사람들이 그들의 동료들과 협동해서 일을 해야 하고 영도(領導)하는 체제에 자신들의 지위를 낮추어야 한다"고 주장한다. 이러한 주장의 이면(裏面)에는 사람들이 중앙집권적 체제에 의해 역역으로 동원되기 전에 이미 많은 수의 사람들이 그들

공동의 경제적인 이익을 위해 수리시설에 자발적으로 참여하였다는 것을 암시한다. 이것은 결국 자치적인 마을의 주민들이 위에서부터의 동원이 아니고 자발적으로 수리시설 축조에 참여하기 시작하여 함께 작업을 했고 그들의 주권(主權)을 포기한 것처럼 보인다(Carneiro 1970). 그러나 적어도 한국 고대사회에서 규모가 큰 저수지를 축조할 경우 그 지역의 노동자들의 수는 그것을 감당할 만큼 충분하지 않았다고 추정된다. 왜냐하면 저수지가 놓여 있는 위치와 거주 지역은 서로 지리적으로 멀리 떨어져 있기 때문이다. 따라서 제기되는 의문점은 '어떻게', 그리고 '왜' 많은 사람들이 대규모 수리시설 축조 현장으로 왔을 것인가이다. 주민들이 그들 모두의 이익을 위해서 자발적으로 수리시설 축조 현장에 갔는지, 혹은 중앙집권 정치체의 조세 일환인 역역으로 동원되었는지가 연구의 핵심인 것이다.

위트포겔은 중국과 일본의 수리 체계를 간단하게 조사하였다(Wittfogel 1957:24~27, 32~37, 197~200). 비록 그의 저술이 출판된 지 반 세기가 지났지만 동아시아 여러 나라에서 수리 체계에 관한 연구는 그다지 많이 이루어진 것은 아니다. 동아시아 제국(諸國)의 크기, 오랜 수도(水稻) 농경의 역사, 그리고 지난 수십 년간 괄목할 정도로 축적된 수리 관련 고고학 자료를 고려할 때 이 연구 주제의 학문적 연구 성과는 아직 미미하여 향후 이 방면의 학문적 관심이 증대되기를 기대한다. 동아시아인들의 생업 경제가 농업, 특히 벼농사에 크게 의존하고 있었고 따라서 다양한 수리시설을 축조하였을 것으로 추정된다. 따라서 문헌 및 고고학 자료를 연계하여 수리시설의 축조와 복합사회의 기원과의 관계에 대한 연구를 수행한다면 좋은 결과를 가져올 수 있을 것으로 생각된다.

3. 한국 고대의 관개수리에 관한 연구사 및 청제

한국의 역사 및 고고학자들은 고대 저수지, 수리 체계, 혹은 수리 이론 전반에 관해서 그다지 많은 학문적 주의를 기울인 것은 아니다. 한국 고대에 축조된 것으로 여겨지는 세 곳의 수리시설에 대하여 고고학적 시·발굴조사 작업이 수행되었다. 하나는 전북 김제 벽골제에서 이루어졌고(윤무병 1976, 1998), 다른 하나는 동아대학교 박물관(1993)에 의해 경남 밀양의 수산제에서 이루어졌다. 마지막으로 상주 공검지의 유허지에서 시굴조사가 이루어진 바 있다(박정화 2006:43~55). 이들을 제외하면 한국의 역사 및 고고학자들에 의해서 수행된 우리나라 고대 수리시설 자체에 대한 전반적인 연구는 지금까지 다소 피상적인 것에 지나지 않는다.

벽골제에서 수행된 발굴조사 결과 세 개의 탄소연대측정 자료를 얻었는데 다음과 같다: 350 A.D.(KAERI-149-1), 374 A.D.(KAERI-149-2), 그리고 330A.D. (KAERI-149-1)(Pak and Yang 1974). 그러나 이들 절대연대 측정에 사용된 시료가 2~3cm 정도의 두께로 부식된 식물이기 때문에 다소 신빙성이 떨어진다. 다른 한편, 『삼국지』 위서 동이전에 등장하는 삼한 지역의 도작 농경에 대한 기사를 참조하고 한반도에 역사적으로 전해 내려오고 있는 저수지들(예, 상주 공검지, 밀양 수산제, 의성 대제지), 또 동시에 현존하고 있는 것(김제 벽골지, 제천 의림지)들을 토대로 한국의 역사가들은 기원후 1세기와 3세기 사이에 다섯 개의 저수지가 축조되었을 것으로 추정해오고 있다(이병도·김재원 1959:306)(그림 1). 그러나 이들 저수지에 대한 연대를 액면 그대로 수용할 수 있을 정도로 충분한 고고학적 근거가 있는 것은 아니다.

한국의 일부 학자들이 위트포겔의 수리이론에 대해서 주의를 기울였다(예를 들면, 김광억 1985; 김정배 1983; 신용하 1986; 최광식 1987; 하일식 2006:316~318). 하지만 그의 수리이론을 한국 고대사 상에서의 국가 형성을 설명하기 위하여 우리나라의 고고학적 자료나 문헌자료와 연계하여 연구를 실시한 예는 많지 않다. 근래 이기동(2006)의 논고에서 위트포겔의 '수력사회'론이 한국 고대의 국가 권력과 연계하여 논의되어 향후 이 방면으로의 연구에 많은 참고가 될 것으로 사료된다. 아울러 한국 학자들이 몇 개의 고대 저수지의 제반 현황에 대한 조사를 실시한 예가 다소 있어 이 방면에 많은 도움을 주고 있다(권병탁 1987; 박정화 2006; 성정용 2006; 이우태 1985, 1992; 전덕재 2007). 이러한 일부 연구 성과 이외에 한국 학자들의 수리이론에 관한 연구 관심은 서구 학자들의 그것과는 상당한 괴리가 있다. 다른 연구 논저들의 대부분은 저수지 기념비에 새겨진 비문의 판독(判讀)과 해석을 토대로 신라의 정치제도 파악 등에 초점이 맞추어져 있어 연구하는 시각이 다소 다르다.

『삼국사기』에서 수리시설에 관한 가장 이른 기록은 신라 흘해 이사금 21년(329년)조의 "비로소 벽골지를 축조하였는데 둑의 길이가 1천 8백 보였다"(始開碧骨池 岸長 一千八百步)는 기사이다. 그러나 벽골제가 위치하고 있는 곳은 당시 백제의 영역에 속하였기 때문에 신라의 수리시설로 간주하기가 불가능하다(강봉원 2003a:59~61). 그 다음으로 등장하는 것이 『삼국사기』 신라본기 눌지왕 13년(433)조에 "시제를 신축하였는데 둑 길이가 2,170보[약 4km]이다(新築矢堤 岸長二千一百七十步)"라는 기사이다. 이 이외에 신라에서 수리시설 축조와 관련된 좀 더 구체적인 내용은 그다지 명확하지 않다. 우리나라에서 그동안 세 개의 저수지 축조 기념비가 발견되었다. 하나는 1946년 대구 대안동(大安洞)에서 임창순(1958)에 의해 발견된 '무술 오작비' (戊戌 塢作碑)이다. 이 비는 현재 경북대학교 박물관에 전시되어 있으며 우리나라 학계에서는 일반적으로 이것을 '오작비'라고 부른다. 이 비를 최초로 발견하였던 임창순(1958)은 이 비문에 보이는 '오(塢)'를 토대로 이 비문과 관련된 시설이 '저수지'라기보다는 '군사 방어용 토루'와 관련되어 있는 것으로 주장하였다. 그러나 1968년 영천의 '청제비'(菁堤碑)가 발견되고 난 다음 임창순은 이 '오작비'가 '군사 시설물'이 아닌 '저수지 축조 기념비'일 것이라고 본인의 견해를 수정하였다(이우태 1992:44). 이 '오작비'의 비문에 보이는 '무술(戊戌)'의 간지는 신라 진지왕(眞智王) 3년(578)으로 학계에 일반적으로 수용되고 있다. 비록 이 비문이 한국 고대의 수리 체계와 신라사 연구에 필요한

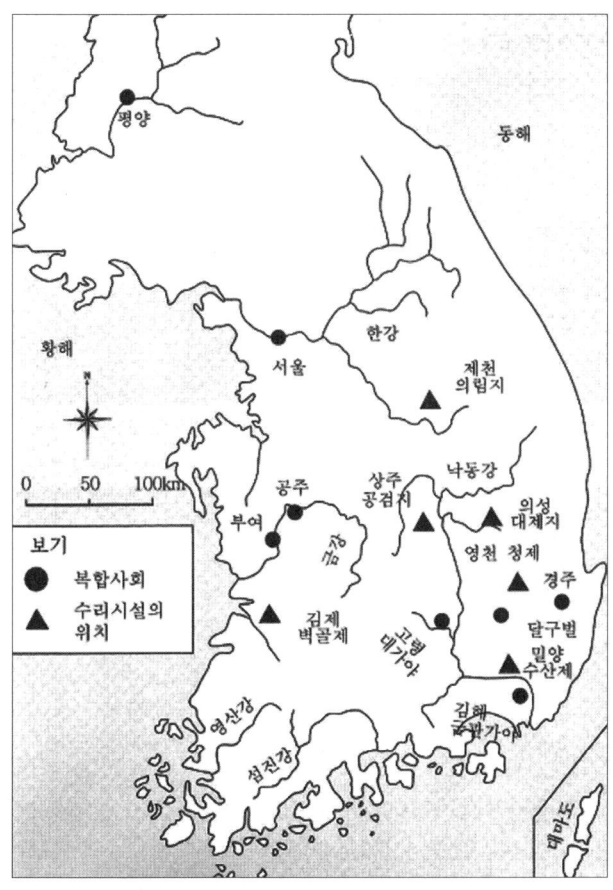

그림 1. 한국 고대 저수지 및 삼국의 위치도

귀중한 내용을 담고 있지만 지면 관계상 이 논문에서는 다루지 않겠다.

두번째의 비석은 1968년 경북 영천시에서 발견되었다. 이것은 청제비로서 양면에 두 번의 각각 다른 시점에 새겨진 비문이 있다. 위에서 언급한 바와 같이 청제비의 이른 시기에 해당하는 비문은 '병진 축제기'(丙辰 築堤記)라고 불려지고 그 뒷면에 새겨진 비문은 '정원 수치기'(貞元 修治記)로 불려진다 (이기백 1984:281, 위 참고). 이 청제비의 앞 뒤 양면에 새겨진 비문의 내용이 본 논문의 중요한 연구 자료를 제공한다. 이 비문은 신라의 역사와 한국 고대사에 관한 전반적인 연구 촉발에 아주 좋은 기회를 제공하고 있다. 세번째 비는 '강희'(康熙) 27년(조선시대 숙종 14년, 1688)에 제작된 '청제 중립비' (菁堤重立碑)로 청제비 바로 옆에 있다. 이 중립비의 내용에 의하면 청제 저수지로 인하여 발생하는 몽리(蒙利)는 벼 300석(53,760liter)이라고 하고 있다. 이 중립(重立) 비문의 내용은 본 논문의 논리 전개와는 관계가 깊지 않기 때문에 더 이상 다루지 않기로 하겠다.

한국 및 일본의 역사학자들이 그동안 수행한 연구는 병진 축제 비문에 적혀있는 자자구구의 해독과 내용의 해석에 관한 것이다. 연구자들은 신라 중고기(中古期) 금석문에 보이는 직명(職名)-부명(部名)-인명(人名)-관등명(官等名) 등을 파악하여 신라의 역역(力役) 체제, 나아가서는 신라의 지방통치체제 등을 이해하고자 하였다. 이러한 작업이 신라사를 연구하는 데 중요한 것은 부인할 수 없는 사실이다. 하지만 다른 한편 이 청제와 관련된 인류 및 고고학적 연구 과제에 대한 측면이 간과되어 버리는 결과를 초래할 수도 있다. 예를 들어, 청제에 대한 적극적인 고고학 조사는 거의 수행된 적이 없다. 결과적으로 청제 축조에 대한 기술적인 측면에 관한 연구는 위에서 언급한 바와 같지만(권병탁 1987; 이우태 1985, 1992; 전덕재 2007) 한국 고대의 관개수리시설 축조와 중앙집권 정치체제의 발생, 즉 국가 형성과의 관계에 대해서는 그다지 연구되지 않았다. 이는 학문의 성격이 다소 다르기 때문에 발생되는 것이라고 생각된다.

청제는 경북 영천시(永川市) 금호읍 구암리 437-1, 437-4에 위치하고 있으며 신라의 수도였던 경주에서 북쪽 40km 정도 떨어진 곳에 있다(사진 1). 청제 제방의 길이는 대략 225m, 둑의 높이는 19m정도 된다. 이 수치는 필자가 실제로 청제에 가서 잰 것이며 다른 연구자와도 대강 일치하고 있다 (이우태 1985:109, 1992:42). 현재 영천시가 보유하고 있는 청제에 관한 기본적인 계측치를 보면 다음과 같다:(유역)면적: 135ha, 저수량 521,000m^3, 제방 높이 12.5m, 길이 244m, 제방 폭3, 수혜 면적 154ha, 담수면적 214,000m^2 이다(2008년 8월, 영천시 건설과 최현덕 제공).

사진 1. 영천 청제 전경

 그런데 청제 제방의 길이가 현재 영천시가 가지고 있는 것(244m)과 필자가 실측하고 이우태(1985:109)가 제시한 것(225m)과는 약간 다르다는 것을 알 수 있다. 또 제방의 높이에서 적지 않은 차이가 있다는 것을 알 수 있다. 이 상이성이 어디에서 기인하는지 알기 위해서는 좀 더 정밀한 측량이 수행되어야 하겠다. 그러나 영천시에서 청제를 계측할 때 전문 토목기사가 이를 담당하였을 것으로 여겨지기 때문에 이 쪽이 좀 더 신빙성이 있을 것으로 판단된다. 어쨌든 이 상이성이 본 논문의 내용에 크게 영향을 미치는 것은 아니므로 일단 넘어가기로 하겠다.
 청제는 상당한 양의 물을 담을 수 있다($521,000m^3$). 이 저수지의 주 수자원(水資源)은 이 저수지의 서남쪽 3km정도 떨어진 곳에 위치하고 있는 채약산(採藥山, 표고 498.6m)이다. 이 저수지는 다른 수리시설과는 연결되어 있지 않은 한 개의 독자적인 것이다. 현재 영천시에서 이 저수지의 시설 관리를 하고 있으나 저수지 물의 사용은 지역 주민들이 담당하고 있는 것으로 추정된다.

이 저수지로 인한 몽리 면적은 154ha에 이른다(2008 오광길, 영천시 건설과). 그런데 이 몽리 면적은 영천시 남부동에 있는 논의 전체 면적인 299ha(영천시 2002:73)에 비하면 상당히 넓은 지역이다. 영천시 담당 공무원 오광길(2008 사신)과 이 문제에 대해서 논의한 바 이 저수지 이외에도 곳곳에 소규모의 저수지들이 있으므로 이들과 연계되어 몽리 면적이 다소 넓어졌을 가능성이 있다고 한다. 그러나 영천시에 존재하고 있는 다른 대규모의 저수지로 인한 몽리 면적과 비교하여 볼 때 거의 맞아들어간다고 하였다.

이 청제는 헌트(Hunt 1988:347)가 제시하고 있는 준거(準據)에 의하면 통합된 행정조직체제의 존재를 주장하기에는 '소규모'의 저수지여서 문제의 소지가 있을 수 있다. 그러나 헌트가 주장하는 수리 체계에 관한 기초 자료는 현대 국가에서 가지고 온 사례라는 것을 명심할 필요가 있다. 따라서 헌트(Hunt 1988:346)가 지적하는 바와 같이 그의 연구 결과를 "다른 종류의 국가, 다른 시기에 해당하는 국가, 그리고 전(前)국가 사회"(to other kinds of states, to states in other time periods, and to nonstate societies)에 적용하기는 어렵다. 왜냐하면 관개수리 시설의 규모에 관한 한 현대 국가들과 고대 사회들 사이에 큰 간극이 있다는 것을 고려해야 하기 때문이다. 그러한 의미에서 이 청제가 최초로 축조될 때(기원후 5~6세기 사이) 동원된 약 7,000명으로 추산되는 역역 노동자들의 규모와 수를 고려하면 이 저수지의 규모는 작지 않은 것으로 간주되어야 한다.

청제비는 적갈색(赤葛色)의 화강암으로 만들어졌으며 높이 135cm, 폭 93.5cm, 그리고 두께 45cm이다. 위에서 언급한 바와 같이 이 비는 양면(兩面)을 가지고 있는 바, 이른 시기의 병진년 비명(碑銘)은 대략 107자가 새겨져 있는 것으로 파악되고 있다. 병진(丙辰)의 절대연대 추정은 학자들마다 견해가 조금씩 달라서 가장 이른 것은 416년이고 다음으로 476년, 536년, 그리고 드물게 596으로 보기도 한다. 한국 고대사학계 대다수의 학자들이 병진년을 536으로 보고 있다. 그러나 필자는 이보다 이르게 볼 수 있을 가능성을 제시하였는데 이 절대연대에 관한 좀 더 상세한 논의는 아래에서 하도록 하겠다. 동일한 비의 다른 면에 있는 것은 나중의 것으로 청제를 수치(修治)하고 난 후 새겨 놓은 것으로 127자이다. 이 비문에 보이는 정원(貞元, 14년)이라는 당(唐)나라의 연호를 토대로 이것이 798년에 새겨진 것으로 파악되고 있다. 이 절대연대에 대해서는 한국 및 일본의 역사학자들 사이에 이견(異見)이 없다.

이들 두 비문의 기록은 한국 고대의 저수지 연구를 위해서만이 아니고 신라의 정치제도와 역역 동원을 고찰하는 데 귀중한 자료를 제공해오고 있다. 신라는 대체로 기원후 5세기 초에는 중앙집권적 관료 체제를 이루었던 것으로 파악되기 때문에 이 논문은 이른 시기에 새겨진 병진명의 비문과 우선적으로 관련되어 있다. 그러나 그 뒷면에 기록되어 있는 정원명의 비문도 노동력 동원과 관련된 역역의 형태에 대하여 귀중한 정보를 제공하고 있으므로 이 논문에서 이용될 것이다.

병진명 비문들의 글자는 상당 부분 망실되었거나 혹은 판독이 불가능하다. 그러나 그 비문의 내용과 『삼국사기』에 출현하는 관련 내용을 비교 분석하여 신라에서 중앙집권화 과정에서 관개수리의 역할에 관하여 인류 및 고고학적 해석을 시도하여 보고자 한다.

4. 청제 병진명의 해석

신라 역사를 연구하는 데 있어서 청제 병진명의 연대 파악은 중요한 연구 주제들 중의 하나이다. 왜냐하면 절대연대 그 자체를 밝히는 것도 중요하지만 그 연대가 신라 역사에 관한 전반적인 상황을 이해하는 데 있어서 결정적인 영향을 미치기 때문이다. 청제가 축조될 즈음 신라의 중앙집권체제 확립의 정도를 알아보기 위해서는 청제비와 청제 자체에 대한 연대를 먼저 고찰해야 할 필요가 있다. 한국의 역사학자 및 고고학자들은 문헌자료와 더불어 신라의 영역 내의 여러 곳에서 발견된 다른 비석들에 나타나는 특정한 관직명이나 인명 등을 교차 분석하여 청제비 연대의 근사치를 얻고자 하였다.

청제비 병진명 비문은 중국 남북조시대의 해서(楷書)로 쓰여졌으며 모두

사진 2. 영천 청제 병진명(좌)과 판독문(우)

10行이지만 각 행의 글자 수는 일정하지 않아 9~12자로 되어 있다(사진 2). 전체 글자 수는 학자마다 다소의 차이가 있으며 대략 107자 정도로 추정되고 있다(주보돈 1992:24). 비문이 전반적으로 많이 마멸되어 글자 자자구구의 정확한 수는 물론이고 그것들에 대한 개별 연구자들의 판독에도 이견이 많아 다소 논쟁의 여지가 없지 않다. 그 내용을 번역하면 대략 다음과 같다.

> 병진년[학자들에 따라서 416, 476, 536, 혹은 596년으로 추정] 2월 8일 이 저수지 축조가 완료되었다. 이 저수지 제방 하단부의 길이는 61심[약 146m]이고 길이 [이 제방의 상단부]는 92심[약 221m]이고, 폭[제방 하단부]은 22심[약 52m], 높이는 8심[19m], 상단부 폭은 3심[7m]이다. 칠천 명이 이 역사(役事)에 참여하였는데 280방[25명을 기준으로 한 노동력 조직]이다. 사인(使人)은 喙[及梁部] 출신의 화척즉지 대사제[大舍第, 경위 17관등 중에서 12관등]이고, △차(次)는 소사제[小舍第, 13관등], 술리(述利) 대오제

38

[大烏第, 15관등] 시지(尸支) 소오제[小烏帝, 16관등], 차△ 소오(小烏) 일지(一支)[관직명에 대한 접미어] … 간지[干支, 외위 11등에서 7번째로 경위 17관등의 13관등과 동일한 직급]이다. 도(徒)는 이리(尒利)이다(주보돈 1992:27, 참고).

위에서 언급한 바와 같이 몇 개의 글자는 완전히 마멸되었고 몇몇의 글자들은 확실하게 판독되지 않는다. 많은 학자들이 글자 하나를 두고 달리 판독하는 경우도 있다. 다소의 학자들이 완전히 마멸된 부분에 대해서 여러 가지 추정을 하기도 한다. 결과적으로 이러한 부분에 대해 다양한 역사적 설명이 제시되었다. 신라의 금석문 기록에 관하여 한 가지 학계에 일반적으로 수용되는 것은 비문이 일관된 순서로 작성된다는 점이다. 즉, 관직명이 가장 먼저 오고, 출신 지역, 인명, 그리고 마지막으로 관등명이 온다는 것이다. 이러한 정형성(定型性)에 의거하여 역사가들은 신라에 있어서 토목사업을 관리·감독하였던 관직자들의 정체성을 파악하고자 노력하고 있다.

위에서 언급한 바와 같이 한국과 일본의 역사학자들은 청제비 건립에 대한 네 가지의 다른 절대연대를 제시하였다. 그러나 대부분의 학자들은 『삼국사기』 신라본기 법흥왕 18년(531)조에 보이는 '봄 3월, 유사(有司)에게 명하여 제방(堤防)을 수리하였다'(春三月 命有司修理隄防)라는 기사에 근거하고 아울러 기타 역사적인 정황과 비문에 나타나는 '병진(丙辰)'년과 연계하여 이 비는 신라 법흥왕 23년(536)에 건립되었을 것이라고 주장하고 있다(이기백 1984:304; 오성 1978:175; 전덕재 2007:155; 주보돈 2002:77; 하일식 2006). 아울러 청제비에 외위(外位) 제7등인 간(干)이 보이는 점과 바로 위의 인명을 지방민으로 간주하여 이러한 표기 방식을 근거로 청제와 청제비가 법흥왕대에 각각 축조 및 작성되었을 것이라고 주장한다(주보돈 1992:28).

이와는 대조적으로 몇몇의 다른 학자들은 청제의 완성과 비의 건립 연대를 476년으로 간주하기도 한다(강봉원 2003a:63; 강봉룡 1994:27; 김창호 1998:653; 이우태 1985, 1992:40). 필자는 기왕의 논문에서 청제의 초축 연대를 476년으로 볼 수도 있다는 견해를 제시하였다. 그러나 이 연대관은 전혀 새로운 것은 아니고 오래 전부터 학계에서 몇몇 사람들에 의해 거론되어 오고 있는 것이다. 이 연대관 자체가 중요한 사안인 것은 틀림없다. 그러나 만약 신라의 국가 형성 시기를 5세기 중엽 이전으로 간주할 경우 청제 초축의 연대를 이르게 잡거나 늦추어 잡는가는 본 논문에서 중요한 비중을 차지하지 않는다. 왜냐하면 신라에서 대규모의 수리시설(예, 청제)은 신라가 국가 단계의 사회로 성장한 이후, 집권 체제하에서 역역(力役)에 의해 축조되어 위트포겔의 이론을 신라 국가 국가형성 과정 연구에는 적용할 수 없기 때문이다.

그러나 청제비 건립 연대를 536년 혹은 476년으로 간주하는가가 이 논문의 논지 전개에 그다지 중요한 것은 아니다. 왜냐하면 이 두 개의 절대연대 중에서 어느 것을 취신하는 가의 여부에 관계없이 한국 사학계에서는 신라에서 국가단계로의 성장은 전통적으로 내물왕대(356~402) 혹은 근래 많은 사람들이 그 이전으로 소급하여 보기 때문에 신라 국가 형성은 대규모 수리시설 축조에 앞서 이루어졌다는 것을 의미하기 때문이다. 바꾸어 말하자면 영천 지방의 사람들이 그들의 농경을 위한 필요에 의해서 자발적으로 청제를 건설하였으며 그러는 과정과 결과로서 신라가 국가 단계 사회로 발전한 것이 아니라 신라가 국가 단계의 사회로 발전되어 중앙집권체제가 갖추어진 '이후'에 국가 차원의 토목공사의 일환으로 지방민을 동원하여 청제를 축조하였다는 것이다.

그런데 다수의 역사가들이 위에서 제시한 『삼국사기』 신라본기 법흥왕 23년 기사를 청제비 건립의 연대로 결정하는 데 있어서 유력한 근거로 수용하지만 이 내용을 청제의 초축 연대로 직접 관련짓기는 용이하지 않다. 이 기사는 내용에서 보이듯이 확인되지 않은 수많은 저수지들 중 하나에 대한 수즙(修葺)에 관한 것일 뿐이다. 따라서 이 기사에 언급되어 있는 저수지를 청제로 간주하기에는 증거가 불충분하다고 생각한다. 여기에 더하여 만약에 청제를 수즙했다고 가정하면 '왜' 청제가 완공된 지 5년 정도의 시간이 경과하였을 뿐인데 수즙이 필요하였는가에 대한 이유를 이해할 수 없다. 왜냐하면, 청제비 정원(貞元) 수치기(修治記)와 청제 중립비(菁堤 重立碑)의 비문에 의하면 청제는 최초로 축조되고 난 후 대략 1,500년 동안 두 번의 수리 -즉, 798년에 한 번 그리고 1688년에 한 번- 가 있었을 뿐이지만 아직도 건재하며 여전히 사용되고 있기 때문이다.

위에서 언급한 바와 같이 눌지왕 13년(433)년 조에 보이는 시제(矢堤) 축조 관련 기사를 수용하고 청제의 초축 연대를 한국 고대사학계에서 대부분의 학자가 수용하는 536년으로 간주한다면 시제(矢堤)는 청제보다 100년 전에 이미 축조되었다는 것으로 볼 수 있다. 따라서 『삼국사기』에 등장하는 시제의 축조 연대를 전혀 터무니없는 것으로 단정하는 것은 재고해 보아야 한다고 생각된다. 왜냐하면 『삼국사기』의 신빙성은 학계의 해묵은 논쟁의 쟁점이지만 신라본기에 관한 한 내물왕 때부터는 대체로 액면 그대로 수용할 수 있음이 어느 정도 인정되고 있기 때문이다. 따라서 내물왕 이후 실성왕대가 지난 눌지왕대에 해당하는 『삼국사기』 신라본기의 역사적인 사실성에 관해서는 신빙성이 높으므로 그대로 수용할 수 있지 않을까 사료된다. 아울러 『삼국사기』 신라본기에는 이 연대를 뒷받침해줄 수 있는 몇 가지의 간접적인 증거가 있다. 『삼국사기』 신라본기에는 5세기를 기점으로 신라 영역 내에서 수행되었던 많은 토목·건축 공사에 대한 기사를 싣고 있다. 특히 이 시기에는 산성이 많이 축조되었다는 것을 알 수 있다. 신라, 나아가서는 고대 한반도에 축조되었던 거의 대부분의 산성들은 산 정상 혹은 중턱에 위치하고 있으며 이들 방어시설을 축조하기 위해 많은 노동력을 필요로 하였다.

『삼국사기』에 등장하는 토목·건축의 기사를 토대로 아래의 표를 작성하였다 (표 1). 이 표에서는 특히 산성의 축조에 관하여 4세기 및 5세기 사이에 급격한 대조를 보여주고 있다. 즉, 4세기에는 한 건의 토목공사도 시행되지 않은 반면 5세기에는 18개의 산성이 축조되었다는 기록이 있다. 표에서 볼 수 있듯이 『삼국사기』에는 산성의 축조에 관한 많은 기록이 있다. 여기에 더하여 신라 영역 내에서 발견된 산성 축조와 관련된 기념비도 적지 않게 발견되었다. 물론 이 기념비들의 내용이 이 논문과 직접적인 관계가 있는 것은 아니다. 산성 축조와 관련된 『삼국사기』에 기록된 내용을 예로 들어 보기로 하겠다.

표 1. 기원전 100년~기원후 700년 사이 수행된 토목·건축 사업의 수(자료 : 『삼국사기』 신라본기).

세기	산성	궁궐	사원	기타/모름	계
1 B.C.	1	1	0	0	2
1 A.D.	2	0	0	0	2
2 A.D.	3	2	0	1	6
3 A.D.	1	1	0	0	2
4 A.D.	0	0	0	0	0
5 A.D.	18	1	0	1	20
6 A.D.	18	0	6	0	24
7 A.D.	20	3	8	1	32
계	63	8	14	3	88

가. 자비왕 6년(463), 봄 2월 왕은 왜인이 자주 국내를 침범하는 까닭으로 바닷가에 두 성을 쌓았다[春二月 王以倭人屢侵疆場 緣邊築二城, 『삼국사기』 신라본기].

나. 자비왕 11년(468), 가을 9월 하슬라 사람으로 나이 15세 이상 된 자를 징발하여 이하(泥河, 이천이라고도 함)에 성을 쌓았다[秋九月 徵何瑟羅人 年十五已上 築城於泥河, 『삼국사기』 신라본기].

다. 자비왕 13년(470), 삼년산성(三年山城)[3년은 역사를 시작하여 3년이 걸렸기 때문에 이름한 것임]을 쌓았다[築三年山城(三年者 自興役始終三年訖功 故名之), 『삼국사기』 신라본기].

라. 자비왕 14년(471), 봄 2월 모로성을 쌓았다[春二月 築芼老城, 『삼국사기』 신라본기].

마. 자비왕 17년(474), 일모, 사시, 광석, 답달, 구례, 좌라에 성을 쌓았다 [築一牟, 沙尸, 廣石, 沓達, 仇禮, 坐羅等城, 『삼국사기』 신라본기].

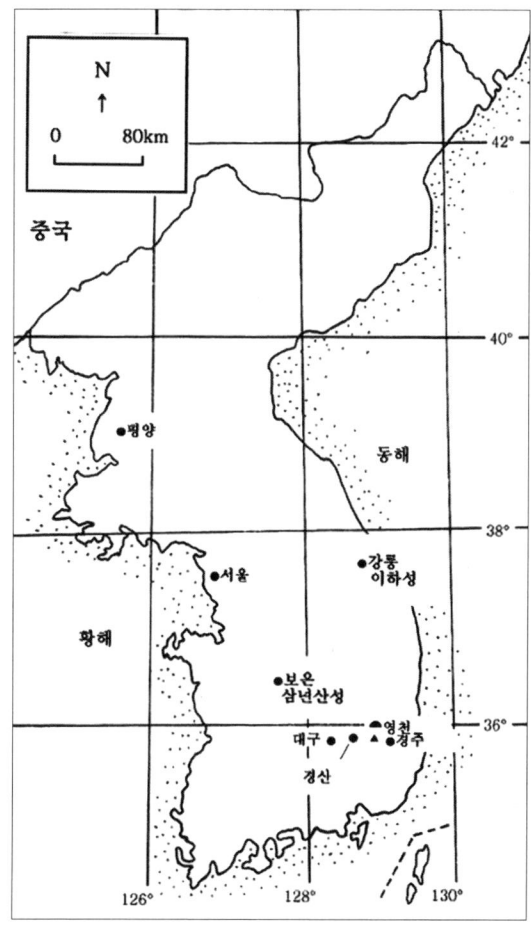

그림 2. 신라의 수도 경주와 영천 청제(▲) 및 신라 산성 위치도

위에서 제시한 자료 '가~마'는 모두 신라 자비왕 재위 시(458~478)에 신라 영역 내에서 산성을 축조하였다는 내용이다. 중요한 것은 자비왕 재위 시에 신라에서 특히 많은 산성을 축조하기 시작하였다는 사실이다. 더 나아가서 사료 '나'의 하슬라[강릉]와 '다'의 보은 지역은 신라의 왕경으로부터 아주 멀리 떨어진 곳이다(그림 2). 이것은 신라가 정치적인 중심지인 경주를 벗어난 지역에서 삼년산성과 같은 대규모의 공사를 실시함에 있어서 역역(力役)을

동원할 수 있을 정도의 중앙집권적 정치조직체를 이루어 놓았다는 것을 의미한다. 따라서 기원 후 5세기 후반 신라의 이러한 역사적인 맥락을 고려하여 영천 청제의 축조가 476년에 이루어졌을 가능성이 없지 않다고 생각되는 것이다.

청제와 그에 따른 청제비 축조 연대를 결정하는 것은 연대 그 자체를 넘어서 신라 역사를 연구하는 데 아주 중요한 문제를 내포하고 있다. 즉, 청제는 고대사회로서는 대규모의 토목공사였기 때문에 비문에 나타난 것과 같이 많은 노동력을 필요로 하였다. 아울러 역역(力役)을 그 인근 마을 혹은 먼 행정구역에 부과시켰으며 또 이 청제 축조 과업을 관리·감독할 수 있는 중앙 및 지방의 관리들을 파견했다는 것이 중요하다. 그것은 곧 신라가 어느 정도의 중앙집권 정치체제를 확립하였기 때문이라는 것을 의미하기 때문에 신라 왕권의 확립과 직접적인 관계가 있다.

이것과 관련해서 우리가 관심 있게 보아야 할 역사적 상황은 신라에서 내물왕(356~402) 때부터 김씨가 독점적으로 왕위를 계승하게 되었다는 것이다. 일반적으로 알려져 있듯이 그때까지 신라의 왕위는 박, 석, 김의 세 씨족들이 번갈아가면서 계승하였다. 특히 눌지왕(417~458)부터는 '부자상속제' 왕위 계승이 확립되었다(이기백·이기동 1984:151; 이기동 1980:74). 아울러 자비왕(458~479)과 소지왕(479~500) 사이에 중앙집권체제를 재편하게 되는 또 다른 정치적 구조개혁이 단행되었다. 신라의 고유한 6부 촌의 여섯 개의 행정구역, 즉 '6부'로 개편된 것이 그것이다. 이러한 정치적인 조치를 취할 수 있기까지는 신라가 적어도 내물왕 대(356~402)에 이미 어느 정도 체계를 갖춘 중앙집권적 정치권력을 수립했다는 주장이 일리가 있다고 생각된다(이기백·이기동 1984:149~150).

이 중앙집권 정치체제의 확립에 대한 고고학적 증거로서는 엄청나게 화려한 부장품을 넣은 대형 고총고분인 적석목곽분의 출현을 들 수 있다. 이 적석목곽분들의 편년을 어떻게 보는가에 따라 역사적 상황이 크게 달라질 수 있다. 신라의 적석목곽분은 4세기(김용성 1997:107~109 ; 박광렬 2007:223 ; 이희준

2007:84 ; 최병현 1992a:354~367, 1993a:104~106 ; Pearson et al. 1989), 혹은 5세기 초부터(신경철 1985 ; 최종규 1983) 축조되기 시작하였던 것으로 이해되고 있다. 특히 이희준(2007:84)이 "4세기대의 경주 지역 고총 중에 황남대총에 견줄 超大形墳이 있었을 가능성이 없지는 않지만 현재로서는 5세기 초의 황남대총이 이를 웅변한다 하겠다"라고 하는 것을 보면 4세기 대의 적석목곽분의 발생을 충분하게 고려해야 한다고 생각한다. 아울러 분묘의 분석에 의하면 규모나 부장품의 질적인 측면에서 하층민과 지배계층 사이에 상당한 차이가 있었음이 확인되고 있다. 이러한 사실은 결국 신라가 4세기 후반 혹은 5세기 초 대체로 내물왕 대에 어느 정도의 중앙집권적인 체제를 갖추었다는 역사학계의 일반적인 해석을 뒷받침하는 고고학적 증거라고 생각한다(이 문제에 관한 상세한 고고학적 분석은 강봉원 2008:279~303 참조).

청제 축조에 반영되어 있는 중앙집권 체제의 정도를 파악하기 위하여 청제비 병진명의 내용을 좀 더 상세하게 고찰하여 볼 필요가 있다. 일인(日人) 역사학자 이시우에(石上 1974)가 비문을 판독하고 해석해 놓은 내용을 토대로 표를 만들었다(표 2). 표에서 볼 수 있듯이 비에는 많은 관직명과 중앙 정부

표 2. 청제비 병진명에 보이는 직명(職名), 부명(部名), 인명(人名), 그리고 관등명(官等名).
  자료 출처: 石上 1974:234. △은 판독이 불가능한 글자

직명	부명	인명	관등명	관등	경/외위
使人	-	尺△△	大舍第	12관등	경위
-	-	△△	小舍第	13관등	경위
-	-	述利	大烏第	15관등	경위
△△	-	末△	小烏	16관등	경위
-	-	一支	小烏	16관등	경위
△人	-	△△尒利乃利	-	-	-
-	-	△丁△	-	-	-
使△人	-	只珍巴伊	-	-	-
-	-	卽刀	-	-	-
-	衆△村	只△△△	干	7관등	외위
-	-	支△尒利	-	-	-

행정관리들의 이름이 새겨져 있다. 비문에 등장하는 관리의 정확한 수는 학계에서 오랫동안 논쟁의 쟁점이 되고 있는 것이다. 이기백(1984:301)과 오성(1978:177)은 8명의 관리가 청제 축조에 참여하였다고 주장하였다.

이시우에(石上 1974:234)는 11명, 김창호(1998:651)는 14명의 관리가 이 저수지 축조에 참가하여 과업을 지휘·감독하였다고 주장하고 있다. 비록 이 저수지 축조에 참가한 관리의 정확한 수에 대해 다소의 이견이 있는 것은 사실이지만 최소한 8명 이상의 관리가 파견되어 이 과업을 감독하였던 것은 확실하다. 바로 이러한 점이 대규모 수리 시설이 축조된 '이후'에 국가가 형성되었는가 아니면 국가 단계의 사회가 '먼저' 형성되고 그 '이후'에 수리 시설이 축조되었는가를 판단하는 데 결정적인 역할을 하는 것이다.

여기에서 강조되어야 할 사항은 청제의 수축 연대만을 가지고 신라의 고대국가 성립 시기나 중앙집권체제와의 관련성을 논하는 것이 아니라는 점이다. 위에서 언급한 바와 같이 청제비 병진명의 정확한 절대연대와는 상관없이 비문 내용에서 알 수 있듯이, 신라의 통치자들이 청제 축조를 지휘·감독하도록 중앙과 지방에서 관리들을 각각 파견하였다는 사실이 중요하다. 이와 같은 맥락에서 냉수리비와 봉평비의 연구 성과를 본고에 반영하는 것이 바람직하다. 그러나 이 두 비문의 내용이 본고의 논지 전개에 큰 영향을 미치는 것이 아니고 또 지면의 제약이 있어 생략하기로 한다. 향후 이 두 비문의 연구 결과와 연계하여 천착할 수 있는 기회를 가지도록 하겠다.

표 2에서 볼 수 있듯이 적어도 5명의 경위(京位)직 관리가 신라의 수도로부터 청제 축조 현장에 파견되어 수리사업을 관리·감독했다는 것을 알 수 있다. 반면 외위(外位)직에 있는 지방관리 한 사람이 이 사업을 감독할 수 있도록 임명되었다는 것을 알 수 있다.

따라서 신라에서 대규모 저수지 축조는 5세기 초부터 중앙 정치권력의 통제 하에서 이루어졌다는 것을 알 수 있다. 이러한 것에 근거를 두고 필자는 청제의 축조와 기념비의 건립을 476년으로 간주하는 것이다. 더욱이 위에서 제시한 신라 눌지왕 때의 『삼국사기』 신라본기 눌지왕 13년(433)조에 보이는 시제(矢堤) 축조 기사를 고려한다면 476년이라는 절대연대도 전혀 근거가 없는 것은 아니라고 할 수 있다. 청제 축조와 그 기념비 건립의 절대연대를 결정하는 것보다 더 중요한 것은 대규모 저수지의 축조가 신라 국가형성 과정에 결정적인 역할을 담당하지 않았다는 사실이다. 결국 대규모 수리시설들은 중앙집권정치 혹은 국가 발생의 '요인'이라기보다는 '결과'라는 것을 알 수 있다.

5. 청제 정원명의 해석

 신라의 정치·사회 구조와 관련하여 청제비 병진명의 합리적인 이해를 구하기 위해서는 같은 비의 뒷면에 새겨져 있는 정원(貞元) 수치기(修治記) 내용을 검토해야 할 필요가 있다. 위에서 언급한 바와 같이 정원수치기는 청제가 축조되고 난 후 대략 300년 정도 지난 다음 이것을 수리한 사실에 대해서 기록한 것이다(사진 3). 사실 초축(初築)이후 얼마 동안의 기간이 지났는지는 초축의 절대연대를 언제로 보는가에 따라 다를 수 있다. 예를 들어, 초축이 476년이라면 322년, 536년이라면 262년이 지난 이후에 수치를 실시하게 된 것이다. 청제의 수치와 관련하여 다른 자료가 전무한 상태이므로 이 저수지의 수치는 비문에 기록되어 있는 바와 같이 제방 둑을 수리했다고 보는 것이 합리적이라고 생각한다. 그러나 청제의 역사가 유구함과 청제 축조의 완성을 기록하기 위해서 처음 건립하였던 비의 반대편의 면이 수치기를 기록하는 것으로 사용되었다는 사실로 판단하여 볼 때 798년에 수행된 수치가 처음이 아니었을까 추정하여 볼 수 있다.
 청제비 정원 14년 수치기의 비문 내용을 번역하면 대략 아래와 같다.

> 정원 14년[798] 戊寅 4월 13일에 청제를 수치(修治)하고 이 비문을 기록한다. 이 저수지의 둑이 훼손되었다고 하여 소내사(所內使)에게 명하여 그것을 알아보게 하였다. 구장(玖長)은 35보(步), 안립홍지심

사진 3. 영천 청제비 정원명(貞元銘)

(岸立弘至深)은 6步 3尺, 상배굴리(上排掘里)는 12步였다. 이와 같은 일을 2월 12일에 시작하여 4월 13일에 일을 종료하였다. 모두 합쳐서 부척(斧尺)이 136, 법공부(法功夫)가 14,140명이며 이 가운데 전칠각조역(典柒角助役)은 절화[切火, 영천]·압량[押梁, 경산] 두 군에서 각각 △인을 차출하였다. 이를 감독한 소내사는 상간(上干) 년(年) 내말(內末), 사수(史須), 가태수(加太守) 수량(須梁) 옥순(玉純) 내말이다(주보돈 1992:31, 참고).

비문에 보이는 간지(干支)에 의하면 이 비문의 내용은 798년에 기록된 것이 명백하고 이 연대는 학계에서도 일반적으로 수용되고 있다. 위의 비문 내용에서 볼 수 있듯이 14,300명 정도의 사람들이 거의 60일간 동원되었다. 이것으로 볼 때 청제의 수치에 초축 때보다 더 많은 노동력이 소요되었다는 것을 알 수 있다. 이렇게 많은 수의 사람들이 동원되었다는 사실을 최초에 이 저수지를 축조할 때 7000명의 사람들이 동원되었던 것에 비해 볼 때 아주 놀라운 것이다. 여기에 역역(力役)으로 참가한 사람들은 이 저수지에서 대략 10km 내의 반경 안에 거주하였던 사람들이었다(그림 1, 2 참조). 이 노동자들은 청제의 몽리(蒙利)를 받을 수 있는 지역 밖에 거주하였던 사람들이기 때문에 위트포겔(Wittfogel)이 주장하는 소규모의 저수지 축조에 이용되었던 협동적인 '지역 주민'의 일부로서 간주될 수 없다.

이우태(1985:122~123)는 이 기록을 분석하여 이러한 상황을 다른 각도에서 해석하였다. 즉, 그는 이 저수지 수치 과제가 신라 왕실에 의해서 궁핍한 백성들에게 일자리를 창출하기 위해 계획된 것일 가능성이 있다는 해석을 제시하였다. 그는 청제를 수치할 시기를 전후하여 태풍, 서리, 기근, 괴질, 누리, 그리고 홍수 등과 같은 자연재해가 자주 발생하였다는 점을 강조하였다. 그러면서 그는 청제의 수치에 참가한 노동자들은 역역으로 동원된 것이 아니라 임금을 지급받았다는 것을 주장하였다(이우태 1985:123). 역사적인 자료의 한계성 때문에 이 설을 확인하거나 혹은 배제하기는 어렵지만 상당히 흥미 있는 해석이며 향후 좀 더 상세하게 고찰하여 볼 가치가 있는 것으로 사료된다. 이 주제에 관해서 좀 더 상세한 것은 이 논문의 범위 밖에 해당하는 것이므로 더 이상 거론하지는 않겠다.

신라에서 중앙집권화된 정치조직체의 존재를 검토하여 보기 위해서 청제비 정원명(貞元銘)에 보이는 직명(職名), 부명(部名), 인명(人名), 그리고 관등명(官等名) 등에 관하여 표를 만들었다(표 3).

표 3. 청제비 정원명에 보이는 직명(職名), 부명(部名), 인명(人名), 그리고 관등명(官等名)
  자료 출처: 石上 1974:235과 이기백 1984:288 표 '다'

직명	부명	인명	관등명	관등	경/외위
所內使	上干	年	乃末	6/11	외/경위
所內使	-	史須	大舍	12/17	경위
加太守	沙梁	玉純	乃末	12/17	경위

표 3에서 볼 수 있듯이 정원명(貞元銘)은 글씨가 뚜렷하여 병진명(丙辰銘)과는 달리 판독이 거의 완벽하게 가능하여 여기에 기재된 세 개의 관직명을 모두 알 수 있다. 청제 수치를 관리·감독하기 위하여 참가한 두 명의 관리는 신라의 중앙 정부에서 파견되었다. 나아가 그들은 왕경에 거주하면서 정치적으로 비교적 높은 지위를 점유하고 있었으며 지방에 거주하고 있는 외위(外位)의 관리보다 직위가 높았던 것으로 확인되고 있다. 한 명의 지방 관리가 청제 수치의 감독자로 지명되었다. 여기에서 한 가지 주목해야 할 것은 신라 정부에서 정원년에 청제를 수치할 때 병진년 초축 때보다 훨씬 더 많은 노동력을 동원하였지만 한편 훨씬 더 적은 수의 관리가 임명되었다는 사실이다. 이 이유는 명백하지 않은 바 향후 더 연구되어야 할 과제라고 생각된다.

　청제비 정원명 비문 내용을 통해서 청제의 축조와 수치에 관한 몇 가지 사실을 추론할 수 있다. 첫째, 청제 수치를 실시하는 것도 작지 않은 과제로서 많은 노동력을 필요로 하였다는 사실이다. 둘째, 역역(力役)에 동원된 노동자들은 인근의 마을에서 동원되었는데 이것은 청제의 수치(修治)가 당시 신라에서는 규모가 상당히 컸다는 것을 시사한다. 마지막으로, 위에서 본 바와 같이 청제를 수치하는 데 14,300명 정도의 노동자가 동원되어 60일이 소요되었다고 되어 있는데, 청제의 초축에는 동원된 역역 인원이 그 절반에 해당하는 7,000명이었으므로 이들이 동원된 기간은 60일을 훨씬 더 상회하였을 것으로 추정된다.

6. 맺음말

신라에서 중앙집권적 정치조직체는 4세기 중엽과 5세기 초엽 사이(즉, 356~402년 사이 내물왕 재위 기간)에 확립되었을 것이라는 가설을 입증할 수 있는 상당한 역사 및 고고 자료가 있다. 신라 국가형성 시기에 관해 선학들이 제시한 연대는 내물왕대(356~402)이다. 이 연대에 대해 역사 및 고고학계에 많은 반론이 제기되어 이보다 훨씬 더 이르게 잡는 경향이 농후하다. 그러나 필자는 고고학 자료를 분석한 결과를 토대로 선학들의 연대관을 수용하고자 한다. 이 문제에 관한 좀 더 상세한 논의는 필자의 저서[강봉원, 2008, 『한국 고고학의 일 방향』 소수 8장 「신라 국가 형성시기의 재검토: 영남지역 고분 분석을 중심으로」 pp. 278~303]를 참고하기 바란다. 그러나 경우에 따라서 이 고고학 자료들조차도 직접적인 것이 아니고 간접적 혹은 자의적이며 상황성을 가진 것이라고도 생각할 수 있다. 따라서 중앙집권적 정치 조직의 존재를 조사하기 위해서는 청제비 병진명 및 정원명의 비문 내용이 제 1차 증거로 사용되어야 한다.

다른 한편, 대규모 저수지들의 지리적 위치를 토대로 위트포겔의 수리이론과 고대 국가 형성과의 관계에 접근해 볼 수도 있겠다. 즉, 우리나라 삼국시대에 축조된 것으로 전해지고 있는 저수지들과 삼국의 정치적 중심지에 대한 지리적 위치를 파악하여 수리가설을 검증하여 볼 수 있다는 것이다. 따라서 위에서 제시한 그림 1에서 볼 수 있듯이 여섯 개의 저수지들 중에 어떤 것도 지리적인 위치의 측면에서 초기의 복합사회와 그 정치적 중심지(예, 통구-고구려, 서울-백제, 경주-신라)와 관련되어 있지 않다. 만약 대규모 수리시설의 축조가 국가 형성의 과정에서 중요한 역할을 하였다면 논리적으로 삼국이나 혹은 다른 복합사회의 중심지도 수리시설 가까이에 위치하여야 한다. 만약 역사적으로 알려져 있는 여섯 개의 저수지들이 중앙정부가 존재하지 않는 '평등사회' 체제 하에서 자발적으로 축조되어 운영·관리되었고, 또 만약 위트포겔(Wittfogel 1957)에 의해서 주장된 바와 같이 저수지 축조의 과업이 복합사회의 출현을 자극하였다면 최초의 국가(들)는 최소한 이들 역사적인 수리시설 인근에서 발생하여야 한다. 그러나 그림 1에서 보는 바와 같이 역사적으로 알려져 있는 저수지들과 삼국의 정치적 중심지 사이에 있는 지리적인 괴리(乖離)가 상당히 크다. 이것은 수리시설의 축조 과정이 한국 고대 국가 형성에 큰 영향을 미치지 않았다는 것을 강하게 시사한다고 해석할 수 있겠다.

청제비 병진명의 비문은 역역으로 동원된 사람들이 어디에 거주한 사람이었는지에 대한 언급이 없다. 따라서 우리는 그 사람들이 어느 마을에서 차출되었는지 알 수 없다. 위에서 서술한 바와 같이 청제비 정원명의 비문 내용에 의하면 청제를 수치하기 위하여 필요한 역역들의 대부분은 청제 인근의 행정구역인 영천과 경산에서 동원되었다. 좀 더 상세한 정보는 없지만 이것을 토대로 청제 초축 당시에도 필요한 대부분의 노동자들이 인근 지역에서 동원되지 않았을까 짐작만 해볼 수 있다. 그 인근 마을이라는 것은 노동력의 운용을 계산해볼 때 청제로부터 걸어서 한두 시간 이내의 거리에 거주하고 있는 사람일 것으로 추정하여 볼 수 있다.

청제비 병진명의 비문 내용에 의하면 7,000명의 역역이 청제의 최초 축조에 동원되었다고 되어 있다. 청제 수치에는 약 14,300명이 60일간 동원되었다고 기록되어 있다. 이러한 노동력은 엄청난 투자이고 그 지방 저수지 이용자들의 자력(資力)을 상회한다. 신라 왕실이 청제 초축에 7,000명의 역역을 적어도 60일 이상 동원할 수 있었다는 사실은 신라는 청제를 축조하기 전(아무리 늦어도 536년이나 그 이전)에 이미 고도의 중앙집권 정치체제를 갖추었다는 것을 시사한다.

청제는 신라의 수도 경주로부터 북쪽 약 40km에 위치하고 있는데, 『삼국사기』에 의하면 이곳은 삼한시대에 독립 소국으로 '골벌국'(骨伐國, 영천)이라고 불린 곳으로 현재의 경북 영천시에 해당하는 곳이다. 『삼국사기』 신라본기 조분이사금(助賁尼師今) 7년(236년) 봄 2월 조에, "골벌국왕(骨伐國王) 아음부(阿音夫)가 많은 사람을 거느리고 와 항복하여 집과 토지를 주어 안정시키고 그 땅을 군으로 만들었다"는 기사가 있다. 이 기사를 고려할 때 영천은 신라에서 지리적으로 가까운 곳에 위치하고 있기 때문에 비교적 이른 시기에 신라에 통합된 것으로 보인다. 신라가 5세기와 6세기 사이에 인근의 행정구역으로부터 역역을 동원할 수 있는 정치력을 가지고 있었다는 것은 신라 왕실의 정치적 권위가 신라의 외곽까지 미쳤다는 것을 강하게 시사한다. 궁극적으로 신라로부터 지리적으로 상당히 멀리 떨어져 있던 독립 소국들이 차츰씩 신라의 행정구역으로 편입되었던 것이다.

신라는 사회 구성원들 모두가 출생하자마자 혈통의 존비(尊卑)에 의해 사회 위계질서가 결정되는, 아주 엄격한 신분제인 골품제도에 집착하였다. 신라 사회의 골품제도는 한국사에 있어 일반적으로 잘 알려져 있는 것이어서 상세한 설명을 할 필요는 없다. 신라의 이 독특하고 고유한 골품제도는 신라가 발전하는 긴 과정의 산물로서 이해되어야 할 것이다. 따라서 이 제도는 오랜 기간 동안 사용되어 오고 있던 것으로 법흥왕 7년(520)에 율령을 반포할 때 법제화된 것으로 보인다. 신라의 정치 체계는 관등과 사회적 지위와 강한 상관 관계가 있다는 것을 보여주고 있다.

청제 저수지 축조를 지휘·감독할 수 있도록 관리가 임명되어 파견된 사람의 정치적인 지위가 신라의 경위(京位) 12관등에서 16관등 사이에 있었다는 사실이 중요하다. 왜냐하면 이것은 다시 한 번 반복하자면, 신라가 청제를 축조하기 전에 이미 중앙집권화된 국가 단계의 사회를 수립하였다는 것을 강하게 시사하기 때문이다. 이는 대규모의 저수지 축조가 신라의 중앙집권적 정치조직체의 발생에 있어서 '요인'이 아니라 '결과'였다는 구체적인 증거이다. 신라가 중앙집권체제를 갖춘 다음 청제와 같은 대규모의 저수지를 축조한 것은 도작 생산력을 증진시켜 더 많은 세금을 징수함으로서 왕실의 재정에 보탬이 되게 한 것으로도 해석할 수 있다. 이 같은 사실은 『삼국사기』 신라본기에 등장하는 농사 관련 기사에서 알아볼 수 있다(강봉원 2003a:59, 표 2참조). 이와 관련된 자세한 사항은 본 논문의 범위 밖에 해당된다고 생각되기 때문에 더 이상 상론하지 않겠다.

이 논문에서 청제비 병진명과 정원명을 『삼국사기』와 접목하여 대규모 수리시설의 축조와 중앙집권 정치조직체와의 관계를 검토하여 보았다. 분석의 결과에 의하면 신라에서 수리시설의 축조와 수치는 중앙집권화된 정치조직체 내의 관리가 요구된다는 것을 보여준다. 즉, 중앙집권화된 권력이 저수지, 그리고 다른 대규모의 토목사업에 필요한 역역을 동원할 수 있는 정치적 힘을 소유하고 있었다는 것이다. 좀 더 구체적으로 이 연구는 신라의 경우 대규모의 수리시설들은 중앙집권적 정치조직체가 존재한 '이후'에 축조되었다는 것을 보여준다.

영천 청제비의 내용을 근거로 신라의 관개수리 사업은 중앙집권 정치조직체 확립의 '원인'이 아니라 '결과'였다는 결론은 청제비의 건립 시기(476년 혹은 536년)를 염두에 둘 때 지극히 당연한 결과인 것이 사실이다. 그러나 우리나라의 역사·고고학적 자료와 사례를 수집·분석하여 도출된 결론을 외국[영문으로 작성한 논문] 및 우리나라 학계에 소개하여 위트포겔의 수력이론은 적어도 동아시아의 국가형성 규명에는 적용할 수 없다는 사례를 제시하였다는 점에 이 논문의 의의가 있을 것으로 생각한다. 이 사례 연구가 세계의 다른 여러 곳에서 수행되고 있는 국가 형성 연구에 있어서 동인(動因, causative factor)을 탐색하는 데 기여하게 되기를 바라는 바이다.

많은 학자들이 위트포겔이 제시한 '수리가설'을 수용할 것인가 혹은 배제할 것인가에 대한 사례를 찾고자 노력해 오고 있다. 어떤 의미에 있어서 이 사례 연구는 기성의 연구 접근 방식과 크게 다르지 않다. 이 논문의 목적은 '수리 이론' 자체를 단순히 '수용' 혹은 '거부'하는 것에만 있는 것은 아니다. 오히려 규모의 크기에 상관 없이 수리 시설이 수천 년 동안 집약적인 벼농사를 짓는 데 있어서 영속적이었다는 것을 고대 한국을 포함한 아시아 제국(諸國)으로부터의 사례 연구를 통해 제시한다. 아울러 이 논문이 향후 한국 고대사 상에서의 수리 시설에 대한 연구가 다소나마 활성화되는 데 기여하게 되기를 바란다.

II. 한강 유역 횡혈식 석실분의 성격 고찰 :
  여주 지역을 중심으로

1. 머리말
2. 한강 유역 횡혈식 석실분 성격 구명에 대한 연구: 문제 제기
3. 여주 지역 석실분의 성격 구명에 대한 연구사적 배경
4. 여주 하거리지역 석실분의 성격: 구조적 특징과 출토 유물의 검토
5. 소결

I. 머리말

이 글의 주요 목적은 한강 유역 횡혈식 석실분과 특히 여주에서 일제시대 이래 최근까지 발굴 조사된 횡혈식 석실 고분의 성격을 검토하는 것이다. 한국의 고고학계에서는 과거부터 한강 유역에서 조사된 횡혈식 석실분들의 축조 주체가 누구였는가에 대하여 상당한 관심을 가져오고 있었다. 이러한 현상은 일제시대 일본인 학자들이 한강 유역에 산재해 있는 여러 고분들을 발굴조사하고 발표한 연구 결과에 영향을 받은 것들 중의 하나이기도 하다. 이 연구 주제는 외견상 단순하게 보이지만 삼국시대의 역사 및 문화사를 연구하는 것과 직접적으로 관련되어 있기 때문에 실제로 매우 중요한 것이다. 횡혈식 석실분과 몇 가지 특이한 묘제가 곳곳에 산재해 있는 경기도 지역은 초창기 한성 백제시대 때는 백제의 영토였다. 고구려 장수왕이 475년 남진하여 개로왕을 죽이고 한성을 점령하여 백제가 웅진으로 천도함에 따라 이곳은 고구려의 영토로 편입되었다. 그후 6세기 중엽 신라 진흥왕이 북진하여 한강 유역을 점령함에 따라 이 지역은 다시 신라의 영토로 편입되었다.

이처럼 서울과 경기도의 상당 부분은 한강을 위요한 농경지의 확보, 대당(對唐) 교역로의 확보, 혹은 노동력을 제공하는 인구의 확보와 밀접하게 관련되어 있는 전략적인 요충지로서 백제, 고구려, 그리고 신라의 각축장이 된 곳이다. 심지어 '말갈'이라는 호칭으로『삼국사기』백제본기에 자주 등장하여 濊貊[東濊](이병도·김재원 1959: 356)이나 濊貊, 즉 고구려로 간주되거나(김원룡 1967: 14~16), 혹은 춘천 지방의 맥국으로 추정되기도 하는(이기동 1997: 26) 정치조직체까지도 여기에 가세하였다. 그리하여 경기도 일대에 축조되어 있는 고분들과 거기에서 반출되는 유물들의 성격을 잘 파악한다면 백제, 고구려, 신라 그리고 말갈 등 삼국시대 중기의 역사적인 추이를 아울러 고찰할 수 있게 되고, 또 정치적인 변동에 따른 문화적인 변동까지도 알 수 있도록 도움을 줄 것이다.

일제시대에 여주에 있는 몇 기의 고분들이 수습 혹은 발굴되어 학계에 보고

되었다. 또 1970년에 문화재관리국이 여주군 대신면 보통리에서 석실분을 1기 발굴하였다(강인구 1981). 그 후 1988년과 1989년에 한림대학교 박물관이 여주 매룡리 용강골에서 발굴을 실시하고 보고서를 낸 적이 있고(최영희 외 1988, 1989), 동 박물관이 1997년에 여주 상리에서 다시 발굴을 실시하였다(한림대학교 박물관 2001). 경희대학교 박물관도 1997년 12월부터 1998년 4월 말까지 여주 하거리(下巨里) 방미기골(이하 방미기골은 생략함)에서 상당수의 횡혈식 및 횡구식 석실분을 발굴조사하였다(신용철·강봉원 1999). 이러한 과정을 거치는 동안 한국의 고고학계에서는 한강을 요위한 서울 및 경기 일원과 특히 여주에서 발굴 조사된 횡혈식 석실분들의 축조 주체에 관하여 몇 편의 글과 보고서가 발표되면서 다양한 견해가 개진된 바 있다. 이들 논문, 논저, 혹은 발굴보고서에서 거론된 가장 핵심적인 문제는 여주 지역에 축조된 횡혈식 고분들의 주체가 백제, 고구려, 그리고 신라 혹은 통일신라 중 어느 나라의 주민이었던가 하는 것이다.

필자는 1998년 가을 제22회 한국 고고학 전국대회에서 여주 하거리에서 발굴조사한 석실분에 대한 내용을 발표한 바 있다. 이 발표에서 필자는 여주 하거리의 일부 석실분들의 축조 주체를 백제라고 주장하였다. 이와 같은 견해 제시에 대하여 찬·반 양론으로 갈라져 의견이 분분하다는 것을 발표 직후 느꼈다. 물론 여주 석실분의 축조 주체 규명의 문제는 어제 오늘의 일이 아니기 때문에 그다지 새삼스러운 것은 아니다. 그러나 필자가 여주의 석실분을 백제의 것으로 간주하는 것을 일부에서 마치 일본인 고고학자들이 일제시대 때 제시한 견해 혹은 막연히 일본인들의 견해를 추종하여 답습하고 있다는 식의 뒷얘기가 돌고 있다는 것을 접하여 마음이 다소 편하지 못하였다.

여주 하거리 석실분의 성격에 대해서는 필자가 발굴을 실시하고 있는 동안 유적지를 찾아와서 직접 참관한 지도위원 및 기타 동료 고고학 교수들과의 대화와, 또 발굴장을 직접 방문하지 못한 사람들과 서신을 통하여 이미 많은 의견을 교환하였다. 필자는 이때 여주 하거리와 한강 유역 일대에서 발굴조사된 석실분들의 성격에 대해 다양한 견해가 제시되고 있다는 것을 깨달았다.

아울러 필자가 발굴조사한 고분에 대한 보고서를 작성하기 위해 기왕의 논고와 자료들을 검토하는 과정에서 한강 유역에서 발견된 횡혈식 석실분들 및 여주 지역 석실분들의 성격에 대하여 이론(異論)이 많다는 것을 알게 되었다. 또 이 연구 주제는 한국 고고학계는 물론이고 일본 고고학계의 일부에까지도 논쟁의 여지가 있는 현안 문제임을 감지하였다.

이 글에서는 이러한 학문적인 분위기를 고려하여 한국 고고학계에서 쟁점이 되고 있는 여주 석실분들의 축조 주체에 대한 다양한 견해들을 정리하여 보기로 하겠다. 이렇게 함으로써 필자가 일본 고고학자들의 일부 견해를 막연히 답습하고 있다는 오해도 어느 정도 풀 수 있는 계기를 마련할 수 있으리라고 생각한다. 필자는 처음부터 한강 유역과 여주 지역 석실분의 성격에 대한 일본인 학자들의 견해를 추종한 적도 없지만 그들이 제시한 견해가 옳다고 생각하면 언제든지 취할 마음가짐이 되어 있다. 한국의 특정한 고고학적 현상에 대하여 진위(眞僞) 여부를 떠나서 단지 과거 일본인 학자들이 발표한 견해라고 하여 애당초 거부감을 가지고 배척하는 것은 바람직한 학문 자세는 아니다. 아래에서 한강 유역 석실분의 성격 연구에 대한 연구사와 문제점을 검토하여 본 다음 발굴 조사를 직접 담당한 사람으로서 확보된 고고학 자료를 토대로 석실분들의 축조 주체와 문화적 성격에 대한 필자의 견해를 개진하고자 한다.

2. 한강 유역 횡혈식 석실분 성격 구명에 대한 연구 : 문제 제기

고고학을 연구하는 대부분의 사람들은 발굴조사된 여러가지 유적, 유구, 혹은 유물에 대한 견해가 다양하게 제시되는 경우가 허다하다는 것을 잘 알고 있다. 이것은 한 사물을 바라보는 개개인들의 인식론적인 문제와 관련되어 있기도 하지만 개별 고고학자들의 주관이 작용하기 때문이다. 그러나 한국 및 외국의 고고학자들에게 공통적으로 한 가지 일치하는 점은 '묘제는 보수성과 전통성이 강하여 쉽게 변하지 않는다'는 원칙이다. 실제로 묘제는 쉽게 변하지 않는다. 그럼에도 불구하고 시간이 지나면 보수성이 강한 묘제도 어쩔 수 없이 변하였으며, 또 변하고 있다. 고고학자들의 연구 과제는 보수성이 강한 묘제가 '왜' 변하게 되었는가, 또 '왜' 변하고 있는가에 대한 원인을 다각적으로 구명하는 것이다.

그런데 한국 고고학자들이 묘제가 보수성과 전통성이 강하다고 말은 하면서도 한반도에서 발굴조사된 각 시대별 묘제의 변천을 고찰할 때 실제로는 너무 쉽게 묘제의 변천을 거론하는 경향이 많다. 예를 들면 신라 묘제 변화의 원인을 규명하는 데 있어서 '고구려 광개토왕의 남정(南征)'이나 '불교의 수용' 등과 같은 역사적인 사건 혹은 사실과 연관지어서 설명한다. 혹은 '북방 기마민족의 이동'과 같이 실제 역사적 상황과는 거리가 있음에도 불구하고 역사적인 정황만을 고려하여 자의적인 해석을 하는 경우도 적지 않다. 물론 불교의 수용과 같은 것은 묘제의 변화에 많은 영향을 미쳤을 것으로 사료된다. 그러나 고구려군의 남정과 같은 일시적인 역사 사건이나, 사실 혹은 확실한 검증이 없는 상황에서 '주민의 이동'과 관련지어 설명하는 급격한 묘제 변화에 대한 해석은 위에서 언급한 고고학에서 일반적으로 수용되고 있는 기본적인 원칙, 즉 '묘제는 쉽게 변하지 않는다'는 것에 명백하게 위배된다. 아래에서 자세하게 설명하겠지만 한강 유역과 여주 지역의 횡혈식 석실분의 성격을 고찰하는 것도 백제, 고구려, 그리고 신라로 이어지는 정치세력의 변화와 지극히 단순하게 연결시켜 설명하고 있다. 이러한 한국 분묘 고고학의 연구 경향은 향후 지양해야 할 부분이라고 생각된다.

역사·지리적인 측면에서 서울 지역이 한성시대 백제의 정치적 중심지였던 것은 일반적으로 학계에 수용되고 있으므로 일단 문제가 되지 않는다. 그러나 경기도 일대, 즉 여기서는 한강 상류지역인 여주는 과연 어떤 세력이 자리 잡고 있었는가가 문제의 핵심이다. 일반적으로 서울 지역은 물론이고 대부분의 경기도도 백제의 영역으로 학계에서 인식되고 있다. 그러나 김원룡(1974a: 2)은 "…여주 지방이 원래 고구려 영토였다가 6세기 중엽 이후로 신라 영토가 되었지만 백제 영토였던 일이 전혀 없었다는 역사적 사실을 모든 고고학도들이 전혀 몰랐거나, 잊어버렸거나 또는 그러한 문헌에 전혀 관심을 두지 않았었다는 것을 알고 깜짝 놀랐다"고 하고 있기 때문이다. 또 "여주는 고구려령이었다가 신라령이 되었지만 백제령이 된 일은 없는 것이다"(김원룡 1974a: 14)라고 하여 여주 지역이 백제의 영토였던 적이 전혀 없었다고 주장하고 있다.

이러한 그의 논지는 다른 논문에서도 일관성 있게 계속되어, "여주는 551~553년경에 고구려령에서 신라령이 되었으며 백제령이 된 일은 없다"고 하였다(김원룡 1975: 7, 주 30). 그리고 서울 지구는 475년까지는 백제 영토였다는 것은 인정하지만 그 이후에 차례로 고구려, 신라의 영토가 되었으므로 서울 지구에서 발굴된 고분만 하더라도 일괄적으로 백제의 고분으로 간주할 수 없다는 견해를 제시하였다(김원룡 1974a: 4). 아울러 한국 고고학계에서는 일제시대 이래 여주 지역의 고분들도 관행적으로 백제 초기 고분으로 믿어왔던 것을 지적하면서 여주 지역의 고분은 오히려 신라의 고분이라는 논지를 전개시키고 있다. 김원룡(1974a)의 이 논문과 그리고 같은 해에 발표된 저서(김원룡 1974b)의 영향으로, 그 이후 한국 고고학계에서 여주의 고분들이 신라의 고분이라는 견해가 팽배해지지 않았나 생각된다.

그런데 문제는 김원룡(1974a)이 고구려가 남하하기 이전에 여주 지역이 삼국 중 어느 정치 세력의 영향력 아래에 있었는지에 대한 언급은 전혀 하지 않았다는 점이다. 백제가 고구려의 세력에 밀려 웅진으로 천도하기 전 즉, 한성 백제시대의 정치·군사적인 영역 혹은 강역이 어디까지였는가에 대하여 명백하게 밝혀 놓지 않았다. 김원룡(1974a, 1974b)은 서울은 백제의 영역에 속하였다는 것을 인정하고 있지만 서울 인근의 경기도, 좀 더 구체적으로는 광주, 이천, 그리고 여주 등의 지역은 삼국 중 어디에 소속이 되었는지 본인의 견해를 밝히지 않고 있어 현재 우리들로서는 파악할 수 없다. 그러나 위에서 언급한 바와 같이 한국의 역사학계 및 고고학계의 대부분의 사람들이 서울을 비롯하여 경기도 일대에 대하여 정확한 경계선은 긋지 못하지만 대체로 백제의 강역으로 수용하고 있다.

김원룡(1974a, 1975)이 여주가 백제령이 된 적이 없다고 위와 같이 주장한 것에 대하여 일찍이 강인구(1976)는 부정적인 견해를 아래와 같이 제시한 바 있다.

> 본기에 보면 온조 때부터 성왕 때까지 10여 곳에서 말갈과 고구려의 남침기사 중 백제의 영토를 원산성 · 대두산성 술천성 낭자곡성, 와산성, 우곡 치양성, 가불성 등지까지로 표기하고 있고 신라측 기사에서도 우두주나 요차성이 백제와의 분쟁 지역으로 나타나고 있어서 현재의 서울 지방을 포함하여 여주 지방은 웅진 천도 이전까지는 계속 백제의 영토로 있었다. 이점 좀더 명확을 기하였으면 한다[1976: 162~163].

또 김병모(1977: 22)도 방이동의 고분 성격을 논하면서, "…역사 시대 고고학에서 꼭 참고해야 하는 사실(史實)의 근거를 본다면, 서울 지방은 A.D. 475년까지 백제 영토, 6세기 중엽까지 약 1세기는 고구려가 출몰한 때이고 그 이후는 신라의 영토가 된다. 이런 사실을 놓고 볼 때 이 5호분은 분명히 고식의 백제 토기를 썼으며 사후에 매장될 때 동침한 사람의 무덤으로, 신라나 고구려 것이 아닌 것이 분명하다"고 서술하였다.

여주에서 지리적으로 10여km 정도밖에 떨어져 있지 않은 흔암리에서는 청동기시대의 주거지가 서울대학교 고고인류학과에 의해 1972~1977년에 걸쳐서 다수 발굴된 바 있다. 또 국립중앙박물관이 1998년 여주의 연양리 마을에서 3세기 중반에서 4세기 초에 해당하는 주거지를 발굴 조사하였다 (국립중앙박물관 1998). 이러한 사실들은 자연환경이 좋은 여주 지역에 선사시대 이래 주민들이 지속적으로 거주하였다는 것을 강력하게 시사하여 준다. 특히 연양리 유적은 여주 매룡리 유적에서 동쪽으로 1km밖에 떨어지지 않은 곳이다. 그러면 흔암리의 청동기시대 유적 이래 기원후 5세기 말 고구려가 남하할 때까지 여주 지역에 거주하였던 사람들의 정치적 혹은 문화적인 성격은 과연 무엇일까 하는 것이 관심의 대상이 된다. 최근 여주에서 발굴을 실시한 국립중앙박물관 조사자들은 "…연양리 마을 입구에서 서쪽으로 1km의 거리를 두고 위치하는 매룡리 고분군, 여주읍내의 상리고분, 남한강의 하류 쪽으로 보통리 고분 등 고구려 · 백제 · 신라의 요소를 가진 삼국시대의 여러 고분이 분포하고 있다"(국립중앙박물관 1998: 21)고 보고하여 적어도 백제의 요소를 가진 고분이 존재하고 있다고 발표하였다. 이것은 은연중에 여주는 초기에 백제의 영역이었음을 시사하는 것으로 보아도 무방하다고 생각한다. 좀 더 구체적으로 연양리 유적 발굴 조사자들은 "여주 연양리 유적은 남한강변의 충적대지에 위치한 원삼국시대 주거유적으로… 한강 유역의 원삼국기 문화와 더불어 초기 백제로의 발전 과정을 살필 수 있는 중요한 자료를 획득하게 되었다"(국립중앙박물관 1998: 196)고 결론을 맺고 있어 여주가 초기의 백제의 영역이었음을 단적으로 말하고 있다.

그리고 김원룡(1974a, 1974b)이 역사적인 사실을 근거로 제시한 여주 고분의 연대와 매장 주체에 대한 견해에 다소의 문제가 있다. 우선 그의 주장대로 여주 고분의 연대가 6세기 중엽 이후 혹은 7세기로 편년이 될 수 있는가. 김원룡이 주장한 대로 신라 진흥왕의 북진 결과 여주 지역을 장악한 신라인들에 의하여 경주식의 고분이 축조되었을 가능성도 전적으로 배제할 수는 없다. 그러나 여기에서 주의해야 할 점은 신라의 진흥왕이 6세기 중엽에 북진하였다는 것은 역사적인 사실이지만 과연 여주 지역에 거주하고 있던 토착인들의 분묘 문화가 하루아침에 신라식으로 바뀌어졌는가 하는 것이다. 만약 여주의 토착 분묘문화가 그렇게 쉽게 바뀌었다면 위에서 논했던 대부분의 고고학자들이 일반적으로 수용하고 있는 원칙, '매장 문화는 보수적이고 전통성이 강해서 쉽게 변하지 않는다'와 어긋나며 만약 실제로 분묘 문화가 그렇게 쉽게 변하는 것이었더라면 고고학에서 그런 전제는 애당초 만들어지지도 않았을 것이다.

만약 신라가 여주 지역을 장악해서 지방관을 파견하고 파견된 신라의 지방관이나 그 가족들이 죽었을 때 지방관과 관련된 사람들이 신라식 혹은 경주식대로 분묘를 축조하였다면 김원룡(1974a, 1974b)의 여주 매룡리의 석실 고분이 신라의 것이라는 해석은 어느 정도 수긍이 간다. 그러나 신라에서 파견된 지방관들이 죽어서 신라식대로 분묘를 축조하였다면 그 묘역이 어디였을까 의문이 제기된다. 추정하건대 신라 지방관의 묘역은 당시 여주의 행정 중심지 부근이 아닌가 사료된다. 경주에서 파견된 지방관과 그 가족들이 지방관 혹은 그 가족들의 구성원들이 죽었을 때 여주에서 상당히 멀리 떨어진 하거리 방미기골이나 여타 지역까지 분묘를 축조하러 가지는 않았을 것이다. 또 여주의 행정 중심지가 아닌 외진 곳 하거리까지 신라의 주민들이 이주해 오지도 않았을 것이다. 더욱이 지극히 보수적이었을 여주 지역의 토착인들이 여주가 신라의 영역으로 편입되고 신라에서 파견된 지방관이 신라식으로 분묘를 축조한다고 하여 다투어 그 묘제를 흉내내지도 않았을 것이다.

신라가 여주 지역으로 진출하기 전에 고구려가 광개토왕 이후 장수왕에 이르기까지 백제 지역을 지속적으로 잠식하여 결국 백제의 정치적 중심지였던 한성은 고구려의 영토로 편입되고 백제의 중심 정치세력이 웅진으로 천도한 것은 다 알고 있는 역사적인 사실이다. 그렇다면 고구려도 지방관을 여주 지역에 파견하고 백성들을 보내어 그 곳에 정착하도록 조치를 취하였을 것이라는 추정이 가능하다. 그 때도 여주 지역의 분묘 문화가 신라가 북진할 때와 마찬가지로 급작스럽게 고구려식으로 바뀌었다고 간주할 수 있을 것인가. 고구려와 신라가 여주 지역을 어떤 형태로든 각각 장악하기는 하였지만 그렇다고 이 지역의 분묘 문화가 하루아침에 바뀌었을 것으로 상정하는 것은 위에서 언급한 매장 문화의 전통성과 보수성 때문에 용이한 일이 아니다.

실제로 김원룡(1981) 자신도 한 지역의 분묘 문화의 전통성 및 보수성과 관련하여 아래와 같이 설명하고 있다.

> 신라가 죽령을 넘어서 한강 유역으로 진출하는 것은 진흥왕대 6세기 중엽이다. 그 이전의 가평, 춘천 지방은 고구려 영역이어서 여기에 고구려식 고분이 분포하는 것은 당연하지만 6세기 중엽 이후, <u>신라령이 되고 나서도 주민 패턴이 돌연 신라화했다고는 믿기 어렵기 때문에</u> 지방의 세력가들은 여전히 고구려식 분묘를 습용했을 것으로 믿어진다 [1981: 5, 밑줄은 필자].

이 인용에서 밑줄친 부분은 위에서 언급한 고고학계의 일반적인 전제로 수용되고 있는 분묘 문화의 보수성과 일치하는 점이다. 그러나 춘천 지역이 원래 백제의 영역이었다가 고구려의 것으로 편입되었다고 해서 그 지역의 백제 분묘 문화가 갑자기 고구려의 것으로 바뀌는 식으로 설명하는 것에는 여전히 문제가 있다. 춘천이 고구려의 영역이었다가 신라의 영역으로 편입되었다고 해서 갑자기 그 지역의 분묘 문화가 신라의 것으로 바뀌지 않았듯이, 한성이 백제의 영역으로 있다가 고구려의 영역으로 편입되었다고 해서 갑자기 고구려의 묘제로 바뀌지도 않았을 것이다. 한국 고고학계에서 분묘 문화를 정치적인 변동 혹은 일시적인 역사적 사건과 피상적으로 관련지어서 너무 쉽게 변하는 것으로 해석하는 예가 비일비재하지만 한강 유역 석실분의 성격과 관련된 몇 가지 예만 제시하여 보기로 하겠다.

잠실지구유적 발굴조사단이 1975년 가락동에서 발굴조사한 제3호분의 연대를 추정하면서 아래와 같이 서술하고 있다.

> 고구려 식의 ㄱ자형 석실묘로서 묘 자체는 5~6세기가 될 수 있으나 토기 형식이 새롭고 석실 사우에 완을 1개씩 배치한 것이 경주 충효리의 통일기 석실묘에서도 나와 이 3호분의 연대를 7세기 전반이나 아니면 더 내려 볼 가능성이 있지 않을까 생각되며 그렇게 되면 <u>550년경부터는 여기가 신라령이니까 신라 고분</u>이 된다[잠실지구유적 발굴조사단 1977: 24, 밑줄은 필자].

또 동 조사단이 1976년 방이동 제6호분에서 발굴한 토기를 설명하면서 아래와 같은 견해를 제시하였다.

> 이런 고배는 백제나 고구려에서는 찾아볼 수 없는 신라 토기의 간판격 토기로서 이런 고배가 한강 유역의 석실분에서 출토된 사실은 <u>신라가 진흥왕대인 6세기 중엽부터 한강 유역을 장악하였다는 역사적 사실을</u>

뒷받침하는 고고학적인 자료로서 크게 주목되어야 하고 아울러 한강변의 석실고분들의 연대도 무턱대고 백제 초기 고분으로 보아서는 안 된다는 견해의 타당성이 본 6호분의 발굴 결과로 입증되었다[잠실지구유적 발굴조사단 1978: 18, 밑줄은 필자].

결국 한강 유역에 산재해 있는 석실분들을 종래 막연히 백제의 것으로 간주하던 것을 지양해야 하며 신라의 것으로 보아야 한다는 식으로 논지를 전개시키고 있다는 것을 알 수 있다.

최병현(1992: 30~31)도 단각고배(短脚高杯)와 부가구연장경호(附加口緣長頸壺)를 6세기 중엽경의 신라 토기의 특징적이라고 규정하면서 충청도 지역의 고분군과 한강 상류 지방으로 여주 매룡리 고분군, 양평 단석리, 서울 방이동·가락동, 중곡동과 동해안에 있는 고분군을 망라하여 이들을 신라 고분으로 규정하고 있다. 특히 이들 고분군 유적지들을 "이와 같은 6세기 중엽 신라 고분의 분포지는 진흥왕대 신라의 진출선과 일치하고 진흥왕 순수비가 위치한 지역 안에 들어오는 것임은 물론이다"(최병현 1992: 31)라고 하고 있다. 아울러 이들 지역의 고분들의 성격을 역사적인 상황과 결부시켜서 "이들은 물론 모두 경주에서 멀리 떨어진 지역에 분포하여 있으므로 경주 고분과는 여러 가지 구조적 차이점들이 있지만 당연히 신라 후기 고분 문화에 포함되어야 한다"(최병현 1992: 435)고 주장하고 있다.

또 강현숙(1996)도 여주 석실분의 성격을 역사적인 상황과 관련시키면서 아래와 같이 묘사하고 있다.

> …횡장방형 현실은 신라 영역에서 유행한 것으로 판단된다. 상리 2, 8호분의 연대는 고구려 횡장방형 벽화분의 6세기 중후반 경의 편년안에 비쳐 볼 때 6세기 중엽 이후로 비정된다. 555년 신라가 서울을 점령하고 북한산순수비를 세웠다는 기록에 의해 볼 때 6세기 중반 이후의 한강 유역은 신라의 영역으로 백제 영역이라고 볼 수 없다. 따라서 현실 평면

형태만을 통해 볼 때 한강 유역의 횡장방형 현실의 횡혈식 석실분은 백제의 무덤이 아닐 가능성이 높다[강현숙 1996: 90, 밑줄은 필자].

강현숙(1996: 124, 밑줄은 필자)은 "더욱이 문헌상으로도 한강 유역은 삼국의 쟁탈지로서 553년 이후 신라의 영역으로 편입된 곳이다. 따라서 한강 유역의 고분을 모두 백제 고분으로 보기에는 무리가 따른다"라고 하여 위의 입장을 견지하고 있다. 그리고 여주 상리의 석실분은 적어도 백제의 고분으로 볼 수 없다는 것을 여러 번 반복하면서 고구려의 것으로도 볼 수 없다고 하였다. 또 "…석침이 있는 무덤의 현실은 백제 영역에서 보편적인 방형이나 장방형이 아닌 횡장방형을 하고 있어, 백제 횡혈식 석실분의 요소가 아닌 것으로 판단되며, 따라서 여주 상리 2, 8호분은 백제 횡혈식 석실분으로 볼 수 없다"라고 하였다(강현숙 1996: 108). 여기에 더하여 "여주 상리 2·8호분은 현실의 평면 형태뿐 아니라 석침(石枕)과 시상대(屍床臺)가 설치되어 있는 점에서 여타 지역의 백제 횡혈식 석실분과는 장법 상의 차이를 보여 백제 고분이 아니다"고 주장하고 있다(강현숙 1996: 112). 그러면서 고고학적 자료로서 "석침과 시상대"의 존재, "통일기 신라 토기와 유사성"을 거론하고 그리고 문헌 자료로서 "한강 유역은 삼국의 쟁탈지로서 553년 이후 신라의 영역으로 편입된 곳"이라는 역사적인 상황과 결부시켜서 간접적으로 신라의 고분이라는 것을 주장하고 있다(강현숙 1996: 124).

이와 같이 한강 유역의 고분, 구체적으로는 여주의 고분 문화의 성격과 변화를 검토하면서 문헌의 기록에 근거를 둔 역사적인 상황에 지나치게 의존하고 있음을 알 수 있다. 여기에서 한 가지 거론하고 넘어가야 할 부분은 석실분의 평면 형태이다. 과거 일제시대 때 조사된 단 두 기의 횡장방형 석실분 평면 형태를 가지고 여주 지역 석실분의 성격을 결정짓는 것은 설득력이 약하다. 왜냐하면 이 지역의 횡혈식 석실분 평면 형태의 표본 수가 너무 적어 대표성에 문제가 있기 때문이다. 여주 지역에 산재해 있는 여러 석실분들의 전체 평면 형태를 검토해 보고 그 중에 신라 묘제의 특징 중의 하나라고 할 수 있는 횡장방형은 어느 정도의 비율을 차지하고 있는가가 고려되지 않은 상황에서 단지 두 개의 표본을 마치 여주 지역을 대표하는 것으로 처리하면 오류를 범할 가능성이 높다.

이 논문에서는 이와 같은 문제점들을 염두에 두면서 한강 유역 및 여주 지역, 특히 여주 하거리에서 발굴조사된 횡혈식 석실분의 축조 주체에 대하여 고찰하여 보기로 하겠다.

3. 여주 지역 석실분의 성격 구명에 대한 연구사적 배경

여주 지역의 횡혈식 고분은 일찍이 일인(日人) 학자들에 의하여 발굴조사 보고되어 학계에 알려지기 시작하였다. 일제시대 이래 여주 고분의 성격에 대하여 제시된 여러 가지 학술사적인 측면은 과거 발표된 논문에서 어느 정도 다루어져 있으므로(강인구 1989: 24~30; 강현숙 1996; 김원룡 1974a; 武末純一 1980) 여기에서 자세하게 다루지는 않겠다. 그러나 문제의 소지가 있는 것 몇 가지를 검토하여 보기로 하겠다. 여주 지역의 석실분은 1916년 최초로 일인 학자 今西龍에 의하여 조사되었다. 今西龍은 조사보고서에서 여주 지역 고분들의 석실과 석상이 함경남도 안변군 위익면 상세포동 고산역 부근 고분들의 그것들과 유사하다는 점을 지적하면서 아래와 같은 견해를 피력하였다.

> 본 조사원은 이를 동일민족이 대략 같은 시기에 동일한 것을 축조 하였다고 인정하지만 상세포동의 고분군에 대해서는 총독부가 발행한 조선고적도보에 실려있는 대로 이를 예민족의 고분이 아니라고 하는 데 대해서는 본인과 일치하지 않고, 그 민족연대에 대해서는 결코 경솔하게 단안을 내릴 수 없지만 이 고분은 명백히 고구려의 것과는 상이한 점이 많아 본 조사원은 이를 신라시대의 것이 아닌가 하는 생각이 든다[朝鮮總督府 1916: 113].

本員ハ之ヲ同一民族カ略時期ヲ同ウシテ作成セルモノト認定セサル
ヲ得ス上細浦洞ノ古墳群ニ就キテハ總督府發行ノ朝鮮古蹟圖譜ニ收
載セテレタリ, 之ヲ穢民族ノ古墳トナスカ如キハ本員ノ一致スルコ
ト能ハサセルモノナリ, 其民族年代ニ就テハ決シテ輕率ニ斷案ヲ下
スヘキニアテスト雖コノ古墳ハ明ニ高句麗ノモノト相異ノ點多シ,
本員ハ之ヲ新羅時代ノモノニアテサルカノ感ヲ起セリ[朝鮮總督府 1916:
113].

이 인용문은 今西龍이 여주의 고분들이 신라시대의 것이라고 추정하는 대목이다. 김원룡(1974a: 1)은 이 견해를 중요하게 생각하여 한국의 고고학계에서 "…아무도 그 보고자의 원 보고문을 읽어보거나 주의를 한 것 같지 않으며, 이것 역시 백제 초기 고분으로 일괄되어 버렸다"고 하고 있다.

그런데 한국 고고학계에서 한강 유역의 고분을 백제의 것으로 간주하게 되는 시발점이 된 것은 大正 六年度의 고적조사보고서에 실려 있는 내용이다. 즉, "중대면 석촌리·가락리 및 방이리에 걸쳐서 고분군이 산재한다. 대부분이 토분이지만 석총도 혼재한다. 아마 <u>백제시대 초기의 분묘 같다</u>"(朝鮮總督府 1917, 밑줄은 필자)고 되어 있다. 이 보고서에는 여주 고분의 성격에 대한 언급은 없었다. 그러나 나중에 발표된 보고서에 의하면 아래와 같은 내용이 보인다.

<u>백제의 초기 즉 한성시대의 분묘는 지금 경기도 광주군 중대면 가락리·석촌리·고양군 독도면 중곡리·여주군 주내면 매룡리 등에 산재하고 있다</u>…. 요컨대 초기부터 중기 후기로 내려오면서 분묘 제도가 조금씩 변천 발달한 것으로서 아무래도 고구려와도 고신라·임나와도 서로 다른 특질을 가지고 있다. 오직 전축만은 중국 양나라의 영향을 받은 것은 명백하지만 기타는 고구려와도 고신라·임나와도 다소의 관련이 없는 것은 아니지만 요컨대 주로 백제 독자의 발달로 보아야 할 것이다[朝鮮總督府 1927: 27~30, 밑줄은 필자].

> 百濟の初期卽ち漢城時代の墳墓は今京畿道廣州郡中垈面可樂里・石村里・高陽郡纛島面谷里・驪州郡州內面梅龍里等に散在している…要するに初期より中期後期と下るに從ひ墳墓の制度次第に變遷發達したものにして, 何れも高句麗とも古新羅・任那とも相異せる特質お有つい る. 唯塼築のみは支那の梁の感化お受けしこと明白であるが其他は高句麗とも古新羅・任那とも多少の連絡なさにあらざるも, 要するに主として百濟獨自の發達に歸すべきものであらう [朝鮮總督府 1927: 27~30].

여기에서 여주 매룡리의 고분을 가락리, 석촌동 등의 고분들과 함께 백제 초기의 분묘로 간주하고 있다는 것을 볼 수 있다.

여주 지역 석실분의 성격은 위의 인용에서 보는 바와 같이 일찍이 조선총독부(1927: 27~30)의 보고서에서 백제의 것이라고 규정하였다. 이 때의 조사 담당자는 일본인 학자 梅原末治였는데 해방 이후 일본으로 돌아가 한국에 머물고 있는 동안 조사한 한국 고대의 각종 묘제를 종합하여 『朝鮮古代の墓制』라는 제목으로 저서를 내면서 여주 매룡리의 석실분을 백제 전기의 고분으로 간주하였다(1972: 62~66[1947]). 이것을 기점으로 한국 고고학계에서는 대체로 여주 석실분을 백제 전기의 것으로 보아 왔다. 이 점과 관련된 제(諸) 견해를 아래에서 간단하게 일별하여 보기로 하겠다.

안승주(1973: 164)는 횡혈식 석실분은 그 축조 양식에 따라 다시 궁륭상 석실분・맞배식 석실분・평석천정 석실분 등으로 구분하였다. 그러한 석실분은 고구려계의 석실묘제가 전래되어 발전된 것으로서, 백제의 일반화된 묘제로 간주하며 "맞조림 석실분의 분포는 서울의 석촌동을 비롯하여 경기도 여주군 주내면 매룡리 등 지역과 특히 공주군 계룡면 신기리, 일원과 논산의 표정리에서 발견되는 등 발견조사 예도 백제고분 중에서 많은 편이다"(안승주 1975: 92)라고 하여 여주의 석실분을 백제의 고분으로 보았다.

다른 한편 안승주(1975: 146)는 "맞조림식 석실분에서는 서기 6세기 중엽 이전으로 볼 수 있는 정확한 출토유물이 소개된 바 없고, 조사된 토기는 논산 표정리 등 백제 후기의 형식만이 있어… 이러한 주장이 타당하다면 한강변이나 경기도 지방에 분포되어 있는 원통형 석실분들은 신라식 석실들임을 쉽게 이해할 수 있을 것 같다"고 하며 어떤 유적인지를 구체적으로 거론하지는 않아 무엇을 의미하는지 정확하게는 알 수 없지만, 그 문맥으로 보아 여주의 석실분도 신라의 것임을 시사하고 있어 혼란을 야기하고 있다.

또 안승주 · 전영래(1981: 127)는 아래와 같은 다소 모순된 견해를 제시하고 있다.

> 맞조림식 석실분은 터널형 고분과 궁륭상 석실분이 발전된 형식으로
> 생각할 수 있는데 5호분은 A.D. 5세기 말경이거나 그 보다도 더 늦은
> A.D. 6세기에 이루어졌다고 생각된다. 이렇게 보는 이유는, 이 석실분이
> 궁륭상 석실에서 발전된 형식으로 보기 때문이다. 이와 같이 축조
> 시기가 늦어진다면 가락동, 방이동 일대에 있는 맞조림식 석실분이[의]
> 피장자들은 고구려나 신라 지배하에 있었던 사람들의 분묘로 보는
> [것]이 옳다고 생각한다[1981: 127].

안승주(1986: 93)는 다시 "여주 매룡리와 상리를 포함한 한강 유역의 한성 백제시대의 맞조림식(圓筒形)석실분들은 궁륭상(穹窿狀) 석실분에서 발전된 것이며 그 시기는 A.D. 5세기 말경이나 A.D. 6세기 초"로 간주하여 여주의 석실분을 백제의 것으로 보고 있다.

윤세영(1974: 133)은 "백제 중기의 공주 지방과 백제 후기의 부여 지방의 고분은 대체로 구릉 사면을 그 입지로 선정하였고 또 가락동 · 중곡동 · 여주읍[·]매룡리 · 동 상리 등 소재의 석실봉토분도 역시 공주 부여 지방의 고분과 같이 구릉 지대에 조영하였다"고 하여 간접적으로 여주의 석실분이 백제의 것임을 시사하고 있다. 金基雄(1976a: 27~43)도 여주 매룡리의 석실분을 한성(ソウル附近)시대의 고분이라고 하며 백제의 고분으로 간주하여 논지를 전개시키고 있다. 武末純一(1980)도 여주 매룡리의 석실분이 백제의 것이라고

단정적으로 표현하지는 않았지만 그의 전반적인 논지로 볼 때 여주 매룡리의 석실분이 가락동과 방이동 고분보다 시기적으로 이르지는 않지만 그것들을 모두 백제 전기의 것으로 간주하고 있다(武末純一 1980). 이러한 사실은 1998년 가을 필자가 한국 고고학 전국 대회에서 '여주 하거리의 유적이 백제의 것' 이라는 내용의 발표를 마친 후 武末純一이 필자에게 와서 사적으로 필자의 견해에 동의한다고 말하였던 점으로 미루어 봐서도 알 수 있다.

이남석(1992: 90)은 "…한강 유역의 횡혈식 석실분을 검토할 경우 여주 지역의 고분을 고구려나 혹은 신라의 고분으로 성격이 비정될 수 있는 요소가 충분하다고 본다. 이는 여주 지역이 지닌 역사적 배경으로 미루어 그 타당성을 얻을 수 있지 않을까 여겨지기 때문이다"라고 하여 여주 석실분의 성격에 관한 그의 견해를 제시하면서 적어도 백제의 것이라고 하지는 않았다.

그런데 김원룡(1974a)은 한국 고고학계의 사람들이 위에서 인용한 朝鮮總督府(1927: 27~30)의 내용을 신중하게 검토하지 않고 그것을 근거로 서울 지역은 물론이고 여주 지역에 있는 고분들조차도 "아무 이유 없이" 막연히 백제 초기의 고분으로 간주하는 것에 이의를 제기하였다. 그러면서 여주의 매룡리 제2호분, 8호분을 경주에서 발굴 조사된 노서리 쌍상총, 충효리 7호분, 서악리 석침묘, 서악리 도굴분, 보문리 도굴분의 구조적인 특징과 유물의 다과(多寡), 반출 유물의 특징, 침향 등을 비교 검토하면서 특히 석침(石枕)과 족좌(足座)의 존재를 강조하면서 매룡리 고분이 신라의 것이라는 주장을 피력하였다(김원룡 1974a: 6~18). 그리고 김원룡(1974a)은 일제시대의 조사자들이 구체적인 고고학 증거를 제시하지 않고 삼국시대의 역사 지리적 상황만을 토대로 서울과 경기 일원에 산재해 있는 고분들을 백제의 것으로 간주하는 것은 문제가 있다고 지적하였다. 실제로 이러한 지적은 일리가 있으며 한국 고고학계에서 검증되지도 않은 일본인들의 견해를 막연히 추종하는 경향에 대해서 반성도 하고 재고해야 할 여지가 있다.

그러나 조선총독부 보고서에서 아무 근거 없이 여주의 고분을 백제의 것으로 추정한 것은 아니다. 현실의 평면은 장방형, 연도의 위치는 전면의 중앙 혹은 동 편재, 현실의 벽면 축조는 할석으로 쌓았으되 위로 올라가면서 안쪽으로 기울게 한 것, 천정은 화강암 판석 여러 매를 가로로 걸쳐놓은 것, 석벽 좌우에 붙여서 만들어 놓은 석상(石床), 그리고 석상 위에 석침(石枕)을 둔 것 등등의 고고학적 관찰을 비교적 소상하게 밝히고 결론적으로 이들 고분을 백제의 것으로 보아야 한다고 서술하고 있다(朝鮮總督府 1927: 27~30).

그런데 금서룡(今西龍)이 여주의 석실분들이 함경남도 안변군 위익면 상세포동 고산역 부근 고분들의 그것들과 유사하다는 점을 거론하면서 이들을 신라의 것으로 추정하는 것보다는 梅原末治가 위의 고고학적 근거들을 제시하고 공주에서 발견된 석실분들의 속성을 염두에 두면서 여주 고분들을 백제의 것으로 추정하는 것이 훨씬 더 설득력이 있다. 특히 금서룡은 여주 고분의 속성을 신라의 전형적인 고분의 중심지인 경주나 경주 인근의 고분에서 발견되는 석실분들의 속성과 비교하지 않고 신라의 최북단 변방인 함경남도 안변에 있는 고분의 속성과 비교하였다. 이 지역이 궁극적으로 신라의 영역으로 편입되어 이곳 주민들이 비록 신라의 묘제를 채택하였다고 하더라도 지역적인 변형(regional variation) 혹은 고고학에서 흔히 거론하는 '지역성'을 감안하면 아무리 동시대의 묘제라고 하더라도 경주와 이 지역에서 발견되는 석실분에는 큰 차이점이 있을 수 있다. 또 일반적으로 우리가 알고 있기로 금서룡은 한국의 고고학 분야보다는 고대사 분야 연구에 더 많은 저작을 냈다. 반면에 梅原末治(1972[1947])는 해방이 되면서 일본으로 돌아간 후 한국에서의 고고학적 경험을 바탕으로『朝鮮古代の墓制』라는 저서를 낼 만큼 고고학적 활동을 많이 한 사람이다. 그러므로 여주 석실분의 성격에 대해서 今西龍의 견해보다는 梅原末治의 견해를 따르는 것이 훨씬 더 합리적이고 또 신빙성과 객관성이 있어 보인다.

아울러 김원룡(1974a: 14)은『삼국사기』와『세종실록지리지』를 검토한 다음 "이렇게 여주는 고구려령이었다가 신라령은 되었지만 백제령이 된 일은 없는 것이다"라고 주장하면서 여주 지역에 대한 백제의 연고성을 원천적으로 배제하였다. 이어서 "그리고 보면 여주는 서기 551~553년경에 신라 영토가 된 것이며 여주의 고분은 마땅히 신라 고분으로 돼야 한다. 이 점에서 앞서 말한 바와 같이 여기 고분이 안변고분과 함께 신라고분이 아닌가 의문을 제기했던 今西龍은 선견지명이 있었다고 하겠다"(김원룡 1974a: 14)라고 서술하였다. 그러나 위에서 본 바와 같이 여주가 고구려와 신라에 의하여 지배되기 이전에 백제의 영역이었던 것은 직접적인 문헌자료는 없지만 일반적으로 인정되고 있으므로 김원룡의 주장은 설득력이 약하다. 그리고 김원룡(1974a)의 논지를 바꾸어 말해본다면 만약 여주가 백제령이 된 적이 있다는 것이 역사적으로 판명이 될 경우 여주의 석실분은 오히려 백제 사람들에 의해서 축조되었다고 주장할 수도 있다.

김원룡(1974a)이 여주의 석실분을 신라의 것으로 간주하는 중요한 고고학적인 근거로 석실 내부에서 발견된 시대(屍臺) 혹은 관대(棺臺)의 존재와 특히 석침(石枕)의 존재를 제시하였다. 그리하여 고고학 자료로서 거론한 것이 경주 노서리의 쌍상총, 충효리 7호분, 서악리 석침총, 서악리 도굴분, 보문리 도굴분 등에서 발견된 관대와 그 위에서 발견된 석침과 족좌들이다(김원룡 1974a: 7~11). 이러한 석침들은 고구려 영역에서 한 개, 그리고 여주에서 두 개만이 조사된 반면 신라의 중심지인 경주에서는 상당한 수가 발견되었고 "여주도 신라 영토였고 보면 석침총의 중심지는 신라"였다고 주장하였다(김원룡 1974a: 11~12). 나아가 "석침묘의 중심지인 신라에서 경주가 바로 그 발생지"라는 주장까지 하고 있으나 "사실 이러한 새 장법이 중국에서 파상적으로 우리나라로 들어와 고구려에서는 먼저 토포리 대총이 되고 신라에서는 통일 전후로 경주로 들어와 무슨 이유에서인지 환영받은 것이라고 생각할 수 있다"(김원룡 1974a: 13)고 하여 다소 애매한 자세를 취하고 있다. 그러면서 결론 부분에서 다시 "석침묘의 우리나라에서의 유행기는 7세기경이며 그것도 그 중심지는 경주일 뿐 아니라 경주의 석침묘는 고구려와는 관계 없이 중국으로부터의 독립된 영향 경로를 통해 들어오고 발생한 것으로 보인다"고 하여 논리적으로 일관성이 없는 견해를 펴고 있다.

이 논문에 더하여 같은 해 발표한 단행본 『한국의 고분』(김원룡 1974b)에서도 경기도 여주 매룡리에는 석침을 가진 석실묘들을 종래 백제 고분으로 간주하여 왔으나 이들은 방이동의 석실분과 함께 신라 고분일 가능성이 크다며 통일신라시대의 고분 장(章)에 넣어 고고학적 설명을 하고 있다. 김원룡(1974b: 172)은 이러한 특이한 현상들이 백제의 고분과 통하고 있다고 하면서도 "…전신 시대(全身 屍臺)로 발전시킨 것은 경주에서의 새로운 창의가 아닌가 생각된다"고 주장하여 본인의 견해를 재확인하였다. 그러면서 다시 "석침총의 발생지는 경주"라는 본인의 과거 주장과는 달리 아래와 같은 견해를 피력하였다.

> 신라 통일기를 전후한 경주 지방에는 석실분이라는 것 이외에 시대(屍臺) 또는 시상(屍床)을 만들어 석침·족좌를 놓고, 시체를 직접 누이는 새로운 장법이 퍼지고 있다. 석침은 대동군 토포리의 고구려 고분인 대총(大塚)에도 있고 여주 지방 석실분에서도 볼 수 있으나 석침총의 중심지는 도리어 경주처럼 되어 있다. 이러한 석침 묘제는 중국의 북조 (北朝)에서 볼 수 있는 데 이 묘제가 삼국 말기에 우리나라로 들어와 고구려와 신라에 전해지면서 통일기 시작을 전후해서 <u>직접 경주에 전래된 것</u>이 아닌가 생각된다[김원룡 1974b: 176, 밑줄은 필자].

이렇게 논지의 일관성이 결여된 점은 차치하고 궁극적으로 김원룡(1974a, 1974b)은 서울의 방이동, 양평의 고분과 특히 여주 매룡리에서 발굴조사된 석실분은 7세기 신라 고분으로 이해하였다. 그러면서 여주 고분의 성격에 대해서 다음과 같이 서술하고 있다.

> …여주 매룡리 고분은 그 지역이 중부 한국이라고 해서 백제 초기의 무덤이라고 생각되어 왔으나, 그것을 고고학적으로 뒷받침할만한 아무 증거가 없다. 매룡리 고분은 옆으로 긴 장방형 석실의 남벽 중앙에 연도가 있고, 석실 좌우에는 석축의 관대를 만들고 그 위에 북침으로

머리형을 새긴 석침이 한쪽에 3, 또 한쪽에 2개가 있는데 3개의 가운데 것은 어린이용이었다. 여주는 6세기 이후 신라의 영토였기 때문에 실질적으로 신라 고분인지도 알 수 없고, ㄱ형 석실에 동서로 관대를 만들어, 충효동 석실 봉분과 공통점을 보이는 서울 방이동 석실 고분도 실은 백제 고분이 아니라 신라 고분이었을 가능성이 크다[김원룡 1974b: 176].

그런데 잠실지구유적 발굴조사단(1977)은 보고서에서 아래와 같이 정반대의 견해를 제시하였다.

방이동 일대의 백제시대 유적은 백제가 한강변을 중심하여 고구려와 대항해서 삼국의 정립을 보았던 한성시대에 속하는 고지에 포함된다. 즉 백제가 고구려의 세력에 밀려 고구려 장수왕 63년에 웅진(공주)으로 천도하기 시까지의 서기 350년경~474년간, 약 120년간 광주를 중심하여 백제가 정립되었던 시기에 속한다. 당시의 <u>백제 고분으로 석촌동, 가락동, 중곡동, 여주 매룡리, 여주 보통리 소재 고분</u> 등이 알려져 있다[잠실지구유적 발굴조사단 1977: 56, 밑줄은 필자].

가락동 제 5호분에 대해서는 "현실 내에 시상의 구조는 없었으나 두침(頭枕)으로 보이는 돌이 현실 동측에서 발견되었으므로 침향은 동침으로 추정되어진다… 다만 고분의 축조 양식을 통하여 본(本) 분(墳)의 축조 연대는 4세기경으로 추정한다"(잠실지구유적 발굴조사단 1977: 50)라고 보고하고 있다. 여기에서 우선 주목해야 할 것은 이 곳 가락동 고분에서도 석침일 가능성이 높은 돌이 발견되었다고 보고 되었다. 이것이 실제로 석침이라면 보고자들이 이 석실분의 연대를 4세기경으로 추정하고 있으므로 초기 백제의 고분에서 석침이 사용되었을 예를 가지게 된다. 그렇다면 석침은 오히려 서울과 여주 지역에서 먼저 출현하여 성행하다가 경주 지역으로 유입되어 간 것이 아닌가 생각된다. 이와 같은 견해의 타당성을 김원룡(1974a: 13)도 사실은 인정한 것이다[위 인용 참조].

1975년 가락동에서는 3~6호까지 4기, 그리고 방이동에서는 1기의 석실분이 발굴되어 모두 5기가 조사되었다. 가락동 3호의 경우 토기 때문에 신라의 것으로 간주되고 연대도 7세기로 편년되었다. 나머지 4기는 모두 초기 백제의 고분으로 간주된다. 그러나 결론 부분을 보면 "이번 조사지구 남단의 방이동 지구에는 5기의 구조가 완전히 남아 있는 백제 석실고분이 있으며 이들은 잠실지구 완전 백제석실분으로서 마지막 5기이기 때문에…"(잠실지구유적 발굴조사단 1977: 64)라고 하여 본 보고서 24쪽에서 가락동 3호분을 "…7세기 전반이나 신라 아니면 더 내려 볼 가능성이 있지 않을까 생각되며…"라고 하고 "…550년경부터는 여기가 신라령이니까 신라 고분이 된다"고 주장한 것과 일치하지 않는다. 가락동 3호분의 경우 이와 같은 논리적으로 문제의 소지가 있는 것이므로 검토의 대상에서 제외하면 결국 4기는 백제의 것으로 수용될 수 있을 것이다.

그리고 동 조사단은 고분의 성격을 규명하는 데 있어서 출토 유물은 부수적인 자료이고 고분의 구조가 주요한 1차적인 자료가 되어야 한다고 주장하면서 분묘 문화의 보수성을 아래와 같이 서술하고 있다.

> 왜냐하면 전형적인 신라고분에서도 고구려의 초두가 나올 수 있듯이 부장품은 그것이 진귀하거나 피장자에게 어떤 의미가 있을 때는 함께 묻혀질 수 있으나 고분의 구조 자체만은 뿌리깊은 전통문화를 오래도록 끌 수 있는 것이어서 문무왕릉처럼 특수한 경우가 아니고는 그 전통이 쉽사리 바뀌는 것이 아니다[잠실지구유적 발굴조사단 1978: 27].

그러나 이와 같이 분묘 문화의 전통성을 강조하고 분묘에서 반출되는 한 두 개의 유물보다는 구조적인 측면을 중요시해야 한다고 주장은 하면서도 이어서 다음과 같이 다소 애매한 논리를 전개하고 있다.

그런데 이번 조사한 방이동 고분군 중 최하한 시대를 보이고 있는 것은 신라식의 고배가 출토하고 부곽이 딸려있는 6호분인데 여기서의 단 하나의 출토품인 고배는 그 질은 경질이지만 대족이 낮고 투공도 일단으로 그 연대는 통일기로 보기가 어렵다. 그리고 구조도 경주 지방에서는 발견되지 않는 주·부곽이 남북으로 평행한 것인데 이것은 신라 고분 중에서 지방 형식이다[잠실지구유적 발굴조사단 1978: 27~28].

아마 김원룡(1974a, 1974b)의 주장과 위 보고서 중 일부에서 한강 유역의 고분이 신라의 것이라고 주장하는 견해를 긍정적으로 평가한 사람들이 신라 진흥왕의 북진이라는 역사적인 사실을 염두에 두고 또 석침, 단각고배, 석실분 내·외의 구조적인 특징 등을 추가하여 여주의 고분들을 백제가 아닌 신라의 것으로 간주하는 것으로 사료된다.

조영현(1990: 78, 81, 85)은 여주 매룡리 2·8호분 내에 설치되어 있는 시상대를 경주의 석침총의 그것과 비교하고 또 매룡리 석실분의 문틀 시설에서 문지방의 존재와 연도의 위치 등을 검토하면서, 중곡동 '갑'호분과 매룡리의 석실분들을 신라 영역 시기에 축조된 것이라고 하였다. 이는 여주 매룡리의 석실분들은 적어도 6세기 중엽 이후 신라가 이 지역을 장악한 이후에 축조된 것으로 백제의 것으로 간주할 수 없다는 주장을 하는 것이다.

김원룡(1974a, 1974b)과 동일한 견해를 가진 최병현(1992: 482)은 석실 내부에서 석침이 발견된 것은 관을 사용하지 않고 시신을 그대로 시대에 안치하는 것을 말하는 것이며 이러한 예는 토포리 대총에서 볼 수 있어서 고구려에서도 사용된 것을 알 수 있다고 한다. "그러나 경주 이외 지역에서 발견된 예는 극히 드물어서, 석침, 족좌의 사용은 경주의 신라 석실분의 한 특징이라 할 수 있다"고 서술하고 있다(최병현 1992: 482). 그러면서 여주 매룡리 2, 8호에서 발견된 석침의 사용예를 제시하였지만 "…이 고분은 학계에서 일반적으로 생각하고 있는 것처럼 한성기 백제고분이 아니라 6세기 중엽 이후의 신라 석실분이다"라고 주장하고 있다(최병현 1992: 482, 주 39).

홍보식(1993: 126)도 여주 매룡리형 석실은 방이동 형의 그것과 현격한 구조적 차이를 보이고 있다고 하고 동시대의 것으로 간주할 수 없어서 방이동형 석실을 6세기 중엽 이전으로 편년되어야 할 것을 주장하였다. 특히, 여주 매룡리의 석실분들은 신라가 한강 유역을 정복한 이후의 시기에 축조된 것이라고 하여 여주의 석실분들이 백제의 것이 아니고 신라의 것이라는 견해를 피력하였다.

그런데 김원룡이 위에서 주장하였던 내용을 그로부터 몇 년 지난 후에 아무런 설명도 없이 무시하거나, 완전히 수정을 해 버리거나 아니면 적어도 여주 고분이 신라의 것이 아니라는 전혀 상반된 견해를 제시하였다. 즉, 김원룡의 1982년도 논문에서는 여주의 매룡리 고분을 갑자기 백제의 것으로 취급하고 있다. 그 내용은 아래의 인용문에서 잘 알 수 있다.

> 그런데 백제에서도 서울 지구의 초기 고분들은 평지분이며 그중에서도 적석총, 토광묘가 평지에 있고 석실분도 가장 고식인 ㄱ자형은 구릉의 기슭에 건설되고 있다. 그러나 방이동의 석실분들이나 <u>여주 매룡리의 석곽묘들은</u> 구릉의 사면으로 올라가고 있으며 공주, 부여 그리고 전라북도 일대에서도 석실분들은 산 중복이나 구릉 경사면에 위치하고 있다… 이렇게 <u>백제 고분은</u> 북에서 남으로 내려가면서 평지에서 구릉으로 올라가고 있으며 이것은 말을 바꾸면 부여족 출신인 백제 지배계급의 남방화 또는 한화과정(韓化過程)을 보여주는 것이라고 할 수 있을 것이다[김원룡 1982: 104, 밑줄은 필자].

그의 이와 같은 논지는 같은 논문의 다음 쪽에서도 "한편 여주 지방에서는 소형석관묘와 함께 모자형 석실분이면서 현실이 좌우로 길고 양 측벽에 붙여서 만들어진 높은 관대에 도합 5개의 석침이 있는 예가 있으며, 이것은 북에서 내려오는 횡혈식 석실을 부부 합장에서 가족 공동묘로 발전시킨 새로운 형식"(김원룡 1982: 105)이라고 하였다. 이것은 종래 그가 여주 매룡리 석실분을 통일신라의 것으로 간주했던 견해를 바꾸게 되는 시발점으로 보인다.

더욱이 한국 고고학도들의 필독서라고 할 수 있는 김원룡(1986)의 저서 『한국고고학개설』 제3판에서 1974년의 저서와 논문에서 그가 주장하였던 여주의 석실분들이 백제의 것이 아니라 신라의 것이라는 그의 생각을 전혀 반영하지 않고 있다는 것에 주목할 필요가 있다. 여주의 고분이 '왜' 백제의 것이 아니고 '왜' 신라의 것인지 발굴조사 혹은 수습된 고고학적 증거를 가지고 논리적으로 제시한 내용이 1974년의 논문과 저서 『한국의 고분』에 각각 수록되어 있다. 그렇다면 그와 같은 내용이 『한국고고학개설』의 개정판에 당연히 반영되어 있어야 한다. 그러나 김원룡(1986)의 『한국고고학개설』 제3판의 내용을 보면 서울과 경기도, 특히 여주 지역에서 과거 발굴조사된 석실분들을 이제 완전히 백제의 것으로 취급하고 있다.

구체적으로 그 내용을 보면 『한국고고학개설』의 제8장을 '삼국시대 묘제 및 부장품'으로 설정하여 놓고 3절에 '백제'를 다루고 있으며 (1)항 'ㄴ'에 '한성시대'의 고분을 다루고 있다. 그 내용 중에서 여주에서 발굴조사된 것들을 일괄적으로 한성 백제시대의 것으로 간주하고 있다.

> 한편, <u>한성시대의 백제 고분들</u>은 이 두 성을 중심으로 한강 남안의 가락동, 방이동, 석촌동에 집중되고 있으나, 강북인 성동구 중곡동, 구의동에도 있고, 멀리 경기도 <u>여주의 상리, 매룡리, 보통리에도</u> 석실, 석곽분들이 있다[김원룡 1986: 177, 밑줄은 필자].

또 같은 책에 아래의 내용도 보인다.

> <u>여주 상리 1호분도</u> 구릉 사면에 세워진 석실분이지만 … 석실 바닥은 연도보다 한 단 낮아지고 좌우 벽에 붙여서 쌓은 두 개의 관대 위에 각각 3개, 2개의 석침이 놓여 있었다. 한편 강원도 춘성군 방동리, 신매리, 여주 보통리에서는 고구려식의 귀죽임천장의 기법을 보이는 석실분이

발견되고 있으며, …이들 석실분이 고구려 고분인지 백제 고분인지는 단언하기 어려우나, 문헌상으로 춘천 지방이 백제령으로 되어 있기 때문에 <u>백제 고분으로 해 두는 것</u>이다[김원룡 1986: 182, 밑줄은 필자].

그리하여 연구 대상 지역에서 발굴 혹은 수습된 고분의 성격에 대하여 위에서 인용한 1982년 논문의 내용과 다름은 물론이고 1974년 논문과 저서의 내용과는 전적으로 다르다는 것을 알 수 있다.

김원룡(1986: 182)의 위의 인용을 자세히 읽어보면 과거 여주 지역의 고분들을 신라의 것으로 상정하였는데 이제는 사실 고구려의 것으로 간주하고 싶지만 잠정적으로 백제의 것으로 해 두노라고 입장을 정리하고 있다. 그리하여 고구려의 고분이 될 가능성은 있지만 적어도 신라의 것은 아니라고 하는 것을 알 수 있다. 이는 결과적으로 여주 석실분의 성격을 파악하는 데 많은 혼란을 야기하고 있다. 위에서 인용한 글에 여주의 보통리 고분에 대한 언급이 있는데 고구려식의 석실분을 거론하고 있다. 그런데 마지막 문장은 춘천 지방만의 고분을 시사하는 것인지 아니면 여주 지역의 고분을 함께 포함하는 것인지 명확하지 않다. 어쨌든 여기에 여주의 상리와 보통리에서 발굴된 고분들이 언급되어 있는 것으로 보면 여주의 것들도 함께 다루는 것으로 보아야 할 것이다.

여기에서 중요한 것은 여주의 고분들에 대한 신라의 문화적 요소라든가 특성은 전혀 언급도 없고 축조 주체가 신라라는 말도 없다. 그리고 다시 『한국고고학개설』의 제9장 통일신라시대 묘제에서는 아래와 같이 서술하고 있다.

통일기 고분에 나타나는 돌베개, 그리고 거기서 일보 발전하였다고 생각되는 시대(屍臺)의 기원이 어디에 있는지는 확실치 않으나, 앞에서 언급하다시피 고구려에도 있고(土浦里 고분), <u>백제에도 있으나(驪州 梅龍里)</u> 그쪽에서는 희귀한 데 반해 경주서는 그 수가 많아 비록 연대는 뒤졌다 하더라도 경주 것을 고구려·백제의 영향을 받은 것이라고 말해버리기 어렵고, 뭔가 경주 귀족들이 石枕을 채용하게 된 돌발적인 외래 자극이 통일 무렵에 있었던 모양이다[김원룡 1986: 260].

이러한 모든 것을 고려해 볼 때 여주에서 조사 보고된 고분들의 축조 주체에 관한 김원룡의 견해는 일관성이 없다는 것을 알 수 있다. 필자는 현금 한국 고고학계의 적지 않은 사람들이 여주 지역에서 발견된 석실분들이 신라에 의하여 축조된 것으로 이해하고 있는 것이 김원룡의 1974년의 논문과 저서 『한국의 고분』과 기타 그의 논문에 영향을 받은 것이 아닌가 추정하고 있다.

그러나 만약 여주의 고분들이 신라의 것이라는 것이 한국 고고학계에 일반적으로 수용될 수 있을 성질의 것이라면 김원룡이 1986년에 『한국고고학개설』 제3판을 낼 때 그 내용을 어떤 식으로든지 수정했어야 했다. 즉, 김원룡이 여주의 석실분들을 일관성 있게 신라의 것으로 보았다면 1974년의 저서에서처럼 '통일신라의 장'에 넣어서 설명했어야 했다. 또 나중에 본인의 견해를 수정하여 다시 백제의 것으로 간주하기로 했다면 적어도 그렇다는 말 한 마디라도 있어야 하는데 그런 것이 전혀 없다.

김원룡(1987)은 다시 과거에 발표한 당신의 여러 논문들을 정리하여 한 권의 단행본으로 출간하였다. 이 단행본 안에는 위에서 언급한 1974년 『역사학보』에 발표하였던 여주 석실분의 성격에 대한 내용이 거의 그대로 실려 있다. 단지 그 글 말미 [補記] 2)에 "여주 석실분의 연대를 7세기경까지 내려온 것은 잘못이며 6세기 이후로 내려오지는 않을 것이다"(김원룡1987: 707)라고 해 두었다. 김원룡(1987)이 어떤 고고학 자료를 근거로 종래 여주 고분에 대한 그의 편년 안을 버리고 새로운 편년 안을 수립하였는지 자세하게 논하지 않아 확인할 수는 없지만 지극히 중요한 진술인 것이다. 사실 이 새로운 편년 안은 편년 그 자체를 넘어서서 이제까지 김원룡이 여주 고분의 연대 혹은 축조 주체 등에 관하여 본인의 제 견해에 대한 전면 수정을 의미하는 것이다. 이것은 여주의 석실분의 성격 규명에 결정적인 역할을 하게 된다.

우선 여주 고분을 고분 내에서 발견된 석침을 근거로 노서리 쌍상총·충효동 7호분·서악리 석침묘 등에서 발견된 석침과 관련시켜서 통일신라시대의 분묘로 간주하던 것을 "7세기경까지 내려온 것은 잘못이며 6세기 이후로 내려오지 않을 것"이라고 하여 여주 고분의 성격에 대한 본인의 견해에 문제점이 있다는 것을 스스로 인정한 셈이다. 또 김원룡(1987: 707)은 "석침묘 발생에 관해 중국으로부터의 영향 가능성을 거론한 것은 현재로서는 근거가 매우 박약하다"고 하였다. 이것도 상세하게 설명을 하지 않아 구체적으로 무엇을 의미하는지 알 수 없다. 그러나 이러한 진술로 미루어 석침의 존재를 중요시하게 생각하고 여주 매룡리의 성격을 통일신라시대의 것으로 간주하였던 그의 견해에 대한 수정은 불가피하다고 생각한다.

결국 김원룡의 1986년 『한국고고학개설』과 1987년도에 출판된 단행본 사이에도 명백한 모순이 있게 되는 것이다. 더욱이 이 논문 바로 뒤에 이어서 원래 1971년 『백제연구』 2에 발표된 '화성군 마도면 백곡리 백제고분과 토기류'라는 논문이 실려 있는데 그 바로 앞에 있는 그의 1974년 논문과 서로 모순된 내용이 게재되어 있다.

> 경기도 지구의 백제 고분들을 보면 한강 남안인 석촌리의 경우는 평지에 있되… 한편 강북인 서울 성동구 중곡리에서도 고분들은 구릉과 평지에 산재하며 가락리의 석실분과 같으나 실내 한쪽 벽에 붙여 석단이 만들어져 있었다. <u>이러한 석실분은 여주군 주내면 매룡리에서도 나타나고</u> 있는데, 여기 제1호분은 구릉사면에 있되… 연문은 동쪽에 편재해 있었다. 그리고 동서 각벽에 붙여 석단이 있었고 그 위에 합 5개의 석침이 있었다… <u>이렇게 경기도 일대의 백제 고분은</u> 평지 또는 구릉에 있으며….[김원룡 1987: 710~711, 밑줄은 필자].

여기에서는 다시 여주 매룡리의 석실분이 백제의 것으로 간주되고 있어 같은 책 안에서 앞뒤로 실려 있는 논문의 내용이 일관성이 없다.

위에서 한국 고고학계에서 여주 석실분의 축조 주체에 관한 여러 사람들의 견해를 살펴보았다. 그 결과 일제시대 이래 여주 석실분의 축조 주체가 백제라고 보는 견해가 일반적이었고 지배적이었으나 신라로 간주하는 사람들도 의외로 많다는 것을 알게 되었다. 사실 그간 한국 고고학계에서는 여주 석실분의 성격을 주도면밀하게 고찰한 논문이 흔하지 않았다. 이것은 아마 여주 지역에서 발굴 조사된 석실분의 수가 많지 않은 탓이 크다고 생각한다. 그리하여 여주 석실분의 성격에 대한 신빙성이 있는 분석이 사실상 불가능한 상태에서 소수의 발굴 자료를 토대로 백제의 것, 신라의 것, 고구려의 것(강인구 1981), 혹은 삼국의 복합적인 양상이 반영된 것(최영희 외 1989: 73~74)으로 여기는 정도였다.

이상에서 여주 석실분의 성격에 대하여 김원룡의 여러 가지 주장들을 검토하여 보았다. 그 결과 여주 석실분에 대한 김원룡의 견해는 시간이 지나면서 계속 바뀌어 논리적인 모순점이 발견되고 일관성이 결여되어 있다는 것을 알게 되었다. 여주 석실분에 대한 이러한 김원룡의 견해를 전부 다 찾아서 보여주고 조목조목 검토하고 반박을 하려는 것이 이 논문의 근본적인 취지는 아니다. 이 글에서 거론하고 싶은 것은 고고학계의 선학이 이러한 실수를 범한 것을 후학들이 감지하고 똑같은 실수를 범하지 않아야 한다는 것이다. 여주 석실분의 문화적 성격에 대한 선학들의 이러한 모든 정황을 종합적으로 고려한다면 이에 대한 한국 고고학계의 전반적인 인식도 이제는 달라져야 한다. 즉, 여주 매룡리의 석실분은 물론이고 이와 유사한 고분 구조를 가지고 있는 한강 유역의 석실묘의 문화적 성격을 재검토하는 것이 바람직하다고 생각한다.

한 지역의 분묘 문화 성격에 대한 선학의 견해가 이렇게 일관성이 없는 경우 고고학을 공부하는 후학들은 어떤 견해를 취해야 바람직한가. 개개 고고학자들의 사정이 모두 다르겠지만 필자는 여주 석실분의 축조 주체에 대하여 김원룡의 가장 최근의 견해라고 할 수 있을『한국고고학개설』제3판(1986년도)에 있는 '여주 매룡리의 석실분은 백제의 것'이라는 취지와 김원룡(1987: 707)의 저서에 나와 있는 수정된 편년 안(여주 석실분이 6세기 이후로는 내려오지 않는다)을 따른다는 것을 밝혀 둔다.

4. 여주 하거리 지역 석실분의 성격: 구조적인 특징과 출토 유물의 검토

 이 장에서는 한강 유역, 특히 여주 지역 석실분의 성격에 대한 상반된 견해를 가지고 있는 한국 고고학계의 일반적인 경향을 염두에 두고 백제 석실분의 일반적인 구조적 특징과 속성을 알아보기로 하겠다. 여주 하거리에서 발굴 조사된 석실분의 내·외적인 구조를 검토하여 그 성격을 구명하여 보기로 하겠다. 아울러 하거리에서 출토된 유물 중에서 축조 주체를 파악하는 데 도움이 될 수 있을 유물이나 논쟁의 여지가 있을 수 있는 유물인 태환식 금동 귀걸이, 석침, 그리고 단각고배에 대하여 검토하여 보기로 하겠다. 특히 이 유물들의 속성과 특징을 여주 지역의 고분을 신라의 것으로 간주하는 사람들의 견해와 관련하여 고찰하여 보고 여주 하거리 방미기골에서 발굴된 석실분들의 성격을 비교·검토하여 보기로 하겠다.

 백제 고분의 속성과 특징에 대하여 여러 가지가 견해가 있으며 개인에 따라서 조금씩 기술적인 차이가 있다는 것을 알 수 있다. 이들 전부를 일일이 고찰하는 것은 이 논문의 취지와는 크게 관련이 없으므로 생략하기로 하고 대표적인 것 하나만 알아보기로 하겠다. 안승주(1973: 160, 1975: 92~93)는 백제 지역에서 발견된 석실분들을 크게 궁륭상 석실분, 맞배식 석실분, 평 천정식 석실분으로 크게 나누었다. 그 중에서 평 천정석 석실분을 벽의 구축 상태에 따라 맞조림식 석실분, 괴임식 석실분, 수직벽 석실분의 삼 형식으로 구분하였다(안승주 1975: 93). 그리고 맞조림식 석실분을 장벽(長壁)의 상부에서 내곡(內曲)하는 반통형(半筒形)을 특징으로 하고 있는 것으로 보고 "그 구조 상태를 보면 지반에 접하는 현실의 4벽은 대형의 석재를 써서 수직으로 쌓고 그 상부를 차츰 내곡시켜 반통형의 벽면을 구축하였으며 그 상단을 수 매의 대판석으로 덮어 천정을 형성하고 그 천정석의 중력으로 내곡시킨 벽을 유지"하게 한 것으로 관찰하였다(안승주 1975: 92). 이러한 맞조림식 석실분은 경기도 광주군 중대면 석촌리 6·7호분, 여주군 주내면 매룡리 8호분, 서울 성동구 중곡동 갑·을분, 공주군 계룡면 신기리 등에 분포하고 있다고 하였다(안승주 1975: 92).

여주 하거리에서 발견된 석실분의 성격을 밝혀줄 수 있는 자료는 여러 가지가 있겠지만 그 중에서 가장 중요한 것은 고분의 구조적인 특징이라고 할 수 있다. 왜냐하면 위에서 언급한 대로 묘제가 보수적이어서 단시간에 변하는 것이 아니고 오랜 시간을 두고 조금씩 변하는 속성을 가지고 있고 또 특정한 유물은 사람들에 의하여 한 지역에서 다른 지역으로 쉽게 움직일 수 있는 것이기 때문이다. 尹煥(1989)도 이러한 내용과 관련하여 한강 유역의 석실분을 신라의 것으로 간주하면서도 약간의 여지를 남겨두고 있다.

> 가락동·방이동의 석실 구조는 공주와 경주와도 다르지만 편년적으로 6세기 후반대에 속한다고 단적으로 말한다면 이것은 신라의 횡혈식 석실의 유입은 아니고 <u>토기 자체는 유입되었다고 하더라도 석실묘제는 그렇게 간단하게 변하지 않는다</u>는 것을 보여주고 있다[1989: 177, 밑줄은 필자].

> 可樂洞·芳荑洞の石室構造は公州と慶州とも違つているが, 編年的に六世紀後半代に屬するか端的にいえば, このことは新羅の横穴式石室の流入ではなく土器自體は流入していてもまだ石室墓制はそう簡單に變わついていないことおお示している[1989: 177, 밑줄은 필자].

그도 묘제의 성격을 규명하는 데 있어서 유물보다는 고분의 구조를 우선순위로 파악하고 있는 것을 알 수 있다. 여주 하거리에서 발굴 조사된 모든 석실분들의 상세한 구조적 속성과 특징은 이 논문의 지면 제약도 있고 또 이미 발굴 보고서(신용철·강봉원 1999)에서 다루었으므로 생략하고 여기서는 하거리 석실분들의 일반적인 성격과 일부 석실분들의 구조적인 특징에 관해서만 몇 가지 검토하여 보기로 하겠다.

여주 하거리의 석실분들은 모두 횡혈식과 횡구식으로 분류된다. 하거리에서 삼국시대로 편년될 수 있는 석실분들은 모두 31기가 발굴되었지만 교란과 파괴가 심한 것이 많아 24기를 본서에서 분석의 대상으로 삼았다. 석실분을 횡구식과 횡혈식으로 구분하는 것에도 여러 가지 견해들이 있다(이남석 1995: 52~53; 조근우 1994; 조영현 1990; 최완규 1997: 104). 이 논문에서는 최완규(1997: 104)의 안을 따라 지극히 단순하게 하거리의 석실분을 연도의 유무를 가지고 연도가 석실 벽에 붙어서 밖으로 나온 것은 '횡혈식', 연도가 없고 석실의 단벽 일부를 입구로 만들어 놓은 것을 '횡구식'으로 분류하였다.

하거리에서 발굴조사된 석실분 중에서 보존 상태가 비교적 양호한 것들은 모두 24기인데 횡혈식 9기(37.5%), 횡구식 13기(54.2%), 그리고 도굴과 농경으로 인하여 교란되어 횡혈식인지 횡구식인지 구별을 할 수 없는 것이 2기 (8.3%)이다(그림 1). 위의 수치로 보아 하거리에서는 횡구식이 횡혈식보다는 더 많이 축조되었다는 것을 알 수 있다. 그런데 한강 유역은 횡혈식이 처음으로 축조되기 시작하였으면서도 횡구식이 거의 존재하지 않는다는 견해가 있는데 (이남석 1995: 419) 여주 하거리에서 횡구식 석실분이 많이 발굴조사되어 앞으로 한강 유역 석실분 연구에 큰 기여를 할 수 있을 것으로 기대한다.

여주 하거리 석실분의 경우 거의 대부분이 맞조림식으로 축조되어 있다. 그리하여 구조 형식에서 안승주(1975: 12, 삽도 5)가 제시한 것과 크게 다르지 않다. 단지 하거리의 석실은 지반에 접하는 현실의 4벽을 쌓는데 비교적 작은 바위 돌들을 많이 사용하였고 대략 궁륭상 석실분 모습으로 2/3 정도 상부로 올라가다가 멈추고 그 위에 장대석 여러 매(보통 5매)를 석실에 얹어놓아 천정을 형성하여 평석천정의 형태를 이룬다. 결과적으로 궁륭상 석실분과 평석천정이 합해진 구조 형식으로 생각하면 이해가 편하다. 하거리에서 조사된 24기 석실분 중에서 20기(83.3%)가 맞조림, 4기(16.7%)는 교란되어 성격이 불분명한 것으로 판명되었다. 또 24기 중에서 17기(70.8%)가 평천정으로 되어 있고 7기(29.2%)는 교란 파괴되어 성격을 정확하게 규정지을 수 없는 것이었다. 그러나 일반적으로 평천정은 맞조림과 병행하는 것이기 때문에 하거리 석실분의 맞조림과 평천정의 비율이 여기서 제시한 것보다 더 높을 가능성을 배제할 수 없다. 사실 대부분의 석실분들이 맞조림에 평천정으로 추정되지만 교란되고 파괴되어 성격이 다소 불분명한 것들은 오해의 소지를 없애기 위하여 모르는 것으로 간주하였다. 또 이러한 평천정에 맞조림의 석실분 특징은 백제적이라는 것이 이미 안승주(1975)에 의해서 지적된 것이어서 여주 하거리 석실분은 백제계일 개연성이 아주 높다.

다음으로 하거리 석실분들의 입구와 연도의 위치에 대해서 검토하여 보기로 하겠다. 하거리 석실분들의 횡구식의 경우 '입구' 그리고 횡혈식의 경우 '연도'의 위치는 24기 중 9기(37.5%)가 남 중앙에 놓여 있고 6기(25%)가 서 중앙, 2기(8.3%)가 동 중앙에 있다. 그리고 북 중앙, 동 좌편재, 남 우편재가 각각 1기(4.17%)씩이고 교란·파손되어 알 수 없는 것이 4기(16.7%)에 해당한다(그림 2). 그런데 백제 지역에서 발견되는 횡혈식 석실분은 묘실의 평면이 장방형이면 평천정이고 짧은 중앙식 연도를 갖추는 규칙성을 가지고 있는 것으로 조사 보고되었는데(이남석 1995: 198), 여주 하거리도 이와 상당히 유사한 양상을 보여주고 있다.

한국의 많은 고고학자들이 고분의 평면 비가 지역에 따라 다르게 나타나고 또 평면 비가 시간의 추이에 어느 정도 민감한 것으로 인식하고 고분 연구에 있어서 중요한 변수들 중의 하나로 여기는 경향이 있다(강현숙 1996; 김원룡 1982: 106; 최완규 1997: 129; 홍보식 1993). 필자도 이와 같은 연구 경향에 어느 정도는 동감하고 있다. 평면 비를 구하는 방식은 사람들에 따라 조금씩 다르다. 예를 들면 홍보식(1993: 110)은 평면 형태의 분류 기준을 현실의 '길이:너비'로 하여 1.2:1 이하인 것을 방형, 1.2~2:1 이하인 것을 장방형, 2:1 이상인 것을 세장방형으로 삼았다. 강현숙(1996: 89)은 현실의 길이를 너비로 나누어 평면 비를 구했는데 그 값이 0.9 미만을 횡장방형, 0.9~1.4 미만을 방형, 그리고 1.4

이상을 장방형으로 분류하였고 세장방형은 설정하지 않았다. 최완규(1997: 128)는 장벽을 단벽으로 나누어서 평면 비를 구했는데 횡장방형은 설정하지 않았고 평면 비가 1.5:1 이하를 방형, 1.5:1~2.5:1을 장방형, 그리고 2.5:1 이상을 세장방형으로 분류하였다. 강현숙(1996)은 현실의 길이를 너비로 나누었고 횡장방형을 설정하였으나 최완규(1997)는 장축의 길이를 단축으로 나눈 것과 횡장방형이 없는 대신 세장방형을 추가하였다. 그런데 홍보식(1993)이 현실의 길이:너비가 1.2~2:1을 장방형으로, 그리고 강현숙(1996: 89)도 현실의 길이/너비가 1.4 이상을 모두 장방형으로 분류하고 세장방형을 설정하지 않은 것은 분류의 폭이 너무 커서 장방형이 차지하는 비가 지나치게 많을 수 있다. 그러나 세장방형도 사실은 분류자의 입장에 따라서 장방형에 포함시킬 수 있다.

필자는 위의 분류 체계에 기본적으로 이의가 없기 때문에 여기서 전적으로 독자적인 견해를 제시하지는 않겠으나 이들의 견해를 종합하되 다소 변형시켜서 사용하기로 하겠다. 필자가 이 논문에서 사용하고자 하는 평면비는 현실의 길이를 너비로 나누어 그 값을 구하고 그것이 0.9 미만을 횡장방형, 0.9~1.4 미만을 방형, 1.4~1.9를 장방형, 그리고 2.0 이상을 세장방형으로 분류하기로 한다. 필자는 하나의 평면 형태를 다른 것과 구분하는 간극을 0.5로 균등하게 잡았다는 것과 강현숙(1996)의 분류 방식에 최완규(1997)와 홍보식(1993)의 세장방형을 추가하고 최완규의 분류 방식에 강현숙의 횡장방형을 추가한 이외에 큰 변동은 없다.

하거리에서 발굴 조사된 석실분으로서 검토의 대상이 된 것은 유구 상태가 비교적 양호한 24기인데 이들의 평면 형태 구성 비(比)를 보면 횡장방형은 없고 방형은 6기(25%), 장방형은 10기(41.7%), 그리고 세장방형은 8기(33.3%)로 판명되었다(그림 3). 그리하여 하거리 석실분들의 평면 비를 보면 장방형이 우위를 차지하고 있다는 것을 알 수 있다. 그런데 여기에서 만약 강현숙(1996: 89)이 평면비 1.4 이상을 모두 장방형으로 간주하는 분류 방식을 취하여 세장방형을 장방형에 포함시키면 전체 24기 중 18기가 장방형이 되고 전체의 75%에 해당된다. 위에서 언급한 대로 현실의 평면 형태를 가지고 고구려,

백제, 그리고 신라 삼국의 고분을 판별하는 데 있어서 중요한 준거로 간주하는 경우가 많이 있다. 김원룡(1982: 109)은 백제 고분이 "방형 유행에서 장방형 유행으로" 변천 내지는 발전을 한 것으로 파악하고 이 형태가 "서울·공주 지구에서 이른 시기에 동부 소백산맥을 넘어 낙동강 유역으로 진출, 5세기 전반에는 북구주로 상륙"하였다고 파악하고 있다. 또 고구려 횡혈식 석실분은 방형이 우세하고 신라의 수도인 경주에서 발견되는 횡혈식 석실분도 방형이 우위를 점하고 있다고 관찰되는 반면 백제의 공주와 부여에서는 공히 장방형의 수가 압도적으로 많아 장방형이 백제의 보편적인 석실분 평면 형태인 것으로 간주하고 있다(강현숙 1996: 90~91; 최완규 1997: 129).

만약 장방형이 백제의 일반적인 석실분의 평면 형태라는 것이 신빙성이 있는 것이라고 한다면 위에서 검토한 대로 여주 하거리에서 발굴 조사된 석실분의 평면 형태는 장방형이 주종을 이루고 있으므로(45%) 백제계가 된다. 더욱이 강현숙(1996)의 분류 기준은 세장방형을 모두 장방형으로 다루었는데 세장방형도 엄밀한 의미에서 장방형이라고 할 수 있다. 그럴 경우 여주 하거리의 석실분에서 관찰된 장방형은 전체 석실분의 3/4(75%)을 차지하게 되는 셈이다. 평면 형태가 삼국의 고분을 판별하는 데 있어서 중요한 변수라고 일반적으로 지적되고 있다. 그렇다면 여주 하거리에서 발견된 석실분들은 백제 사람들에 의해 축조된 것이고 또 백제 초기의 석실분 평면이 방형에서 장방형으로 변해갔을 것이라는 해석을 할 수 있다. 아래에서 볼 수 있듯이 여주 하거리에서 조사된 석실분들을 출토 유물과 관련하여 면밀하게 검토하여 보면 이러한 논리가 전혀 근거가 없는 것이 아니라는 것을 알 수 있다.

하거리 석실분 발굴 조사에서 중요한 것으로 반드시 검토의 대상이 되어야 하는 것들 중의 하나는 시상대와 석침의 존재이다. 왜냐하면 위에서 언급한 대로 김원룡(1974a: 104, 176, 1974b)은 여주 매룡리 석실분에서 발견된 시상대와 석침을 여주 고분이 백제의 것이 아니고 신라의 것으로 규정하는 중요한 표지(標識)로 삼았기 때문이다. 또 강현숙(1996: 106)도 "시상대와 석침은 통일기 신라의 횡혈식 석실분에서 발견되는 것"이라고 하며 시상대와 석침이 발견된 여주 매룡리의 고분을 백제의 것으로 보지 않고 통일신라시대의 것으로 간주하였다. 그렇기 때문에 하거리에서 검출된 시상대와 석침을 분석한다면 여주 하거리 석실분의 성격을 규명하는 데 있어서 아주 신빙성 있는 결론을 도출 할 수 있다.

하거리에서 발굴 조사된 24기의 석실분 중에 시상대가 있는 것이 21기 (87.5%)이고 없는 것이 1기(4.17%), 관대가 있는 것이 1기(4.17%), 그리고 모르는 것이 1기(4.17%)로 거의 대부분의 석실분에 시상대가 설치되어 있었던 것으로 나타났다(그림 4). 시상대는 보통 2개(10기, 41.7%)가 설치되어 있었으며 3개가 설치되어 있는 것도 2기나 되었으며 1개(9기, 37.5%)가 설치되어 있는 것들도 비교적 많은 편이다. 석실분에 설치되어 있는 시상대의 전체 수는 모두 35개로 한 석실분 안에 평균 1.7개의 시상대가 설치되어 있었다. 시상대 위에 확실한 석침이 발견된 석실분은 모두 7기(29.2%)이다. 그러나 이 곳 하거리에서 발견된 석침의 대부분이 바위를 대강 다듬어서 시상대 위에 얹어 놓은 것들이어서 유구 내부가 교란되고 석침이 제자리를 벗어난 경우 이를 확인하는 것이 불가능하여 14기(58.3%)는 석침의 존재가 파악되지 않았으며 3기(12.5%)는 석침이 원래 없었던 것으로 판명되었다(그림 5). 그리하여 시상대가 있던 석실분 내에는 대부분 석침이 있었던 것으로 추정되기는 하지만 더 이상의 추론은 삼가도록 하겠다.

金基雄(1976b: 49~50)은 횡혈식 석실분의 성격에 대하여 아래와 같이 서술하고 있다.

> 횡혈식 석실분은 통일신라시대의 주류를 이루는 고분이다. 그러나 이 횡혈식 석실은 백제·고구려에서는 일찍부터 발생한 묘제이지만 신라에서 독립적으로 발생한 고분은 아니고 백제·고구려와의 접촉을 통해서 그 영향에 의하여 출현한 묘제라고 생각한다[金基雄 1976b: 49~50].
>
> 橫穴式石室墳は、統一新羅時代の主流をなす古墳である. しかしこの橫穴

式石室は百濟・高句麗では早からおこなわれた墓制であり、新羅におい
て獨立的に發生した古墳ではなく、百濟・高句麗との接觸を通じてその影
響により出現した墓制であると思う[金基雄 1976b: 49~50].

아울러 그는 "…삼국시대의 횡혈식 석실분은 북쪽의 고구려로부터 서쪽의 백제 지역으로, 백제로부터 동쪽의 낙동강 유역의 가야 지역으로, 다시 동쪽의 경주 지방으로 시대가 내려오면서 함께 전파한 북방계 묘제이다 … 三國時代の橫穴式石室墳は、北の高句麗から西の百濟地域へ、百濟から洛東江流域の伽倻地域へ、さらに東の慶州地方へと、時代の下降とともに傳播した北方系墓制ある"(金基雄 1976b: 59~60)라고 하였다.

한국 고고학계에서는 일반적으로 신라가 삼국을 통일하기 전, 즉 삼국시대의 영남 지역에는 수혈식 석곽묘가 주류를 이루고 있었고 횡혈식 석실분은 고구려 혹은 백제로부터 유입되어 온 것이라고 알려져 있다(김원룡 1982: 108; 홍보식 2002: 127). 그런데 만약 여주 매룡리 석실분에서 시상대와 석침이 발견된 것을 근거로 그것이 통일신라의 것이라면 횡혈식의 묘제가 고구려나 백제에서 신라로 들어갔다가 다시 여주 지역으로 유입되어 간 것이라고밖에 볼 수 없다. 그런데 여주 석실분을 대체로 5세기 말경부터 6세기 초 이후로 간주하는 편년 안을 참고하고(안승주 1986: 92~93), 경주와 여주 사이의 공간적인 측면과 묘제의 전통성과 보수성을 고려한다면 여주의 석실분을 신라 진흥왕의 북진과 관련하여 설명한다는 것은 납득하기 어렵다는 것을 쉽게 알 수 있다.

더욱이 김원룡(1987: 707)은 "여주 석실분의 연대를 7세기경까지 내려온 것은 잘못이며 6세기 이후로 내려오지는 않을 것이다"라고 하여 그의 종래 편년 관을 버리고 새로운 편년 안을 제시하였다. 김원룡(1987)이 무엇을 근거로 새로운 편년 안을 제시했는지 구체적인 언급이 없어서 그 사정을 잘 알 수 없지만 여주 석실분을 통일신라로 간주하는 과거 그의 견해를 전면 수정한 것으로 볼 수 있다. 그렇다면 여주 매룡리 석실분의 성격에 대한 종래의 견해는 재고를 요하며 또 하거리에서 발굴 조사된 석실분의 성격도 이와 같은 견해를 참작하지 않을 수 없다.

  다음으로 여주 하거리에서 발굴조사된 석실분에서 발견된 석침에 대하여 간단하게 검토하여 보기로 하겠다. 석침 중에서 가장 확실하게 남아 있는 것은 3호 석실분이다. 3호 석실분은 도굴되어 다소 교란되었지만 비교적 원형을 유지하고 있다. 묘실의 네 벽을 위로 쌓아 올라가면서 오므리게 하여 맞조임 형식으로 축조되었는데 생토 위 60cm 높이인 4번째 벽석부터 내경이 시작된다. 내경은 동벽 22.5cm, 서벽 18.5cm, 북벽 27.2cm 이다. 또 이 석실분의 북서 모서리를 서쪽의 장벽과 북쪽의 장벽이 서로 걸쳐지게 하는 귀죽임을 한 것이 관찰되었다. 이러한 모든 것은 묘광의 폭보다는 작은 개석으로 묘광을 덮을 수 있도록 하기 위한 것이다. 석실의 규모는 가로 202cm, 세로 249cm, 현존 높이 130cm이다. 장축의 방향은 남북에서 서쪽으로 28° 기울어졌다(SN28°W). 석실의 내부에는 무덤의 입구에서 바라보았을 때 'ㄱ'자 형으로 시상대를 만들어 놓았는데 석침 두 개가 북벽에 붙어 있는 시상대의 서쪽에 나란히 놓여 있는 것으로 보아 두향(頭向)은 서침(西枕)이다(그림 6).

  장축과 단축의 길이가 약간 차이가 나지만 묘광의 평면 형태는 장축과 단축의 비(장축/단축, 249/202)가 1.23으로 방형이다. 연도는 남벽의 중앙에 달려 있는데 생토 위에 남벽 4단(높이 60.3cm)을 먼저 쌓고 그 위에 연도를 만들어 놓았다. 그리하여 이 석실분의 평면 형태는 소위 '모'자형 혹은 방선형(方扇形)이다. 연도의 크기는 길이 140cm, 폭 63cm, 높이 60cm 이며 천정부는 없었다. 시상대는 북벽과 동벽에 붙여서 평행으로 설치하였는데 생토 위에서 큰 돌로는 2단, 3단, 작은 돌로는 4단으로 쌓았다. 시상대의 외곽벽은 대형 돌로 튼튼하게 쌓아 놓고 시상대 안쪽에 있는 바위들은 규격이 대체로 비슷한 할석과 잡석으로 채워 넣었으며 시신을 안치하는 바닥은 편평한 돌을 깔아 놓았다. 북쪽 시상대의 폭은 112cm, 높이 47.5cm로 폭이 비교적 넓은데 이것은 두 사람을 나란히 안치할 수 있도록 하기 위한 것이다. 동쪽 벽에 달려 있는 것도 시상대가 확실한 데 이곳에서는 석침이 발견되지 않아 침향을 파악할 수 없다. 크기는 폭이 78cm, 높이 37cm이다. 시상대를 축조하고 남은 바위들은 석실의 서벽 바로 옆에 쌓아 두었다. 묘실의 위치는 지하이며 배수로의 시설은 없었다.

이 3호 석실분의 경우 하거리 현장에 그대로 보존되어 되어 있다. 이 고분에 관심 있는 사람들은 이 곳을 방문하여 관찰할 수 있게 되어 있다. 3호 외에도 두 기가 더 현상대로 보존되어 있어 향후 석실분 연구에 도움이 되기를 기대한다. 이 3호에서 발견된 석침은 과거 여주 매룡리에서 발견된 석침과 아주 유사하며 편평한 냇돌 가운데를 사람 머리 모양으로 파내어서 북 단축벽과 평행으로 붙어 있는 시상대의 서쪽에 나란히 두었다(그림 7, 사진 1). 이 두 석침은 서쪽에 놓여 있어서 확실히 서침으로 한 것을 알 수 있다. 그런데 신라인들은 주로 동침(東枕)을 선호하는 것으로 지적되고 있는데(최병현 1992: 483), 하거리 3호분의 경우 침향이 서향으로 신라의 것과는 정반대이다. 그래서 최병현(1992: 483)의 논지대로 한다면 이 3호는 적어도 신라의 것은 아니라는 것이다. 그러나 이럴 경우 혹자는 또 지역적인 특수성을 강조하여 예외의 경우로 간주하기도 하여 아전인수적인 해석으로 논리를 전개시켜 가는 경향이 있음을 많이 보아 왔다. 그러나 필자는 반드시 침향이 다르기 때문에 이것을 '신라의 것' 혹은 '백제의 것'이라고 주장하는 것은 설득력이 없다고 생각한다. 즉 고고학자들이 이와 같은 한두 가지의 피상적인 고고학 자료를 가지고 이를 획일적으로 적용시켜서는 안된다는 것을 지적하고 싶다.

4호분의 경우 횡혈식 석실분인데 농경에 의하여 내부가 상당히 심하게 교란되어 있었지만 적어도 두 개의 시상대가 있었을 것으로 추정된다. 이 석실분 내부를 정리하는 과정에서 파괴된 석침 1점이 검출되었다(그림 8, 사진 2). 이 4호분에서 검출된 석침은 한림대학교가 여주 매룡리 용강골에서 발굴한 고분에서 출토된 것(최영희 외 1989: 102 사진 43-②)과 거의 비슷하다. 하거리 28호분의 경우 횡구식 석실분인데 생토 위에 1단(높이 15~20cm)으로 낮은 시상대를 마련하고 머리를 두는 곳에 석침 구실을 할 수 있도록 돌을 비스듬하게 놓았다(그림 9, 사진 3). 특히 흥미로운 것은 석침 구실을 하는 돌의 뒷부분을 약간 높이기 위하여 작은 돌 하나를 석침석 밑에 고여 두었다. 하거리 30호분의 경우 석침은 크지 않은 화강암을 대강 다듬어서 시상대 위에 얹어 놓은 것이다(그림 10, 사진 4). 이와 같이 여주 하거리에서 발굴 조사된 석침들은 자연석을 대강 다듬어서 제작한 것이다.

반면 경주에서 발견된 시상대와 석침은 여주 매룡리와 하거리에서 발견된 것과는 근본적으로 다르다. 우선 경주 노서동의 쌍상총(137호분)에서는 관대와 그 위에 인형(人形)을 새긴 돌 시대(屍臺)가 놓여 있다. 서악리 고분의 경우에도 쌍상총과 석실의 구조와 관대 등이 아주 근사하며 석침과 아울러 족좌(足座)도 있다. 더욱이 경주에서 발견된 석침과 여주에서 발견된 석침은 형식면에서 판이하게 다르다. 경주의 석침은 거푸집을 이용하여 찍어낸 것으로 보일 만큼 정교하게 제작된 것이다. 물론 이렇게 정교한 석침을 제작할 수 있었던 원인은 경주의 동쪽에서 석고와 같은 재질의 석재가 산출되는 지질환경의 특수한 상황에 기인할 수도 있다.

여주의 매룡리 석실분에서는 족좌나 사람의 모양을 본뜬 것의 발견 예는 아직 보고되지 않고 있으며 하거리 유적에서도 이와 같은 것은 발견되지 않았다. 여주 매룡리에서 일제시대 일인 학자들이나 한림대박물관에 의하여 발견된 석침은 편평한 자연석을 사람 머리 모양으로 대강 파내어서 제작한 것(최영희 외 1988: 77, 151 도면 및 사진, 1989: 102 사진)으로 여주의 석침이 경주 것에 앞서는 시원형이었을 것으로 보인다. 또 여주 하거리 유적에서 발견된 다른 형태의 석침도 경주의 것보다는 매룡리의 것과 흡사하다. 이러한 고고학적인 상황을 세심하게 관찰하지 않고 석침이 있는 그 자체만을 강조하여 경주의 석실분과 여주의 석실분을 동일시하는 것은 해석상 오류를 범할 가능성이 높다. 그러므로 석침이 경주에도 있고 여주에도 있는데 기타 백제 지역에서는 많이 발견되지 않는다는 것을 근거로 경주와 여주 두 지역의 석실분을 연계시키고 또 여주의 석실분을 신라의 것이라고 결론을 내리는 것은 재고해야 한다고 생각한다.

그런데 여주 하거리에서 발굴조사된 횡구식 석실분 중에 내부 구조가 조금 독특한 것이 1기 있다. 그것은 하거리 49호 고분인데 흥미로운 것들 중의 하나는 횡구식 석실분으로 평면 구조나 벽석 쌓기 등은 다른 것과 크게 다르지 않으나 현실 내에 시상대가 없고 또 바닥에 돌도 전혀 깔아 놓지 않았다. 대신 관대라고 보아야 할 할석 네 개가 남 장축벽 바로 옆에 두 개씩 각각 놓여 있었다(그림 11, 사진 5). 보다 더 중요한 것은 이 석실분의 서 단축벽의 입구가 있는 쪽에 석침으로 간주될 수 있는 바위 하나가 벽석의 일부가 되어 있었다는 사실이다(그림 12, 사진 6). 우선 이것이 석침인지 아닌지가 먼저 결정되어야 하는데 이와 거의 유사한 석침이 다른 석실분에서 발굴된 것이 있어서 두 가지를 상호 비교해보면 쉽게 알 수 있다. 이와 유사한 석침이 발견된 곳은 횡구식 석실분(하거리 23호)으로 하거리 유적 중에 표고가 제일 낮은 곳에 조영된 것이다. 이 석실분도 도굴되어 교란된 것인데 시상대가 남아 있고 시상대 끝에 한 개의 석침이 거의 제 위치에서 발견되었다(그림 13, 14, 사진 7). 이 석침을 49호 석실분의 벽석에서 발견된 것과 비교하여 보았을 때 벽의 일부로 사용된 석침 모양의 바위가 석침이라는 것을 쉽게 알 수 있다.

석침이 벽석의 일부로 사용되었다는 사실이 시사하는 바는 여러 가지가 있을 수 있다. 석침이 벽면의 일부로 사용된 석실분은 현실 바닥에 시상대도 없고 바닥 시설도 전혀 없이 관대가 설치되어 있다. 이 사실은 하거리의 장제가 조금 바뀌어 과거 시신을 관 없이 석실의 시상대 위에 그대로 안치하던 것을 이제는 시상대를 없애는 대신 시신을 관에 넣고 그 관을 관대 위에 안치하였다는 것을 의미한다. 이와 같이 석실분의 내부 구조에서 시상대가 없어지고, 부석도 하지 않은 것으로 변해가며 이에 따라 석침도 없어지게 되는 변화를 거쳤으나 석실분의 구조적인 면에서는 여전히 횡구식을 사용하고 있다는 점은 흥미롭다. 이러한 현상은 횡혈식과 횡구식의 상대연대 혹은 두 가지 장제가 얼마나 오랫동안 지속되었는가 등을 고찰하는데도 다소 도움이 될 수 있으리라고 기대한다.

여주 하거리 석실분에서 출토된 유물은 대부분이 토기지만 태환식 금동 귀걸이, 동 귀걸이, 청동 및 철제 방울 등도 있다. 이 글에서는 지면의 제약 상 금동 귀걸이와 토기에 대해서만 설명하기로 하겠다.

태환식 금동 귀걸이는 김원룡(1974a: 4)이 서술한 바와 같이 여주 매룡리의 석실분을 신라시대의 것으로 간주하게 되는 중요한 표지(標識) 유물들 중의 하나이다. 금동제 태환식 귀걸이 한 쌍이 여주 하거리 2호 횡구식 석실분에서 발굴되었다(사진 8). 하거리에서 출토된 태환식 금동 귀걸이 한 쌍 중에서 하나는 비교적 양호하게 보존되어 있고, 다른 하나는 부식이 심해서 3/4 가량이 파손되었다. 비교적 잘 보존된 것은 바깥지름 29mm, 안 지름 4mm, 무게 7g, 높이 12.6mm이고, 3/4가량 파손된 것은 바깥지름 23mm, 안 지름 1mm, 무게 2g, 높이 10.9mm 이다. 이 귀걸이는 세 부분이 남아 있는데 굵은 고리, 금동 실로 된 연결 고리, 끝 장식을 달기 위한 곧은 금동 실이다. 곧은 금동 실이 있는 것으로 보아 원래 끝 장식이 있었을 것으로 추정되나 부식이 되었는지 발굴할 당시 아무것도 발견되지 않았다.

일반적으로 백제 지역에서 출토되는 귀걸이들의 특징 중에서 가장 특이한 것은 가는 고리 귀걸이[細環式 耳飾]가 많고 굵은 귀걸이[太環式 耳飾]는 비교적 드물다는 점이다(박영복 1989: 79~81). 그럼에도 불구하고 백제 지역에서도 드물게 굵은 귀걸이가 출토되는 것으로 보고되고 있다(박영복 1989: 79). 태환식 귀걸이가 백제 지역에서 흔하게 발견되는 것이 아니기 때문에 여주 하거리에서 출토된 태환식 금동 귀걸이는 신라계의 유물일 가능성이 높고, 그러한 유물을 반출한 횡구식 석실분도 신라계일 것으로 추정할 수 있다. 그러나 김원룡 (1974a: 4, 1987: 707)이 지적하였듯이 태환식 귀걸이가 고구려 지역에서도 출토된 예가 있기 때문에 백제 지역에서 발견될 가능성을 배제할 수 없다.

고대사회에서 일반적으로 무겁고 가격이 비싸지 않은 물건은 멀리 운반되지 않는 반면 가볍고 귀중한 물건은 사람들에 의하여 멀리 운반되는 속성을 가지고 있다(Renfrew and Bahn 1991: 323~327). 그러므로 전형적인 신라 고분에서도 고구려의 초두나 은합 등과 같은 유물이 반출될 수 있고 (잠실지구유적 발굴조사단 1978: 27), 심지어 고대 로마에서 제작된 유리잔, 유리그릇 등도 경주에서 이따금씩 검출된다. 또 백제 지역이라고 간주될 수 있는 원주 법천리에서도 중국에서 만들어진 양형 자기가 발견되는 것 등이 그러한 예이다(김원룡 1973: 9~10). 비록 여주 하거리에서 출토된 금동 귀걸이가 신라에서 제작된 것이라고 하더라도 크기와 부피가 작은 귀중한 유물은 사람들에 의하여 멀리까지 이동될 수 있는 속성을 가지고 있다. 그러므로 신라의 유물들이 일부 백제 고분에서 출토된다고 하여 그 고분들을 신라의 것으로 간주할 수 없는 것은 당연하다. 또 여주 하거리 2호 횡구식 석실분이 신라계 유물인 태환식 금동 귀걸이를 반출하였고 또 현실의 길이 255cm, 폭 220cm로 평면비 1.02로 방형에 속한다. 그러나 이 석실분은 남 중앙 입구를 가진 4벽 조임식에 편청정으로 구조 면에 있어서 백제의 것이고 출토된 토기들도 적갈색 연질 단경광구호 3점과 1점의 경질 흑회색 경질 광구호로 백제계이다. 그러므로 이 석실분을 신라의 것이 아닌 백제의 것으로 간주하여야 한다.

여주 하거리에서 발굴된 횡구식 및 횡혈식 석실분들은 대부분 도굴과 농경에 의하여 파괴되었지만 비교적 많은 수의 토기가 발굴되었다. 백제 고분이 원래 박장(薄葬)이지만 다수의 완형과 복원 가능한 토기들이 출토하여 이 지역 고분의 성격을 규명하는 데 좋은 참고가 된다.

우선 백제 토기의 일반적인 속성은 평저기의 성행, 회백색 연질토기의 존재, 신라 토기식 장식 무늬의 부재 등과 토기 표면을 돗자리 무늬, 격문, 혹은 사격문으로 시문한 것 등이 거론되며, 기종별로는 호, 광구호, 병, 고배와 특히 삼족기 등이다(김원룡 1986: 198; 안승주 1979: 6~7; 임영진 1996: 102~106). 여주 하거리에서는 삼족기가 전혀 출토되지 않은 점, 토기 표면을 장식한 돗자리 무늬가 없는 점 등에서는 전형적인 백제 토기와 다소 구별되는 점도 있다. 그러나 하거리에서 출토된 토기들은 물레로 성형되었고 표면에 특별한 문양은 시문되지 않았으나 적갈색 연질 평저광구호에 외반된 구연을 가진 것들이 주종을 이루고, 회색 경질의 병, 장경호들의 토기들도 출토되었다. 이 토기들 중에서 대부분이 백제 지역에서 아주 흔하게 발견될 수 있는 것들이다.

여주 하거리 석실분에서 출토된 토기로서 신라의 것으로 간주되어 여주 석실분 성격에 논쟁의 여지를 가질 수 있는 것은 29호 고분에서 출토된 단각고배이다. 이 하거리 29호 석실분은 석실의 길이 3.61m, 폭 1.41m로 평면비 2.56의 세장방형이고 장축을 동서로 하는 횡구식이다(그림 15, 사진 9). 평면비를 가지고 세장방형으로 분류하기는 했지만 각을 많이 죽였기 때문에 타원형에 가깝다. 입구는 서 단축벽 중앙에 두고 시상대는 석실의 양쪽 장축에 나란히 붙여 두 개를 설치하여 두었다. 개석이 남아 있지 않아서 천정 구조를 알 수 없지만 4벽이 위로 올라오면서 내만(內灣)되어 있는 것으로 보아 4벽 조임식에 평천정이었던 것으로 추정할 수 있다. 이 유구 내에서 모두 4점의 토기와 1점의 철제 방울이 출토되었다. 출토된 토기들은 파괴된 회색 경질의 작은 바리 1점, 구연부가 파괴된 갈색 연질 호 1점, 구연부가 파괴된 흑회색 경질 단각고배 1점, 그리고 완전한 회색 경질의 단각고배 1점이다. 모두 두 점의 단각고배가 출토되었지만 그 중에서 보다 신라적인 요소가 강하다고 생각되는 것 하나만 선택해서 검토하여 보기로 하겠다.

이 단각고배는 높이 5.68cm, 구연부 지름 8.82cm, 동체부 지름 9.1cm, 저부 지름 5.33cm, 두께 0.21cm이고 무게는 105g이다(그림 16, 사진 10). 비교적 왜소하며 색은 진한 회색(1GLEY 4/N, dark grey)이고 직립의 구연부 하 0.7cm 밑에 세 줄로 홈을 파서 장식해 두었다. 이 단각고배가 반드시 신라적인 요소를 갖춘 것이라고 말할 수도 없고 이 단각고배가 여주 석실분에서 출토한 것이 중요한 것은 사실이지만 이를 지나치게 확대 해석하여 하거리 유적에서 절대 다수를 차지하고 있는 백제 토기를 무시하는 오류를 범해서는 안된다. 심지어 이 단각고배가 신라에서 제작된 토기라고 하더라도 위에서 언급한 대로 이러한 물건은 사람들에 의해서 반입이 가능한 것이므로 횡구식 세장방형에 시상대를 갖춘 백제적인 고분 내에서 출토하였기 때문에 이 고분을 신라의 것으로 간주할 수 없다.

최병현(1992a: 509)이 한강 유역과 여주 지역의 석실분을 신라 고분이라고 주장하는 가장 큰 고고학적인 표지(標識) 유물의 하나로써 단각고배를 거론하는 바 "…한강 중·하류의 석실분에서는, 뒤에서 살펴보는 바와 같은 6세기 중엽의 특징적인 신라 토기를 출토하고 있는 것으로…"라고 하면서 단각고배 존재의 중요성을 강조하였다. 그러나 다른 한편 그는 아래와 같이 단각고배의 성격을 앞에서 논한 것과는 다소 다르게 서술하고 있다.

> …이 황룡사 창건기 토기들에 의하여 이 단각고배들은 신라 토기이며, 그 발생 시기도 6세기 중기에 극히 가까운 시기라는 것이 분명해졌으며, 그 발생이 시기적으로 한성기 백제로는 도저히 올라가지 못하는 것임이 분명해진 것이다. 그러나 이와 같은 단각고배는 신라 후기 양식 토기인 본격적인 인화문 토기는 물론 초기적인 인화문 토기와도 공반된 예가 없어서 신라 전기 양식 토기로부터 신라 후기 양식 토기로 전환하는 <u>과도기에 잠시 존재한 것</u>이라고 판단된다[최병현 1992a: 653].

라고 하여 최병현(1992a)의 이러한 진술은 단각고배가 한 지역 고분의 성격을 규명할 수 있는 결정적인 고고학적 유물로서 간주할 수 없다는 것을 시사한다. 왜냐하면, "신라 후기 양식 토기로 전환하는 과도기에 잠시 존재한" 신라 단각고배를 표지(標識) 유물로 생각하고 이와 유사한 것이 신라의 중심지에서 멀리 떨어진 한강 유역에서 출토한 것을 토대로 그 토기를 반출한 고분을 신라의 것이라고 규정짓는다는 것은 아무래도 설득력이 약하기 때문이다.

강현숙(1996: 87)도 한강 유역 석실분의 축조 주체를 설명하는 데 있어서 신라식 토기의 존재에 주목하여 "한강 유역 횡혈식 석실분, 즉 석촌동이나 방이동의 석실분이 백제 초기 고분임을 증명하기 위해서는 이들 고분에 부장된 신라색을 강하게 띤 토기들에 대한 설명이 있어야 할 것"이라고 주장하였다. 나아가서 "…부장 토기는 통일기 신라토기와 유사한 반면 백제 초기 고분이라고 단정할 만한 근거가 없어 백제 고분이 아닐 가능성이 높다"(강현숙 1996: 107)라고 하여 토기의 편년과 아울러 고분의 편년까지도 간접적으로 시사하고 있으며, 통일신라의 것이라고 단정적으로 서술하지는 않지만 통일신라시대의 묘제라는 것을 우회적으로 시사하면서 백제의 고분이 아니라는 점을 명확하게 밝히고 있다. 그러면서 강현숙(1996: 115)은 한강 유역 횡혈식 석실분에서 출토한 토기들과 통일기 신라 강역에서 출토한 신라 토기들 중에 대표적인 것들을 골라서 상호 비교하면서 한강 유역 석실분들보다 구체적으로는 여주 지역의 석실분들이 통일기의 신라의 것임을 입증하거나 적어도 이들 토기를 반출한 석실분들이 백제의 것이 아님을 주장하고 있다.

강현숙(1996: 115)의 그림 10에서 보듯이 한강 유역에서 출토된 토기와 통일기 신라 토기들은 외형상 유사하다. 그렇다고 하여 한강 유역의 토기들을 신라의 것과 연결시키는 것은 여러 가지 점에서 애로사항이 많다. 첫째, 한강 유역 석실분에서 출토한 토기들 중에서 표본으로 추출한 것들이 대표성을 가지고 있는가 하는 문제이다. 여러가지 토기들 중에서 대부분 통일기 신라 토기와는 이질적인 것들을 제외해버리고 임의로 유사한 것들만 선택해서 예증으로 제시해서 일반화하면 본질을 오도(誤導)할 가능성이 높아진다. 이는 고고학에서 주의해야 할 표본 추출에서 편견(sampling bias)의 문제와 관련되어 있다. 둘째, 유물의 외형이 유사하다고 하여 그 계통까지도 동일한 것으로 파악한다면 큰 오류를 범할 수 있다. 두 개의 전혀 다른 문화적인 배경을 가지고 있고 두 문화가 전혀 접촉을 하지 않더라도 두 지역의 문화가 독자적인 평행 발전(parallel development)을 하는 과정에서 자연적으로 유사한 유물의 외형이 생겨날 수 있는 것을 감안해야 한다.

예를 들어 한국의 신석기시대나 청동기시대의 수혈식 혹은 반 수혈식 주거지는 대체로 원형, 방형, 혹은 장방형의 모습을 하고 있다. 그런데 미국의 콜로라도, 뉴 멕시코, 혹은 애리조나에서 기원후 5~10세기 혹은 그 이후에 거주하였던 인디안들도 수혈식 혹은 반 수혈식 주거지를 건축하였는데, 이 주거지들의 평면 형태도 원형, 방형, 장방형이다. 그리하여 양 지역에서 발굴 조사된 주거지의 평면 형태가 서로 비슷하고 사람들의 체질적인 측면도 유사하다는 것을 근거로 한국의 선사시대인들의 문화와 미국의 원주민들의 그것과 상관관계가 있다고 설명하는 일은 있을 수 없다.

또 고래와 상어를 상호 비교하여 본다면 이질적인 측면보다는 동질적인 측면이 훨씬 더 많다. 물에서 사는 것과 생김새 등이 그것이다. 그런데 두 종(species)간의 이질적인 해부학적 구조를 가지고 있는 점을 무시하고 동질적인 측면만을 강조하면 고래와 상어는 같은 종으로 분류되어 버리는 오류를 범한다. 그러나 생물학에서는 고래는 포유류(mammal)로, 상어는 물고기(fish)로 분류된다. 이것은 고래와 상어가 두 가지의 전혀 다른 계통을 가지고 있다는 것을 의미한다.

그런 의미에서 여주 지역 석실분이 백제의 것이 아님을 입증하기 위하여 백제적인 요소를 도외시하고 피상적인 신라적 요소만을 자의로 취하여 비교하는 작업도 전혀 상반된 결론에 이를 수 있기 때문에 주의해야 한다. 더욱 중요한 것은 여주 지역 고분에서 출토된 토기들의 전반적인 양상을 보면 신라적 요소보다는 백제적인 요소를 보이는 것들이 절대 다수를 차지하고 있다. 한림대학교 박물관이 발굴 조사한 매룡리의 경우 보고자들이, "…토기 중 주류를 이루고 있는 단지류를 보면 백제 토기 양식을 잇고 있는 것이 분명하다. 다만 다른 지역에서 발견되고 있는 토기들은 연질 토기로서 표면에 문양이 나타나는 것이 대부분이지만 이곳에서는 전혀 문양이 나타나지 않는 점으로 보아 백제 후기적인 경향을 보이고 있다"라고 하는 것을 보아도 잘 알 수 있다 (최영희 외 1988: 112).

이남석(1992: 102~104)은 백제시대의 유적에서도 단각고배가 출토하는 예가 증가하고 있는 사례를 제시하여 이 단각고배가 신라 혹은 가야의 전유물이 아니고 백제에서도 자생적으로 발전할 수 있을 가능성이 높다는 것을 지적하였다. 이남석(1995: 156~157)이 백제 지역에서 단각고배가 출토하는 유적지로서 "석촌동 적석총 유적, 몽촌 토성, 논산 표정리 석실분, 모촌리 석실분, 석계 석실분, 조산 고분, 부여 박물관 소장품 등"을 거론하였다. 그러면서 이남석(1995: 156~157)은 "이것은 단각고배가 백제 사회에서 이것이 제작 사용되었다는 것이 분명하다. 특히 이들 단각고배는 남천 후 주묘제인 횡혈식 석실분보다 시기적으로 앞선 유적에서 주로 출토되어 남천 이전부터 단각고배가 널리 사용되었다는 것을 알 수 있다"고 하였는데 필자도 그의 의견에 동감한다.

아울러 이남석(1992: 104)은 신라의 단각고배 출현이 비록 전대의 장각고배에 기반을 두었다고 하더라도 그 출현 시기가 신라의 횡혈식 석실분의 출현 시기와 거의 같은 시기라는 점과 신라의 단각고배는 오히려 백제의 단각고배의 영향을 받았을 것이라는 부산대학교 박물관의 견해를 고려하면 단각고배가 출토된다고 하여 이를 획일적으로 신라 문화의 범주에서 설명할 수 없다고 주장하고 있다. 그리하여 가락동이나 방이동에서 발굴된 석실분을 신라 혹은 고구려의 고분으로 보기에는 구조 형식에 백제적 요소가 많다는 것을 지적하고 백제의 횡혈식 석실분의 초기 형태를 구체적으로 확인할 수 없는 현황에 비추어 가락동이나 방이동의 석실분들을 고구려 혹은 신라의 고분으로 규정하는 것은 아직은 시기상조라고 보고 있다(이남석 1992: 91). 한강 유역에서 출토된 단각고배의 경우 이것이 과연 신라만의 전유물이며 또한 단각고배가 신라의 유물로서 그렇게 광범위한 지역에 보편적으로 출토될 수 있는가에 대해서도 의문을 제기하였다(이남석 1992: 91). 가락동이나 방이동에서 출토된 단각고배에 대한 이러한 견해를 여주 지역에까지도 적용할 수는 없다는 것이 이남석(1992)의 견해이지만 필자는 여주 지역도 사정은 마찬가지라고 생각한다.

위에서도 언급하였지만 "단각고배들은 신라 토기이며 그 발생 시기를 6세기 중기에 극히 가까운 시기라는 것이 분명"하다고 하며 이러한 단각고배를 내는 석실분을 신라의 것으로 간주하는 최병현(1992a: 653)의 견해는 설득력이 약하다. 왜냐하면 그의 주장이 맞다고 한다면 6세기 중기에 신라에서 발생한 단각고배가 진흥왕의 북진에 따라 지체 없이 여주 지역에 나타난다는 것은 거의 불가능하기 때문이다. 고분의 보수성도 아울러 고려해야 하겠지만 보다 더 중요한 것은 신라 후기 양식 토기인 인화문 토기의 발견예가 전무한 상황에서 단각고배의 존재를 지나치게 부각시켜 한강 유역, 구체적으로는 여주의 석실분을 신라의 것으로 간주하지 않았나 하는 생각이 든다. 여주 지역이 6세기 이후 신라의 영토가 되었다는 역사 지리적인 자료가 일견 이 설을 뒷받침하는 근거가 될 수도 있다. 그러나 여주 하거리에서 발굴조사된 대다수 석실분들의 전반적인 속성과 전형적인 백제 석실분들의 속성에 많은 유사성이 있음을 감안하고 출토된 토기들의 전반적인 기형과 무문양(無文樣) 등을 고려하면 대체로 백제계의 것들로 간주하는 것이 타당하다고 생각한다.

홍보식(1993: 126)은 여주 매룡리형의 석실은 신라가 한강 유역을 정복한 이후의 시기에 축조된 신라의 것으로 간주하지만 단각고배에 관한 한 견해를 달리한다. 홍보식(1993: 126)은 방이동 석실분을 규정하는 데 중요한 고고학적 근거로 많이 이용되고 있는 단각고배는 몽촌토성에서는 4세기 전반부터 등장하고 있다는 것과 병형토기도 몽천토성에서 출토되고 백제가 웅진으로 수도를 옮기고 난 이후에도 횡혈식 석실묘의 중요한 부장품으로 존속되고 있다는 점을 강조하였다. 특히, 방이동 석실분에서 출토되는 토기들은 색조, 기형 등에서 신라 지역에서 출토되는 토기들과 차이가 있다는 점을 지적하였다.

임영진(1987)도 이 단각고배의 성격에 관해서는 신라 토기라고 간주할 수 없다는 견해를 표명하였다.

> 가락동 방이동 등지의 석실분에서는 대개 고배와 토기병이 공반되는 점이 특색이라고 하겠는데, 일부 신라 토기로 보는 견해도 있으나, 가장 신라 토기와 흡사하다고 할 수 있는 방이동 6호분 출토 무개고배도 전형적인 백제 토기병과 공반되면서 석촌동 3호분 동쪽 석곽묘 출토품과 유사하고, 바로 이 석곽묘에서는 그 하층에 위치한 즙석봉토분 출토품과 유사한 무개고배가 동반되고 있어 방이동 6호분 출토 무개고배가 신라 토기 중 늦은 시기의 예와 기형상 통하고 있다고는 하지만 신라의 것임이 확실하다는 적극적인 증거는 될 수 없고, 오히려 상기 즙석봉토분 출토 고배와 이어지는 것으로 보는 것이 타당할 것 같다[1987: 489].

김재현(1991: 126)은 가야고지에서 출토된 단각고배 자료들을 체계적으로 정리하면서 단각고배가 신라 토기라고 간주하고 신라 진흥왕의 영토 확장과 관련시켜 가야 혹은 백제 지역으로 확장되었다는 설을 한국 고고학계의 잘못된 고정관념이라고 규정한다. 오히려 그는 "…[단각고배]는 백제 지역에서 발생하여 가야·신라 지역에 전해져 발전한 것"이라고 주장한다. 그의 논지의 구체적인 내용을 보면 아래와 같다.

> 결국 단각고배는 백제의 한성시대를 그 조형 시기로 하여 4세기 말에서 5세기 초를 전후한 시기에 일시 가야 지방 고배에 영향하였다. 그 뒤, 백제의 웅진 천도를 전후한 시기인 5세기 중엽에서 6세기 초에 횡혈식묘제와 함께 가야 지방에 다시 전해져 발전하다가 신라가 가야를 병합한 시기와 맞물려서 신라 후기 양식 토기로 변형되는 소멸 과정을 거치게 된다고 생각된다 … 현재의 단계로서는 진흥왕의 영토 확장과 관계되어 신라 토기가 가야 또는 백제에로의 확장이라는 해석은 납득하기 어렵다고 말해둘 수 있다[김재현 1991: 125].

단각고배에 대한 이러한 제 견해들을 종합하여 검토해볼 때 단각고배를 반드시 신라의 표지(標識) 유물로 간주할 수 없다는 것을 쉽게 알 수 있다. 그러므로 단각고배의 유무를 가지고 고분 축조 주체의 성격을 결정적으로 규정짓는 것이 사실상 불가능하다는 것을 알 수 있다.

이상에서 여주 하거리에서 발굴 조사된 석실분의 구조적인 측면과 출토된 유물을 분석한 자료를 토대로 하거리 석실분의 축조 주체가 신라가 아니라 백제의 것이라는 견해를 제시하였다. 과거 한강 유역이나 여주 지역 석실분의 성격을 고찰하는 데 있어서 풍부한 고고학 자료를 검토할 수 있는 여건이 아니었다. 그런 의미에서 한림대학교 박물관이 발굴한 여주 상리, 그리고 경희대학교 박물관이 여주 하거리에서 발굴 조사한 석실분 자료가 앞으로 여주 지역, 나아가서는 한강 유역 석실분의 성격을 규명하는 데 많은 도움을 줄 것으로 기대한다.

5. 맺음말

이 글에서 필자는 일제시대 이래 논쟁의 쟁점이 되어 온 여주 지역 석실분의 성격에 대하여 여러 가지 견해를 일별하여 보았다. 특히 필자가 1997년 12월 초부터 1998년 4월 말까지 여주 하거리에서 직접 발굴조사한 석실분 자료를 토대로 석실분들의 성격을 고찰하여 보았다. 여주 하거리에서 조사된 석실분들의 구조적인 측면인 맞조림, 평천정, 평면 형태, 연도와 입구의 위치, 시상대를 검토하여 보았고 유물로서는 논쟁의 여지가 있다고 생각되는 태환식 금동 귀걸이, 단각고배, 그리고 특히 석침을 선택하여 살펴보았다. 이들을 종합적으로 검토하여 본 결과를 토대로 하거리의 석실분과 나아가서는 과거 조사된 여주 매룡리의 석실분들의 성격도 신라적이 아니고 백제적이라는 견해를 제시하였다.

한강 유역에 산재하고 있는 횡혈식 석실분들은 일제강점기 때부터 발굴조사되기 시작하였으나 현금까지 그리 많은 수의 고분이 학계에 보고된 것은 아니다. 특히 여주에서 조사되어 보고된 석실분의 자료는 극히 제한적이었다. 비록 영성한 고고학 자료이기는 하지만 조사에 참여한 일본인 학자들을 시점으로 한국의 고고학자들은 한강 유역과 여주 지역에서 발견된 석실분의 성격을 고분의 구조적인 특징이나 반출된 유물을 역사적인 자료와 결부시켜서 구명하여 보고자 시도하였다. 지금까지의 연구 결과에 의하면 한강 유역 및 여주 지역의 석실분을 대체로 상반된 두 가지 학설로 축약할 수 있다. 하나는 梅原末治 이래 여주 지역의 석실분이 '백제'의 것이라는 견해(안승주-이남석), 다른 하나는 今西龍 이래 김원룡(1974a)으로 이어지는 '신라' 혹은 '통일신라'라는 견해(최병현-강현숙-홍보식)이다. 과거 한국 고고학계에서는 한강 유역 및 여주 지역의 고분을 백제의 것으로 간주하는 것이 지배적이었다. 그러나 김원룡(1974a, 1974b)의 논저가 발표된 이래 여러 고고학자들이 그의 견해를 적극적으로 수용하여 논문을 발표하기도 하고 또 적어도 고고학 관련 서적에 그의 견해를 반영하게 되어 이제는 여주 지역의 고분을 신라의 것으로 간주하는 견해가 지배적이 된 느낌이다.

　김원룡(1974a, 1974b)의 한강 유역 및 여주 석실분들의 성격에 대한 재고의 천명(闡明)은 한국의 고고학자들이 주도면밀한 고고학적 분석 없이 막연히 과거의 견해를 추종하는 경향의 연구 분위기를 쇄신하여 한국 고고학의 발전에 크게 기여한 것이 사실이다. 그러나 김원룡은 자신의 견해를 지속적으로 일관성 있게 견지한 것이 아니고 시간이 지나면서 부지불식간에 조금씩 바꾸기도 하고 수정도 하여 고고학계에 혼란을 야기하기도 했다. 특히 김원룡(1986, 1987)은 과거 본인의 견해를 부분적으로 취소하거나 수정한 것을 제시하였는데 한국 고고학계에 발표된 논저에 이러한 것들이 반영되지 않았다는 것은 아쉬운 일이다. 한국 고고학계에 종사하고 있는 사람들이 좁게는 여주 지역, 넓게는 한강 유역 석실분들의 성격에 대하여 김원룡(1974a, 1974b)의 논저 내용에 직접 혹은 간접적으로 영향을 받았다면 차제에 김원룡(1986, 1987)의 수정된 견해를 먼저 검토하고 난 이후에 본인들의 입장과 견해를 재정리해야 할 필요가 있다고 생각한다.

　여주의 경우 백제, 고구려, 그리고 신라의 정치적인 예속을 차례로 받아온 지역이기 때문에 이 지역에서 발굴 조사된 삼국시대의 분묘를 이 지역의 정치적인 변화와 관련지어 설명하는 경향이 있다. '장제(葬制)는 보수적이어서 쉽게 변하지 않는다'라고 말하면서도 새로운 형태의 묘제를 해석할 때 정치적인 변화의 현상과 결부시켜서 단순하게 설명하는 것은 논리적인 모순이라고 지적하지 않을 수 없다. 구체적인 예로 여주 지역이 애당초 지리적으로 서울에 가까운 지역에 위치하기 때문에 한성시대 백제 문화권의 영향 하에 있었다고 볼 수 있다. 비록 고구려의 정치적인 예속을 일정 기간 (475~553년) 받았다고 하더라도 짧은 시간 안에 여주의 백제적 분묘 문화가 금방 고구려의 분묘 문화의 영향을 받았다고는 할 수 없을 것이다.

　또 6세기 중엽 이후 여주 지역이 다시 신라의 정치적인 영향 하에 들어갔다고 하여 이 지역의 분묘 문화가 곧바로 신라의 분묘 문화의 영향을 받았다고 설명할 수도 없다. 만약 여주 지역은 6세기 중엽부터 신라 영역이니까 여주 지역의 석실분은 신라의 것이라고 설명한다면 '보수성이 강한 장제'의 고고학적 전제 조건에 위배되는 것이며 궁극적으로는 설득력이 없어진다. 신라가 이 지역을 6세기 중엽부터 지배했다는 역사적인 사실과 경주와 여주 지역의 석실분들 사이에 나타나는 공통적인 몇 가지 현상, 그리고 여주 석실분 내에서 전형적인 신라계의 유물이 몇 점 출토된 사실로 그 석실분들을 신라의 것이라고 간주하는 것은 너무 성급한 일이라고 생각된다.

 여주 지역이 한때 백제가 정치 군사적으로 왕성할 때 백제의 영토에 편입되어 있었던 것을 고려하면 이 지역에 상당한 수의 백제계 주민이 비교적 장기간 거주하였을 것임에는 의심의 여지가 없다. 바로 이러한 역사적 사실 때문에 강현숙(1996: 125)은 "…문헌기록에 의하면 공주로 천도한 475년까지 한강 유역에 백제가 도읍을 정했으며, 공주 송산리고분군에서 횡혈식 석실분의 초보적 형태를 찾을 수 없으며, 송산리에서 적석총이 발견되지 않았다는 점을 결부시켜 볼 때 한강 유역에 백제 초기 횡혈식 석실분이 존재할 가능성을 완전히 무시할 수도 없다"고 진술하였다고 생각한다. 이 진술의 의미는 여주 지역에도 백제 초기의 횡혈식 석실분이 존재할 수 있다는 가능성을 배제하지 않는다고 해석할 수도 있다. 향후 고고학 자료의 증가와 더불어 이 분야에 대한 좋은 연구가 나오기를 기대해 본다.

 백제 초기의 이러한 역사적인 맥락을 염두에 두고 차제에 한국 고고학계는 신라가 마지막으로 여주 지역에 진출하여 이 지역을 그들의 영토로 편입하여 정치적으로 장악한 이후 분묘 문화가 어떻게 변화해갔는가를 규명하는 데 초점을 맞추어야 할 것이다.

 또 여주 하거리는 여주의 중심지에서 다소 떨어진 곳에 위치하기 때문에 정치적인 영향력을 심하게 받지 않았을 것으로 추정된다. 그러나 신라가 삼국을 통일하고 시간이 지나면서 여주는 서서히 정치적인 면과 문화적인 면에서 신라의 영향을 받기 시작하였을 것이라는 것은 능히 짐작할 수 있다. 그리하여 여주 하거리의 분묘 문화는 기존의 전통적인 분묘 문화, 아마도 백제 문화가 지속적으로 존재하다가 신라가 삼국을 통일한 이후부터 시간이 지나면서 조금씩 변해간 것이 아닐까 생각된다. 그러므로 하거리의 석실분을 통일신라 혹은 통일 직전의 신라 묘제로 일괄적으로 간주해서는 안 되고 경우에 따라 초기 백제의 것도 있을 수 있다는 사실을 배제해서는 안 된다. 즉, 최초로 여주 지역에 축조되었던 석실분들의 편년과 성격 등등이 개별적으로 검토되어야 한다고 생각한다.

　필자가 이 논문에서 피력한 전반적인 견해가 신빙성과 설득력이 있고 없고는 차치하고 여주 지역, 나아가 한강 유역 석실분의 성격을 한국 고고학계에서 새로운 각도에서 신중하게 재검토해 보아야 할 여지가 있다는 것을 보여주고자 하였다. 또 이 글의 내용이 한국 고고학계에서 한강 유역 석실분의 성격 규명 연구에 새로운 분위기가 조성될 수 있는 시발점이 되기를 기대하여 본다.

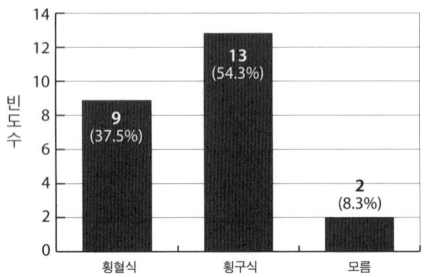

그림 1. 하거리 유적에서 발굴된 횡혈식 및 횡구식 석실분 도수 분포

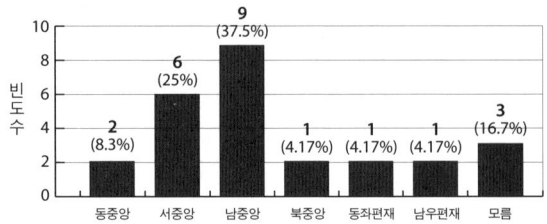

그림 2. 하거리 석실분의 입구/연도 위치 도수 분포

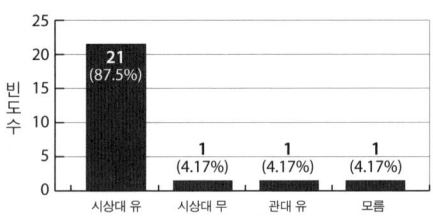

그림 3. 하거리 석실분의 평면형태 도수 분포

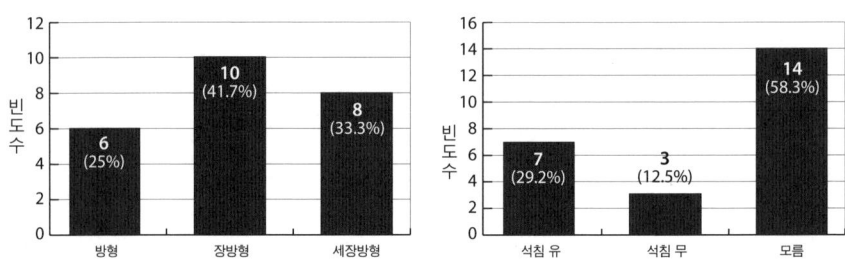

그림 4. 하거리 석실분의 시상대/관대 형태 도수 분포   그림 5. 하거리 석실분 내 석침 유무

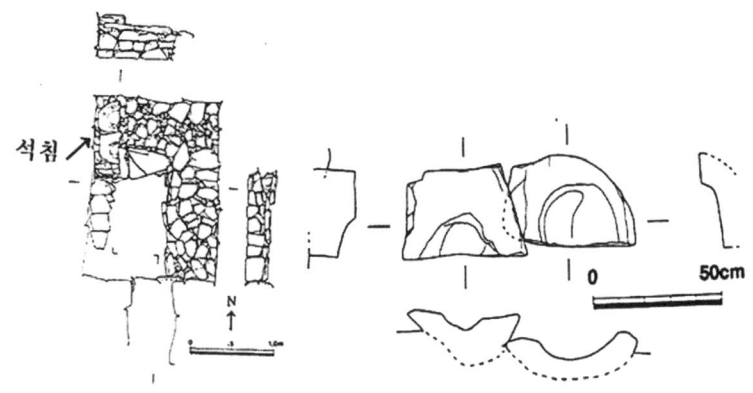

그림 6. 하거리 3호 석실분 평면도   그림 7. 하거리 3호 석실분 출토 석침

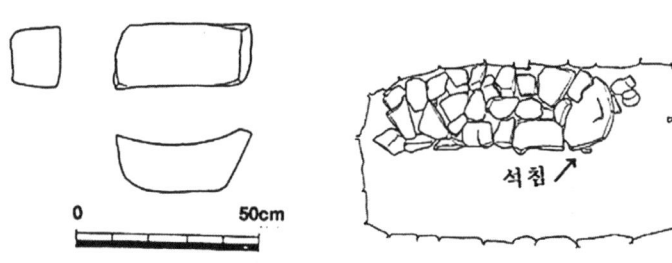

그림 8. 하거리 4호 석실분 출토 석침   그림 9. 하거리 28호 석실분 평면도

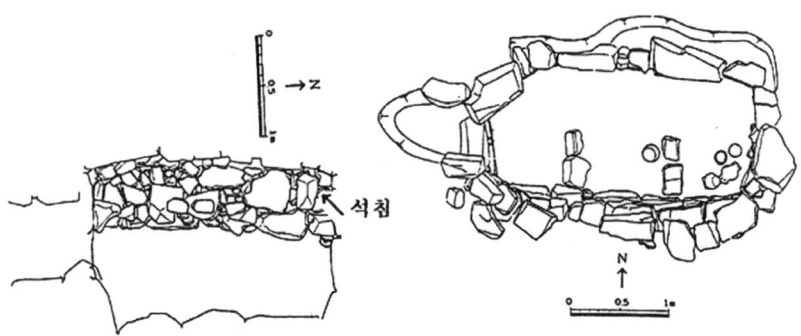

그림 10. 하거리 30호 석실분 평면도   그림 11. 하거리 26호 석실분 평면도

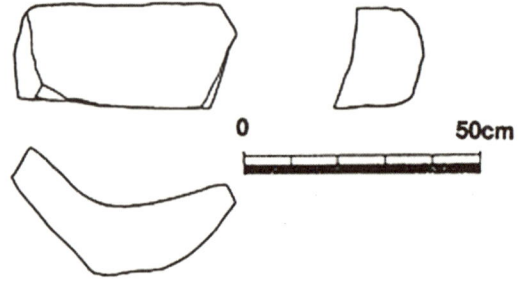

그림 12. 하거리 26호 석실분 서 단축 벽에서 발견된 석침

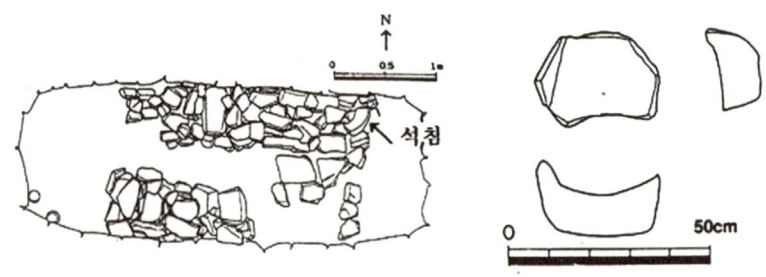

그림 13. 하거리 23호 석실분 평면도   그림 14. 하거리 23호 석실분 출토 석침

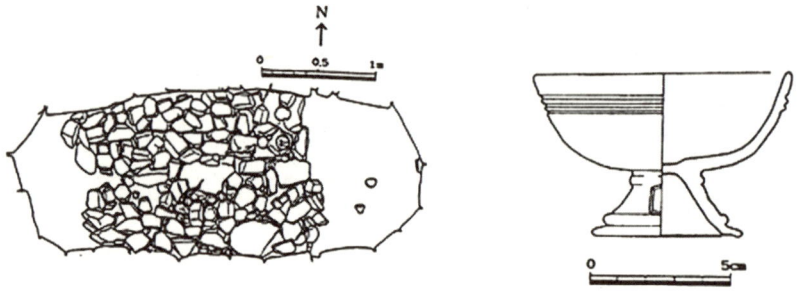

그림 15. 하거리 29호 석실분 평면도   그림 16. 하거리 29호 석실분 출토 단각고배

사진 1. 하거리 3호 석실분 출토 석침

사진 2. 하거리 4호 석실분 출토 석침

사진 3. 하거리 28호 석실분

사진 4. 하거리 30호 석실분 석침

사진 5. 하거리 26호 석실분과 내부에 있는 관대

사진 6. 하거리 26호 석실분과 서 단축 벽 축조에 사용된 석침

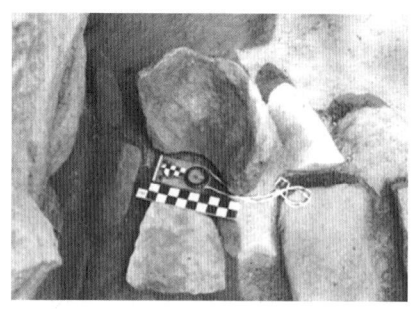

사진 7. 하거리 23호 석실분 출토 석침

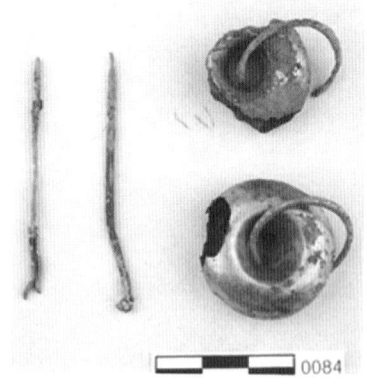

사진 8. 하거리 2호 석실분 출토 귀걸이

사진 9. 하거리 29호 석실분

사진 10. 하거리 29호 출토 단각고배

Ⅲ. 백제 무왕과 '서동'의 관계 재검토 :
　　신라와 백제의 정치·군사적 관계를 중심으로

1. 머리말
2. 서동요 연구의 학설사 및 문제의 제기
3. 4~6세기 고구려·신라·백제의 정치·군사적 배경
4. 백제 무왕의 출계와 왕위 계승
5. 백제와 신라의 적대적 관계 검토: 무왕 대 진평왕
6. 맺음말

1. 머리말

이 글의 목적은 『삼국유사』에 실려 있는 한국 최초의 향가(鄕歌)인 서동요(薯童謠)에 등장하는 '서동이 백제의 무왕(武王)과 동일 인물인가'를 고찰하는 데 있다. 필자는 이 글에서 서동요의 주인공인 서동은 적어도 백제의 무왕은 아니라는 것과 또 백제 무왕이 젊은 시절 신라 진평왕(眞平王)의 셋째 딸 선화공주(善花公主)와 결혼도 하지 않았을 것이라는 점을 구명(究明)하고자 한다. 좀 더 구체적으로는 우리나라 삼국시대의 여러 가지 역사적인 정황과 『삼국유사』 및 『삼국사기』의 기사를 종합적으로 검토하면서 이 문제에 접근하여 보기로 하겠다.

『삼국유사』 권 2의 기이(紀異) 2, 무왕조(武王條)에 등장하는 서동요는 일찍부터 한국의 국어국문학계에서 실로 다양한 주제를 검토하여 많은 연구업적이 집적되어 있다(김병욱 1976; 김종우 1982; 나경수 1995; 박노준 1982; 사재동 1971, 1974, 1975, 1985; 임기중 1998; 장성진 1986; 장진호 1994; 정렬모 1965; 조평환 1990). 이처럼 국어국문학계에는 서동요에 관한 엄청나게 많은 학설이 나와 있어 이들을 일일이 소개할 수 없을 정도이다. 이에 비해 역사학계에서는 서동요와 관련된 연구가 많이 수행된 것은 아니다. 그러나 백제의 무왕과 관련하여 중요한 글들이 적지 않게 출판되었고 근래에도 관심 있는 연구자들에 의해 연구가 수행되고 있다(김수태 1999; 김주성 1992, 2001a, 2001b; 노중국 1986, 1988, 1998, 1999, 2000, 2001; 박민경 2000; 이병도 1952, 1975a, 1975b, 1981, 이종욱 1989). 그간 역사학계에서 이루어진 연구 성과와 학설에 대한 간단한 정리가 노중국(1986)에 의해 이루어졌으며 아래에서 보듯이 이 문제에 대한 연구가 노중국(1999, 2000, 2001)에 의해 계속 진행되고 있다.

한편 고고학계에서도 서동 혹은 백제의 무왕과 직·간접적으로 관련 하여 비교적 많은 연구가 수행되었다. 특히, 1974년 원광대학교 마한·백제문화연구소(1975)가 익산 미륵사지의 동탑지를 발굴한 바 있다. 이것을 시발로 미륵사의 건립과 직접적인 관련이 있는 것으로 추정되는 서동과, 나아가서는 무왕과 당시 백제의 정치·종교적인 측면과 연계하여 연구가 수행되었다. 원광대학교의 마한·백제문화연구소가 주관이 되어 1970년대 중반 이래 매년 출간되는 학술지인 마한·백제문화에 미륵사와 직·간접적으로 관련된 것을 주제로 한 여러 가지 좋은 연구논문들이 출판된 것은 특기할 만하다.

여기에 더하여 1980년부터 1996년도까지 국립문화재연구소가 무려 17년간에 걸쳐 미륵사지를 발굴조사하고 보고서를 간행함에 따라 '서동'의 연구에 있어서 많은 물질적인 자료를 확보하기에 이르렀다(국립부여문화재연구소 1996; 문화재관리국 문화재연구소 1989). 국립문화재연구소에서 미륵사 발굴조사를 실시한 결과『삼국유사』의 무왕조에 묘사되어 있는, 연못을 메워서 평지로 만들고 사찰을 건립했다는 것, 전(殿, [法堂]), 탑(塔), 낭무(廊廡, [廻廊])를 세 곳에 건립했던 것들이 확인되어『삼국유사』에 서술된 것과 어느 정도 일치하는 점이 있어 학계의 관심을 끌고 있다. 미륵사 발굴조사 결과 출토유물로서는 명문와, 막새류, 그리고 토기가 주류를 이루고 있으며 그외에 유리 제품이나 불두편(佛頭片) 등이 있으나 수가 많지 않다.

이들 유물 중에서 연대 추정에 도움이 되는 것은 명문와와 막새류인데 이들을 분석한 결과 미륵사지의 창건연대를 부여 천도(성왕 16년, 538) 이후로 파악하는 것이 타당하다고 하였다(문화재관리국 문화재연구소 1989: 507~508). 최맹식(1999)도 6세기 말이나 7세기 초경보다 더 올려볼 수 있는 출토유물이 미륵사지 발굴조사에서 확인되지 않았기 때문에 미륵사지가 백제의 무왕대에 창건되었다고 보고 있다.

미륵사지 발굴조사는『삼국유사』의 문헌기록을 고고학적 자료를 통해서 검증한다는 측면에서 아주 중요한 연구 성과이기 때문에 미륵사 그 자체의 연구는 물론이고『삼국유사』의 역사성과 사료의 가치성 등을 조명해볼 수 있는 좋은 계기를 마련하기도 하였다(예를 들면, 최맹식 1999). 이 발굴조사에 의해『삼국유사』의 무왕조에 등장하는 기사의 내용이 고고학적으로 어느 정도 증명되었다고 간주할 수 있다. 아울러 근래에는 1917년 익산에서 일인학자 谷井濟一에 의하여 발굴조사된 쌍릉(雙陵)의 고고학 자료와 백제 고분의 구조 등을 검토한 결과 무왕과 그의 왕비의 것일 가능성이 높다는 학설이 제기되었다(이남석 2001: 55~75; 최완규 2001: 77~100).

특히, 2001년부터 미륵사 석탑 보수정비사업이 실시되었는데, 2009년 서석탑 심초부에서 사리기와 사리봉안기가 발굴되었다. 이 사리봉안기에 미륵사는 무왕 40년(639), 무왕의 왕후인 사택씨(砂宅氏)가 정재(淨財)를 희사해서 건립되었다는 아래와 같은 내용이 있다.

> 우리 백제 왕후계서는 좌평 사택적덕의 딸로서 오랜 세월동안 선인을 심으시어 금생에 뛰어난 과보를 받으셨다. [왕후께서는] 만민을 어루만져 기르시고 삼보의 동량이 되셨다. 그러한 연고로 삼가 깨끗한 재물을 희사하여 가람을 세우고 기해년 정월 29일에 사리를 맞이하셨다.
> 我百濟王后 佐平砂宅 積德女種善因於曠劫 受勝報於 今生撫育萬民棟梁 三寶 故能謹捨淨財 造立伽藍 以己亥年 正月十九日 奉迎舍利

새로이 알려지게 된 이 내용은 그간에 『삼국유사』에 보이는 선화공주에 의한 미륵사 창건 기록과는 상반되는 것이다. 바로 이러한 최근의 금석문과 물질적인 증거를 토대로 서동요의 설화 내용인 무왕과 선화공주와의 혼인설, 나아가서는 『삼국유사』의 내용을 근거로 신라와 백제의 관계를 검토하였던 기존의 연구 성과에 문제가 있으며 재고가 필요하다는 설이 제기되고 있다(윤선태 2010: 60~62). 향후 백제의 무왕에 관한 연구는 문헌자료에 더하여 고고학적 자료가 적극적으로 이용되어 이 방면의 연구에 상당한 활력을 불어넣을 것으로 예측된다.

본고에서 『삼국유사』 무왕조에 등장하는 서동과 무왕이 관련된 기사들의 사료 비판을 실시하여 보겠다. 그리고 이 자료들을 『삼국사기』 백제본기의 내용과 비교·검토하면서 주로 역사적인 측면에서 논지를 전개시키기로 하겠다. 아울러 백제의 무왕을 전후한 시점에서 신라와 백제의 정치·군사적인 관계를 검토하기 위하여 『삼국사기』의 백제본기와 신라본기의 기사 내용들을 제시하고 본 논고의 객관적인 자료로 삼고자 한다.

2. 서동요 연구의 학설사 및 문제의 제기

서동요는 『삼국유사』 권2, 기이(紀異) 2, 무왕조에 실려 있으며 국문학사적으로 볼 때 현존하는 우리나라의 가장 오래된 가요로 인식되고 있다. 『삼국유사』 무왕조에 실려 있는 서동요의 내용은 아래와 같다.

> 선화공주님은 남 몰래 시집을 가두고 서동방을 밤마다 안고 간다.
> 善花公主主隱 他密只嫁良置古 薯童房乙 夜矣卯乙抱遣去如

이 서동요는 서기 600년 이전에 생성된 한국 최고의 향찰[吏讀]로 수용되기도 한다. 그러나 국문학계에서는 이 가요의 생성 연대에 대해 다양한 견해가 제시되어 있다. 백제의 동성왕에서 신라의 원효대에 이르는 5세기 초부터 7세기 초까지 약 200년의 시간차가 있다(조명렬 1979: 37~48). 이 서동요의 생성 연대를 정확하게 파악하는 것이 서동과 무왕과의 관계를 밝히는 결정적인 단서가 될 수 있다. 그러나 필자는 이두 및 국문학사적인 측면에는 문외한이므로 더 이상 이 문제에 대해 논하지 않겠다. 또 이 가요를 현대어로 풀이하는 데도 여러 가지 설이 제시되어 있다. 서동요의 자자구구(字字句句)에 대한 해석을 이 논문의 내용과 연계시키는 것도 필자의 능력 밖에 해당되므로 세밀한 해석과 관련된 문제는 생략하기로 하겠다.

이 서동요를 포함하고 있는 『삼국유사』 무왕조의 내용은 대강 아래와 같다. 서동요의 주인공인 서동은 백제 무왕의 아명(兒名)이고 과부의 아들로 이름은 장(璋)이다. 서동이 신라 26대 진평왕(579~632)의 셋째딸 선화공주가 예쁘다는 소문을 듣고 머리를 깎고 신라의 서울 경주에 잠입하여 이 노래를 지어 아이들에게 부르도록 하였다. 이 소문을 진실로 받아들인 진평왕은 딸을 내쫓았고 서동은 선화공주를 부인으로 맞이하게 되었다. 서동은 후에 백제의 무왕이 되었고 따라서 선화공주는 무왕의 왕비가 되었다.

그리하여 서동요는 백제의 서동(서기 600년 이전)이 왕[무왕]이 되기 전에 신라 진평왕의 딸 선화(善花)공주를 얻고자 계략으로 퍼뜨린 동요라고 학계에 인식되어오고 있다. 이러한 해석에 대하여 많은 반론이 제기되었다. 민감한 학술 주제가 통상적으로 그러하듯이 서동과 선화공주와의 관계와 이어서 등장하는 미륵사(彌勒寺) 창건연기(創建緣起) 등 여러 가지 측면에 걸쳐서 아직도 합일점을 찾지 못한 채 각 학문 분야에서 연구가 계속 진행되고 있는 실정이다.

아래에서 보듯이 역사학적인 측면에서 서동과, 서동의 실제 인물에 대하여 일찍이 의문이 제기되었고 여러가지 학설이 제시되기도 하였다. 하지만 몇 가지 미진한 부분도 있어 이 논문에서 간단하게 검토하여 보기로 하겠다. 『삼국유사』 권 2, 기이 2, 무왕조에 아래와 같은 기록이 있다.

> 옛날 책에는 무강(武康)이라 했으나 잘못이다. 백제에는 무강[왕]은 없다.
> [武王(古本作武康, 非也. 百濟無武康)][三國遺事 卷二 紀異 二]

이 기록에 대하여 이병도(1981: 535)는 백제의 무왕(600~641)과 신라의 진평왕(579~631)은 시기적으로는 동일 시대로 일치하지만 당시 양국이 첨예하게 대립하던 상황에서 '이러한 婚姻說話의 素材를 이룰만한 事實'이 발생할 수 있는가에 문제 제기를 하였다. 또 『삼국유사』 무왕조의 주(註)에 등장하는 무강(武康)은 25대 무령왕(武寧王, 501~522)의 별칭이고 서동을 무왕(武王) 혹은 무강왕(武康王)에 부회(附會)되었다는 것이다(이병도 1981: 536). 그리고 이 서동과 선화공주와의 혼인설화는 『삼국사기』 신라본기와 백제본기에 나와 있는 대로 신라와 백제 간에 실제로 있었던 혼인에 근거하여 구성되었다고 주장한다(이병도 1981: 536, 541).

실제로 백제 24대 동성왕(東城王, 15년, 493)이 신라에 청혼하니 신라에서는 이벌찬(伊伐湌) 비지(比智)의 딸을 보내 혼인을 성사하게 하였다. 국사학계에서는 이 역사적인 사실을 백제의 동성왕이 왕권 강화와 아울러 신라와의 동맹 체제를 강화하기 위한 목적이라고 평가하며(이기동 1997: 22~23; 이기백 · 이기동 1984: 177~178), 이를 '결혼동맹'이라고 명명하기도 하였다(이병도 1981: 540). 이병도(1981: 541)는 이러한 역사적 사실이 한 개의 로맨틱한 사랑 이야기인 서동설화로 와전된 것으로 생각하고 있다. 이 때는 신라 21대 소지왕(炤知王) 15년(493)이기 때문에 26대 신라 진평왕 시대(579~631)의 일이라고 하는 것도 아마 백제의 무왕(600~641)과 동시대를 만들기 위해서 수정 내지는 가필을 한 것으로 보고 있는 것이다.

이병도는 오래 전부터 이 무강왕이 무령왕(501~522)의 별칭이지만 서동도 무령왕의 이름이 아니라고 주장하고 있다(이병도 1981: 536). 그리고 미륵사도 동성왕 15년(493)이후에 창건되어 무령왕 대(501~523)에 완성되었을 것이라고 주장하였다. 특히 이병도(1981: 536~543)는 서동을 백제 24대 동성왕(479~501)이었을 것이라는 견해를 제시하였는데 이것은 박노준(1982)에 의해 지지를 받고 있다. 이 학설을 입증하기 위하여 이병도(1981: 536)는 『삼국사기』 백제본기 동성왕조와 동서 신라본기 소지 마립간 조에 등장하는 결혼 관련 기사를 사료로 제시하였다.

[백제본기] 동성왕 15년 493 봄 3월, 왕이 사신을 신라에 보내어 혼인을 청하니 신라왕이 이찬 비지의 딸을 주어 보냈다.

[신라본기] 소지왕 15년 493 봄 3월, 백제왕 모대(牟大)가 사신을 보내어 혼인을 청하므로 왕은 이벌찬 비지의 딸을 보내주었다.

이병도(1981: 538~541)는 동성왕의 휘(諱)가 모대(牟大)라는 것과 이와 유사한 단어들 즉 모대(『삼국사기』, 『삼국유사』, 및 『남제서』), 마제(麻帝, 『삼국유사』), 말다(末多, 『일본서기』와 그 註에 인용한 『백제신찬』), 말통(末通) 등의 어음(語音)이 서동(薯童) 즉 마동(麻童)과 아주 유사하다며 서동은 바로 동성왕이라는 설을 제시하였다.

이러한 견해에 대하여 이기백·이기동(1984: 178 주 28)은 이병도의 학설을 간단히 소개하면서 "다만 武王 때의 일로 되어 있는 익산 미륵사의 창건까지를 동성왕·무녕왕 양왕 때로 보는 데… 찬성하기 어렵다"고 하고 있다. 이 내용에서 직접적인 표현은 하지 않았지만 이기백·이기동(1984: 178 주28)은 이병도의 견해, 즉 서동이 동성왕일 가능성이 있다는 견해에 공감한다는 뜻을 문맥상 내비치고 있다. 미륵사의 창건은 무왕 대(600~641)에 이루어진 것으로 보고 있다(이기백·이기동 1984: 181).

황패강(1987: 7~12)도 이병도의 학설 중에서 서동요의 작자가 역사적 인물인 백제의 무왕일 가능성이 없다는 점에서는 동일한 견해를 가지고 있다. 그러나 다른 한편 황패강(1987: 13, 16)은 이병도가 주장하는 가설 즉, 서동이 동성왕이라는 것에 대해서는 타당하지 않음을 주장한 바 있다. 이 이외에도 국문학계의 일부에서는 『삼국유사』에 실려 있는 무왕조의 내용이 백제 30대 무왕의 사적을 기술하고는 있지만 백제 무왕과는 관계가 없는 설화적 기술이고 서동요의 작자를 백제 무왕으로 간주하는 것은 잘못이라고 지적하고 있다(김병욱 1976: 2). 필자의 견해도 이와 궤를 같이하는 바이다.

아래에서 이 문제를 역사적인 측면에서 좀 더 면밀하게 다루고자 한다. 한편 고고학적인 측면에서, 미륵사를 발굴조사한 결과에 의하면 미륵사의 초축은 대체로 백제 말경인 6세기 말에서 7세기 초 이상으로 올려 볼 수 없고 『삼국유사』의 연기설에서 말하는 백제 무왕대와 연대가 거의 일치하고 있는 현상을 보여주었다. 그렇다면 미륵사가 백제의 동성왕(479~501) 대에 창건되어 무녕왕 대에 완공되었다는 이병도(1981: 548)의 견해는 재고의 여지가 있다. 왜냐하면 역사적인 정황으로 보아 475년 백제가 고구려 장수왕의 침략을 받아 개로왕이 죽임을 당하고 한성(漢城)에서 웅진(熊津)으로 천도한 지 얼마 되지도 않은 상황에서 미륵사와 같이 큰 사찰을 정치적인 중심지에서 멀리 떨어진 익산(益山)에 건립했다는 것은 수용하기 어렵다.

그러나 다른 한편 이병도(1981: 535)가 지적한 바와 같이 백제의 무왕대(600~641)에는 신라와 국가의 사활이 걸려 있는 치열한 전투가 많이 벌어지고 있었던 상황에서 여러 가지 정치적인 목적으로 백제의 무왕이 신라 진평왕(579~632)의 딸과 결혼을 하였다는 해석도 문제가 있어 보인다. 이 글에서 서동요를 위요한 제 학설을 모두 섭렵한다는 것은 사실상 불가능한 일이다. 따라서 기왕의 연구나 해석에 문제가 있어 재고의 여지가 있는 핵심적인 것 몇 가지만을 집중적으로 고찰하고자 한다. 특히 서동요를 싣고 있는 『삼국유사』에 실려 있는 관련 제 사료들을 재검토하고 『삼국사기』에 등장하는 신라와 백제의 정치·군사적인 상황을 분석하며 아울러 고구려의 대백제 정책 등의 역사적 사실을 토대로 논지를 전개하기로 하겠다.

3. 4~6 세기 고구려·신라·백제의 정치·군사적 배경

서동요의 내용 중에서 서동과 선화공주에 대한 내용이 실제로 백제의 무왕과 신라 진평왕 대에 이루어진 역사적인 사실인가의 여부를 검토하기 위해서는 당시 백제와 신라의 관계는 물론이고 고구려와의 관계도 어느 정도 이해하여야 한다. 왜냐하면 서동요의 설화가 백제의 무왕 대에 구성되었다는 설을 액면 그대로 받아들이기에는 신라와 백제 사이에 아주 복잡 미묘하고 또 심각한 정치·군사적 갈등 관계가 얽혀있기 때문이다. 즉, 무왕이 왕위에 즉위하기 전후한 시기에 백제와 신라 사이의 정치적 상황은 결코 원만하지 못하였다. 이러한 상황에서 양국 왕실간의 혼인이 쉽게 성립될 수 없었다고 생각되는 것이다.

그리하여 당시의 백제와 신라 관계는 물론이고 삼국의 역사적인 정황을 천착하지 않고 서동요의 설화 내용을 문학적인 측면에서 낭만적인 것으로 파악하고 해석한다면 한국 고대사의 일면을 부지불식간에 오도(誤導)하는 결과를 초래할 수도 있다. 이러한 것을 염두에 두면서 여기에서 4~6세기의 한국 고대사상의 역사적 상황을 간단하게 검토하고 난 다음에 서동요의 내용이 현실적인 것인지 설화적인 것인지를 검토하여 보고자 한다.

고구려는 미천왕(美川王, 300~331)이 즉위하면서 요동 지방을 적극적으로 공략하기에 이르렀다. 미천왕은 302년 현도성을 공격하였고 311년에는 서안평(西安平)을 탈취하여 낙랑군과 중국과의 교통로를 차단하고 313년 낙랑군을, 이듬해는 대방군을 궤멸시키면서 어느 정도 국력을 신장시켰다. 그러나 고국원왕(331~371)때 모용씨(慕容氏)와 충돌하였고 또 북진하는 백제의 군사와 전쟁을 치루어야 했다. 특히, 고구려는 369년부터 백제와 본격적으로 마찰을 빚기 시작하였다. 고국원왕이 백제를 두 번 선제공격하였으나 패하고 말았다. 백제의 근초고왕 부자는 371년 겨울 고구려를 침공하여 평양성에서 고국원왕을 전사시켰다. 그리하여 백제는 현재의 경기도, 충청도, 그리고 전라도의 대부분과 낙동강 중류 지역, 강원도와 황해도 등의 일부까지 영토를 확장하였다. 또 당시의 백제는 국제 교류에도 힘을 쏟아 중국의 동진(東晉)에 사신을 보냈고 왜(倭)와도 외교관계를 맺어 전성시대를 구가하였다.

한편, 신라는 기원후 2세기부터 주변 지역에 있던 제 소국들을 무력으로 병합하거나 평화적으로 흡수하면서 영토를 확장해 나가기 시작하였다. 특히 내물 마립간(356~402)에 이르러 국가 단계로 성장한 것으로 파악된다(강봉원 2008: 293~302). 이때부터 박·석·김 세 성에 의한 왕위의 즉위 방식 대신 김씨가 왕위를 독점 세습하게 되었고, 또 고구려의 도움을 받아 전진(前秦)에 사신을 보내기도 하였다. 신라는 백제, 그리고 백제와 손을 잡은 왜의 세력에 많은 위협을 받게 되었는데 이것은 결과적으로 신라와 고구려를 가깝게 하는 계기가 되었다. 고구려의 광개토대왕은 400년 신라 내물왕의 요청을 수용하여 보기(步騎) 5만 명을 신라에 보내어 백제와 왜의 연합군을 패퇴시켰고 이것을 계기로 신라는 고구려의 정치적인 간섭을 받기 시작하였다. 신라는 고구려의 도움을 받기는 하였으나 동시에 지나친 정치 간섭과 군사적 위협을 느꼈다. 특히 광개토왕의 뒤를 이은 장수왕(413~491)은 재위 15년, 즉 427년에 수도를 평양으로 옮기고 한반도의 남부 지방으로 진출하고자 하는 의도를 보였다.

이와 같이 남하하는 고구려의 움직임에 위협을 느낀 신라와 백제는 433년 양국간에 우호관계를 수립하였다. 이 내용은 『삼국사기』 신라본기 눌지왕 17년(433) 가을 7월, '백제가 사신을 보내어 화친을 청해 이에 따랐다'라는 기록을 보고 알 수 있다. 또 『삼국사기』 백제본기 비유왕(毗有王) 7년(433) 가을 7월, '신라에 사신을 보내어 화친을 청했다'라는 내용을 상호 비교 검토하여 보면 잘 알 수 있다. 이 화친은 한국사 상에서 통상 백제와 신라간의 동맹의 성립, 좀 더 구체적으로는 '공수동맹'(攻守同盟)이라고 학계에 알려져 있다.
　고구려의 장수왕은 재위 63년(475년)에 당시 백제의 서울이었던 한성을 공격하여 성을 함락하고 개로왕(蓋鹵王)을 살해하였다. 『삼국사기』 신라본기 자비마립간(慈悲麻立干) 17년(474)에 고구려의 침공을 받은 백제의 개로왕이 아들 문주(文周)를 신라에 보내어 구원을 요청하였으나 신라의 구원병이 도착하기 전에 성이 함락되고 왕도 살해당하고 말았다는 기록이 보인다. 고구려의 침략으로 백제는 수도를 현재의 공주인 웅진으로 옮기게 되었다. 그런데 여기에서 한 가지 지적하고 넘어가야 할 것은 이 때가 백제의 문주왕 1년, 그리고 고구려의 장수왕 63년으로 475년에 해당되는 것이나 신라본기에는 자비마립간 17년으로 되어 있어 1년의 차이가 난다는 것이다. 이 논문의 내용이 연대 문제와는 관련이 없지만 왜 이러한 현상이 발생하였는지에 대해서는 앞으로 좀 더 연구해 보아야 할 것이다.
　위에서 서술한 바와 같이 백제의 동성왕(479~501)은 재위 15년 신라에 사신을 보내어 혼인을 청하니 신라 소지왕이 이찬 비지의 딸을 보내 결혼을 성사시켰다. 이것은 백제와 신라가 남하하는 고구려에 공동으로 대항하고 양국간의 우호적인 관계를 더욱 공고히 하기 위한 것으로 해석되는 것이다.
　장수왕이 생존해 있는 동안에 고구려의 국력은 최고조에 달해 있었다. 장수왕에 이어 문자왕(文咨王, 491~519)이 즉위하여 일시 장수왕의 정복사업을 계속 추진하여 백제와 신라에 압박을 가하기도 하였다. 그러나 그가 죽은 후 왕위계승을 둘러싼 왕실의 내분이 잦아지게 되어 고구려의 세력은 급격히 약화되었다. 고구려의 정치적 불안정은 군사력 약화에도 결정적인 영향을 미쳤다. 그리하여 마침내 신라의 진흥왕(540~576)이 이끄는 군사가 한강 상류지역의 10군을 점령하였고 백제의 성왕(523~554)이 이끄는 군사는 한강 하류지역의 6군을 점령하여 고구려는 551년 한강 유역을 탈취당하고 말았다. 그러나 신라는 553년(백제 성왕 31년, 신라 진흥왕 14년)에 120년간 지속되던 백제와의 동맹관계를 파기하고 백제의 군사들을 한강 유역에서 몰아내고 그 지역을 독차지하였다.

이러한 신라의 정치·군사적 행동에 격분한 백제의 성왕은 이듬해인 554년 7월 대가야와 연합군을 형성하여 신라를 공격하였으나 관산성(管山城, 현재의 옥천)에서 전사하고 말았다. 이것에 대하여 『삼국사기』 백제본기 및 신라본기에 아래와 같이 각각 묘사되어 있다.

[백제본기] 백제 성왕 32년(554) 가을 7월, 왕이 신라를 탈취하기 위하여 친히 보·기병 5천 명을 거느리고 밤에 구천(狗川)에 당도하자 신라의 복병이 일어나므로 더불어 싸우다가 난병(亂兵)에게 해를 입어 돌아갔다. 시호를 성왕(聖王)이라 하였다.

[신라본기] 신라 진흥왕 15년(554) 가을 7월, 백제 왕 명농(明農-聖王)이 가량과 함께 와 관산성을 공격하니… 싸움이 시작되자 비장인 삼년산군의 고간 도도가 번개같이 공격하여 백제왕을 죽이니, 이에 여러 군사가 승세를 타 크게 이기고 좌평 4명, 병졸 2만 9천 6백 명을 베어 한 필의 말도 돌아가지 못하였다.

그런데 한 가지 주목을 끄는 것은 이 관산성 전투가 발발하기 불과 1년 전인 553년 성왕 31년 겨울 10월, 왕의 딸이 신라로 시집갔다는 백제본기의 기사이다. 신라본기에도 진흥왕 14년 겨울 10월, 왕이 백제왕의 딸을 맞아들여 소비(小妃)로 삼았다고 되어 있는 것으로 보아 이것은 역사적인 사실로 수용하기에 무리가 없다. 그러나 이듬해 백제의 성왕이 신라를 공격하였다는 사실은 혼인을 통한 양국 간 우호적 관계 개선의 노력이 피상적인 것에 지나지 않는다는 것을 보여준다. 그런데 백제가 왕녀를 신라에 보낸 것을 달리 보는 경우도 있다. 즉, 김주성(2000: 306~207)은 백제가 왕녀를 신라에 보낸 것을, 백제가 552년 9월 혹은 553년 9월 신라에 큰 패배를 입힌 것에 대하여 신라를 위안하는 한편 이듬해 있을 관산성 전투에 대비한 각종의 정보를 취득할 목적으로 행한 백제의 적극적 외교정책이었다고 해석하고 있다.

한편 노중국(1986: 4~5)은 이러한 정치적 상황을 중요하게 여겨 백제의 무왕과 신라의 진평왕 대에 많은 전투가 있었던 것은 사실이지만 무왕이 정략적으로 진평왕의 선화공주를 비로 맞아들였을 것이라는 주장을 하고 있다. 아래에서 서술하듯이 필자는 이 같은 해석에 동조하지 않는 바이다. 특히 백제 성왕이 자기의 딸을 진흥왕의 소비(小妃)로 보냈다는 것은 양국 간의 동등 외교가 아니라 백제가 열세에 처했던 것으로 해석할 수도 있기 때문이다. 이 점에 대해서 김주성·유원재(1996: 443)는 "백제 왕실의 입장에서 차라리 굴욕적이라고 할 수 있는 신라 왕실과의 혼인에 [백제]가 능동적으로 나서고 있는 것은 아무래도 이해하기 어려운 행동이다"라고 하고 있다. 어쨌든 백제의 성왕이 한강 유역의 영토를 신라에 빼앗겼고 또 신라와의 관산성 전투에서 전사하였다는 것은 양국 간의 관계가 얼마나 심각하였는지를 잘 보여주고 있다. 성왕이 전사한 이후에 성왕의 아들인 위덕왕(威德王, 554~598년)이 즉위하여 통치하였고, 혜왕(惠王, 598~599), 법왕(法王, 599~600)이 뒤를 이었다. 법왕의 뒤를 이은 왕이 서동요의 주인공인 무왕(武王, 600~641)이다.

여기에서 서동요 설화의 배경을 고찰하기 위해서 두 가지 사항을 검토하여 보고자 한다. 첫째, 『삼국사기』에 나타나 있는 백제와 신라와의 전쟁 기사를 통한 양국 간 정치적 관계의 검토이다. 둘째, 『삼국사기』에 실려 있는 무왕의 출계와 『삼국유사』 권 2, 기이 2, 무왕조에 실려 있는 무왕의 출계에 근본적인 차이점이 있는 것을 검토하는 것이다. 양 사서에 보이는 무왕의 출계에 대해서는 다음 장(章)에서 좀 더 상세하게 고찰하기로 하겠다.

여기에서는 먼저 신라와 백제와의 적대적인 관계에 대하여 알아보기로 하겠다. 백제의 성왕이 신라와의 관산성 전투에서 전사한 후에 성왕의 맏아들이었던 위덕왕이 554년 즉위하였다. 그러므로 위덕왕이 신라에 대한 반감이 어떠했던가에 대해서는 상세한 설명을 요하지 않는다.『삼국사기』 백제본기 및 신라본기의 기사를 통해서 백제와 신라와의 첨예한 대립 관계를 좀 더 구체적으로 알아보기로 하겠다.

[백제본기] 위덕왕 8년(561) 가을 7월, 군사를 보내어 신라의 변경을 침략하니 신라 병이 나와 쳐 아군을 무너뜨려 죽은 자가 1천여 명에 달하였다.

[신라본기] 진흥왕 23년(562) 가을 7월, 백제가 변경의 민가를 침략하므로 왕은 군사를 내어 항전하여 1천여 명을 죽이고 사로잡곤 하였다.

[백제본기] 위덕왕 24년(577) 겨울 10월, 신라 서변의 여러 고을을 침략하니 신라 이찬 세종(世宗)이 군사를 거느리고 와 쳐부수었다.

[신라본기] 진지왕 2년(577) 겨울 10월, 백제가 서변의 주·군을 침범하므로 이찬 세종을 명하여 군사를 내어 일선군 북쪽에서 쳐부수고 3천 7백 명의 목을 베었다.

[백제본기] 무왕 3년(602) 가을 8월, 왕이 군사를 내어 신라의 아막산성을 포위하니 신라왕이 정병 수천 명을 보내어 항전하여 … 신라는 … 네 성을 쌓고 우리 지역을 침범하므로 왕은 노하여 좌평 해수로 하여금 보·기병 4만을 거느리고 나아가 그 네 성을 공격하니 … 우리 군사가 패하였다. 해수는 겨우 몸을 벗어나 홀로 말을 타고 돌아왔다.

[신라본기] 진평왕 24년(602) 가을 8월, 백제가 와서 아막성을 치니 왕은

장병을 시켜 마주쳐 싸워 크게 무너뜨렸으나 귀산과 추항은 전사하였다.

[백제본기] 무왕 6년(605) 가을 8월, 신라가 동쪽 변읍을 침범하였다.

[신라본기] 진평왕 27년(605) 가을 8월, 군사를 보내어 백제를 침범하였다.

여기에서 일단 백제본기와 신라본기에 등재되어 있는 역사적 기록들이 거의 모두 그대로 일치하고 있다는 것을 알 수 있다. 그러므로 이들 기록들을 모두 역사적인 사실로 간주해도 무방하리라고 본다. 아래에서 백제와 신라 간에 있었던 좀 더 많은 전쟁 기사를 제시하겠지만 어쨌든 무왕 재위 시에 백제가 신라와 수행한 전쟁은 모두 13회로 기록되어 있다. 이 전쟁 수는 무왕을 전후한 시기에 백제의 그 어느 왕 때보다도 많은 것이다. 『삼국유사』 권 2, 기이 2, 무왕조에 무왕이 백제의 왕으로 즉위하기 전 신라 진평왕의 사위가 되었고 무왕의 신비로운 역량으로 인하여 진평왕의 존경을 많이 받았다고 서술되어 있다. 그런데 위의 기록에서 보듯이 무왕이 즉위한지 3년째에(602년) 벌써 백제는 신라를 침공하고 있다. 이러한 사건은 무왕이 진평왕의 사위가 된 시점을 전후하여 일시적으로 양국 간의 관계가 우호적이다가 그 후에 다시 반전되었다고 해석할 가능성도 있다.

그러나 성왕이 죽고 위덕왕이 즉위한 후에 백제는 신라를 두 번 공격하였다. 이것은 신라가 백제의 성왕을 전사하게 한 것에 대한 적개심과 밀접한 관련이 있다고 볼 수 있다. 특히 위덕왕은 성왕의 아들로서 아버지가 전사한 후 비록 상당 기간이 지나기는 하였지만, 신라와의 관계가 개선되지 않고 오히려 더 악화되어 가는 것을 볼 수 있다. 아래에서 설명하듯이 향후 백제와 신라간의 관계는 더욱 악화되고 결국 이 시점에서 얼마 지나지 않아 신라는 백제를 완전히 궤멸시키는 것이다. 그러므로 무왕 대에 발생한 신라와의 전쟁은 백제로서는 국가의 사활이 걸려있는 아주 중대한 것이었음을 알 수 있다.

『삼국유사』의 서동요의 맥락과 무왕과 진평왕 사이에 있었다고 하는 여러 가지 우호적인 것들을 올바로 해석하기 위해서는 이러한 역사적 정황을 심각하게 고려·수용하여야 한다고 생각한다.

4. 백제 무왕의 출계와 왕위 계승

『삼국유사』의 무왕조에 의하면 무왕은 백제의 왕이 되기 전에 미천한 가의 출신으로 서동이라고 불려졌으며 마를 캐고 팔아서 홀어머니와 생계를 이어갔다고 되어 있다. 그러다가 신라의 서울에 잠입하여 서동요를 지어 퍼뜨리는 계략을 써서 선화공주를 얻고 이어서 백제로 돌아왔다. 선화공주가 금이 "天下의 至寶"라는 사실을 서동에게 알려주어 그가 마를 캐면서 丘陵과 같이 쌓아놓았던 금을 신라로 보내어 진평왕이 그를 심히 존경하였다고 한다. 서동은 이로부터 인심을 얻어서 드디어 왕위에 올랐다고 되어 있다.

그러나 『삼국사기』백제본기에는 이러한 설화적인 내용은 전혀 언급되어 있지 않다. 이러한 차이는 양 사서의 근본적인 차이이며 서로 장·단점을 가지고 있는 것으로 이해되고 있다(이기백 1978). 『삼국사기』백제본기에서는 백제 무왕의 출계에 관해서 단지 무왕은 법왕의 아들이며 법왕이 즉위하여 이듬해에 돌아가니 왕위를 계승한 것으로 되어 있다. 백제의 무왕에 관한 『삼국사기』의 내용과 『삼국유사』의 내용이 다소 일치하는 부분도 있다. 하지만 우리들이 심각하게 고려해야 할 문제는 『삼국유사』내에서 일관성 없이 상호 모순되게 서술되어 있는 부분이 적지 않게 존재한다는 점이다. 즉, 『삼국유사』 왕력(王歷), 기이(紀異), 그리고 흥법(興法)의 편에서 무왕에 관한 내용이 나타나고 있다. 그러나 각 사료들 간에 상이한 점이 있어 논란의 여지가 많으며 따라서 사료의 취사 선택에 각별히 주의해야 한다. 여기에서 『삼국사기』와 『삼국유사』에 실려 있는 무왕의 출계에 관한 제 기록들을 하나씩 검토하면서 백제 무왕이 서동요에 등장하는 서동과는 관계가 없다는 것을 고찰하여 보기로 하겠다.

무왕의 출계를 좀 더 명확하게 알아보기 위하여 먼저 무왕을 전후한 시점의 『삼국사기』 백제본기의 기록을 차례로 검토하여 보기로 하겠다.

- 위덕왕의 휘는 창(昌)이니 성왕의 맏아들이다. 성왕이 재위 32년에 돌아가니 왕위를 계승하였다.[554년]
- 혜왕의 휘는 계명이니 위덕왕의 둘째 아들이다. 위덕왕이 돌아가니 즉위하였다.[598년]
- 법왕의 휘는 선(宣)[혹은 孝順이라고 함]이니 혜왕의 장자다.[599년]
- 무왕의 휘는 장이니 법왕의 아들이다…법왕이 즉위하여 돌아가니 왕위를 계승하였다.[600년]

이와 같이 『삼국사기』 백제본기에 의하면 무왕은 백제 왕실의 적통(嫡統)으로 왕위에 즉위한 것으로 되어 있다. 아래에서 보는 바와 같이 『삼국유사』 권 1, 왕력에 보이는 기사는 『삼국사기』의 내용과 그대로 일치하고 있다.

- 제27대 위덕왕 이름은 창(昌) 또는 명(明)이다. 갑술년[554]에 즉위하였으며 치세는 44년이다.
- 제28대 혜왕 이름은 계명이고 위덕왕의 아들이다. 무오년[598]에 즉위하였다.
- 제29대 법왕 이름은 효순(孝順) 또는 선(宣)이고 혜왕의 아들이다. 기미년[599]에 즉위하였다.
- 제 30대 무왕 혹은 무강(武康) 또는 헌병(獻丙)이라 하며 혹은 어릴 때의 이름을 <u>일기사덕</u>(一耆簁德)이라 한다. [庚]申에 즉위하여 41년간 치세하였다.[밑줄은 필자]

그런데 위의 『삼국사기』 백제본기 무왕 관련 기사와 『삼국유사』 권 2, 기이 2

무왕조에 보이는 기사는 내용상 현격한 차이를 보여주고 있다. 두 사서 중에서 가장 큰 차이점을 보이는 것은 무왕의 출계 부분이다. 특히『삼국유사』권 2, 기이 2의 무왕조에는 아래와 같이 기록되어 있다.

> … 그[무왕의] 어머니는 과부가 되어 서울 남쪽 못 가에 집을 짓고 살고 있었는데, 그 못의 용과 관계하여 장(璋)을 낳았다. <u>아이 때 이름은 서동이다</u>… 늘 마를 캐어 팔아서 생업을 삼았으므로 나라 사람들이 그것으로 말미암아 이름했다.[밑줄은 필자]

『삼국사기』백제본기에는 무왕이 법왕의 아들로 되어 있는데 위의 인용에서 보다시피『삼국유사』에서는 못의 용과 관계한 과부의 아들로 되어 있다. 백제의 무왕 대를 올바로 연구하기 위해서는 양 사서에 내재하고 있는 이러한 근본적인 차이점을 극복하지 않으면 안 될 것으로 사료된다.

우리가 좀 더 세심한 주의를 기울여야 할 것은 일연 본인이 편찬한 똑 같은 사서인『삼국유사』내에서도 무왕에 관한 내용이 앞뒤가 서로 일치하지 않는 부분이 있다는 점이다. 위에서 보듯이『삼국유사』의 왕력에는 무왕의 어릴 때의 이름이 '일기사덕'이라고 해 놓고 뒤의 기이편 무왕조에서는 "제31대 무왕의 이름은 장(璋)이다… [어머니가] 그 못의 용과 관계하여 장(璋)을 낳았다"라고 해 놓았다. 그런데 다시 뒤에서 "아이 때 이름은 서동이다"라고 한 것이 그것이다. 또 일연은 왕력 편에서 무왕은 "…혹은 무강 또는 헌병이라 칭했다"라고 서술해 놓고는 뒤의 기이편 무왕조에서는 특별히 주(註)를 달아, "고본(古本)에는 무강(武康)이라 했으나 잘못이다. 백제에는 무강(武康)은 없다"(古本作武康 非也 百濟無武康)라고 서술하고 있다. 이 점에 대해서 김주성(2001b: 229)은 "무강왕과 무광왕[武廣王]은 서로 음이 비슷하여 동일하게 무왕을 의미한다고 하겠다. 아마도 무왕은 휘호가 처음에 무강왕이나 무광왕으로 불리어졌다가 어느 시기에 무왕으로 정착되었는지 모르겠다"라고 하고 있다.

더욱이『삼국유사』권 3, 흥법(興法)편 법왕 금살(法王 禁殺) 조에 다시 아래와 같은 기록이 있다.

> 백제 제29대 법왕(法王)의 이름은 선(宣)인데 혹 효순이라고도 한다. 개황(開皇) 19년 기미에 왕위에 올랐다… 이듬해 경신에는 30인의 중을 새로 두고, 그 때 서울인 사비성(泗沘城)에 왕흥사를 창건하였는데 겨우 기초만 닦아 놓고 세상을 떠났다. <u>무왕(武王)이 왕위를 이어 아버지가 시작한 것을 아들이 경영하여</u> 몇 십 년을 지나서 낙성했다… 고기(古記)에 기재한 것과는 조금 다르다. 무왕은 가난한 어머니가 못[池]의 용과 관계하여 낳은 이다. 아명(兒名)은 서동(薯童)인데 즉위한 후에 시호는 무왕이라 했다. 이 절은 처음에는 왕비와 더불어 창건했다.[밑줄은 필자]

여기에서 가장 중요한 것은 위의 인용에서 밑줄 친 부분으로 백제의 무왕이 아버지인 법왕의 뒤를 이어 왕위에 즉위하였다는 내용과 무왕이 아버지[법왕]가 왕흥사를 짓기 시작한 것을 아들[무왕]이 경영하여 낙성했다는 대목이다. 이 내용 즉 무왕이 법왕의 아들이었다는 것은 위에서 본 『삼국사기』 백제본기에 나오는 내용과 그대로 일치하고 있다. 일연이 아래에서 "고기에 기재한 것과 조금 다르다"라는 보충 설명을 덧붙여 놓기는 했지만 이 대목에서 일연이 편찬한 『삼국유사』 자체 내에서 무왕에 관한 사료의 내용에 일관성이 없다는 것을 잘 알 수 있다.

동일한 사서 안에서 왜 이러한 현상이 발생하였는지를 파악하는 것은 용이하지 않다. 하지만 여기에서 일연이 무왕조에 대한 사료를 정리하는 데 있어서 본인이 생각하고 있는 것과 참고한 고본의 내용을 짜맞추기 위하여 많은 노력을 기울였다는 흔적이 역력하다. 어쨌든 『삼국유사』에 등장하는 무왕에 관한 이러한 일관성 없는 서술은 신빙성이 많이 결여되고 있다는 것을 알 수 있다. 결과적으로 이 사서 내에서 최소 서동의 내용에 관한 한, 사료로서의 가치과 해석 상에 많은 문제점이 있음을 여실히 보여주는 대목이다(신종원 1992). 이러한 문제는 결국 백제의 무왕과 관련된 역사 연구를 수행함에 있어『삼국유사』를 사료로 이용할 때 연구자들의 각별한 주의가 필요하다는 것을 단적으로 보여준다.

『삼국유사』에서 백제의 무왕에 관한 역사 서술이 이렇게 오락가락하게 된 것은 찬자인 일연이 지나치게 무왕을 가난한 과부의 아들 서동과 연계시키고자 하는 데서 발생한 것이 아닌가 생각되기도 한다. 무왕에 관한 여러 가지 기이한 현상, 즉 '서동의 어머니가 못의 용과 관계를 해서 서동을 낳았다던가', '금 무더기가 있는 곳을 알고 있었다거나', '하룻밤 사이에 이 금을 신라로 보냈다거나', '하룻밤 사이에 연못을 메우고 거기에 사찰을 건립했다거나 하는 것'은 모두 신이(神異)한 현상으로 내용을 그대로 수용할 수 없는 것들이다.『삼국유사』에 서술되어 있는 이러한 풍부한 신화 및 설화의 세계는 '신이사관'(神異史觀)으로, 유교의 합리주의 사관에 의해 작성된『삼국사기』가 할 수 없는 한국 고대사의 많은 부분을 메워 줄 수 있음은 사실이다(김병욱 1976: 7). 그러나 이기백(1978: 49)이 지적한 바와 같이 "…그렇다고『삼국유사』에서 제시된 신이사관이 오늘날에 그대로 통용될 수가 없다는 것도 자명한 일이다." 물론 이와 같은 것들을 액면 그대로 받아들일 수는 없지만 역사적인 사실과 부합되는 면도 있다는 것이 고고학적인 자료를 통해서 다소 입증되었다. 그러나 수용할 수 없는 내용이 대부분이라는 점을 연구자들이 잘 인식해야 하겠다. 한 마디로 "설화는 설화로 이해해야 한다는 극히 평범한 사실을…" 역사학자들이 잘 기억하여야 한다(이기백 1978: 49).

어떤 특정한 역사 분야의 연구 관심사와 의문점을 해결함에 있어 사서와 사료의 이용은 필수적이다. 그런데 동일한 사서에 기재되어 있는 사료 중에서 본인의 논지 전개를 위해 유리하고 필요한 부분은 취하고, 불리한 부분은 애써 외면하고 여러 가지 다른 자료를 제시해서 이를 취신하지 않고 논지를 전개해서는 곤란하다 하겠다. 자의적인 해석도 경계해야 할 것이지만 이러한 것이 지나치다 보면 아전인수(我田引水) 격인 역사 연구가 되어 궁극적으로 신빙성과 설득력이 결여되는 것이다.

결국 무왕의 출계에 관해서는『삼국사기』백제본기의 내용과『삼국유사』의 내용이 일치하는 부분을 선택한다면 무왕은 법왕의 아들로서 백제의 왕위를 계승했다고 간주하는 것이 가장 합리적인 해석이다. 이와 관련하여 아래와 같은 견해가 제시된 바 있다.

> …무왕을 법왕과는 아무런 관계가 없는 왕족의 후예로 그 신분을 이해하는 것은 많은 문제점이 있다고 하겠다. 대부분의 기록은 그를 법왕의 아들로 보고 있으며, 백제사의 경우 龍은 왕과 관련하여 상징적으로 언급되고 있기 때문에 무왕을 『삼국사기』의 기록대로 법왕의 아들로 이해하는 것이 보다 설득력이 있는 것으로 생각한다(김수태 1999: 123).

이와 같은 그의 논지는 다른 글에서도 확인되고 있다(예를 들면, 김수태 2000: 23). 그리하여 구태여 서동을 무왕과 동일시하려는 착상에서 이를 억지로 끼워맞추기 위해 『삼국사기』와 『삼국유사』에서 무왕에 관한 일치하는 사료는 취신하지 않고, 설화적이거나 신이한 내용을 부각시켜 이를 다른 식으로 해석하면 오류를 범할 가능성이 높아진다고 생각한다. 여기에 더하여 서동 부(父)의 출신 성분과 그에 따른 모(母)의 출신 성분 등이 백제의 유력한 귀족 가문 출신이었을 것이라고 추정하였다(노중국 2001: 33). 그러나 이러한 추정을 뒷받침할 수 있는 구체적인 사료는 어디에도 없으며 따라서 제시되지도 않았다. 이러한 가정(假定), 추정, 그리고 정황으로 논리를 전개하고 있는 점은 심각히 재고되어야 할 사항이라고 생각한다.

『삼국유사』의 내용 중에서 또 한가지 검토해야 할 사항은 기이편 무왕조의 말미에 있는 주(註)의 내용이다. 이 주에서 일연은 "삼국사에는 이를 법왕(法王)의 아들이라 했는데 여기서는 독녀[과부]의 아들이라 했으니 자세히 알 수 없다"(三國史云 是法王子 而此傳之獨女之子 未詳)라고 말하고 있다. 일연이 여기에서 언급하고 있는 사서는 어떤 것인지 구체적으로 언급하지 않아 알 수 없다. 단지 문맥으로 보아 아마도 일연이 『삼국유사』를 편찬할 때 이용하였던 사료 혹은 역사책이었던 것만은 확실하다. 일연이 지칭하고 있는 삼국사는 『삼국사기』를 의미하는 것으로 짐작된다. 여기에서 일연 본인이 주의 말미에 "미상"(未詳)이라고 말하였다는 점을 의미심장하게 받아들여야 한다고 생각한다. 왜냐하면 "미상"의 단어를 기술한 것은 『삼국사기』와 『삼국유사』에 무왕에 관한 내용에 차이가 있으며 결국 일연 본인의 관점에 자신이 없다는 것을 인지하고 있음직하기 때문이다.

이러한 사정을 모두 감안한다면 백제의 무왕에 관한 여러가지 내용은 『삼국유사』보다는 오히려 정사인 『삼국사기』가 더 정확한 것으로 수용되어야 하지 않을까 사료된다. 『삼국사기』의 사료적 가치성에 대하여 많은 논란이 있어 오고 있기는 하지만 적어도 이 시기의 백제본기의 내용이나 신라본기의 내용은 역사학계에서 큰 무리 없이 수용되고 있다는 점을 상기할 필요가 있겠다.

중국의 사서인 『북사』(北史) 권 94, 열전 제 82 백제조에 "여창이 돌아가니 아들 여장이 즉위하였다"(餘昌死 子餘璋立)는 기록이 있다. 여창(餘昌)은 위덕왕이고 무왕[璋]은 위덕왕의 손자인 법왕의 아들이므로 위덕왕의 증손자이다. 그런데 『북사』에서 무왕이 여창의 아들이라 하였으니 잘못이다. 한편, 『수서』(隋書) 권 81, 열전 제 46 백제조에는 "창이 돌아가니 아들 여선이 즉위하고 [여선이] 돌아가니 아들 여장이 즉위하였다"(昌死, 子餘宣立, 死, 子餘璋立)고 기록되어 있어 宣[법왕]을 창(昌)왕의 아들이라 하여 위덕왕을 이어 즉위한 혜왕(惠王)이 누락되어 있다. 중국의 정사에서 이러한 오류가 발생되었다는 것은 정사조차도 완전히 신봉하기는 힘들며 이용에 주의하여야 한다는 점을 보여주는 것이다. 하지만 위에서 보는 바와 같이 『수서』에는 여선(餘宣, 법왕)이 돌아가니 아들 여장(餘璋, 무왕)이 왕위에 올랐다는 기록이 있다. 중요한 것은 이 기록에서 무왕은 법왕의 아들이라고 되어 있다는 사실이다. 이러한 것을 통해 보면 무왕의 출계가 적어도 서동과는 관련이 없다는 것을 알 수 있다.

이러한 사정과 관련하여 4세기 이후 백제의 왕위계승 방식을 일견하면서 무왕의 출계에 관하여 좀 더 검토해 보기로 하겠다. 백제의 왕위계승에 있어서 형제상속에서 부자상속으로 바뀌게 된 것은 대체로 근초고왕(346~375) 때부터라고 간주한다(이기백 · 이기동 1984: 140). 백제의 16대 진사왕(辰斯王)이 침류왕의 아들이 아닌 동생이어서 왕위계승이 형제상속이기 때문에 개별 연구자가 해석하기에 따라 백제에서 왕위계승이 부자상속으로 고착되는 시기가 근초고왕 대보다 약간 더 늦을 가능성도 배제할 수 없다. 예를 들어, 이기백(1959: 44)은 근초고왕에서 아신왕까지 이르는 시기를 형제상속에서 부자상속으로 넘어가는 과도기로 간주하였다. 그러나 동성왕에서부터 의자왕까지 이르는 시기는 모두 왕위계승이 부자상속으로 이어진다(이기백 1959: 45). 이것은 『삼국유사』의 왕력편에도 잘 나타나 있다. 그런데 『삼국유사』 권 2, 기이 2의 무왕조에 보이는 것처럼, 무왕 대에 와서 갑자기 법왕의 동생도 아니고 법왕의 아들은 더더욱 아닌 미천한 신분의 서동이 능력이 출중하여 인심을 얻어서 왕위에 올랐다는 것은 신빙성도 없고 설득력도 없으며 역사적 상황과도 맞지 않는다. 노중국(1986: 8~9, 192~197, 1998: 71, 1999: 17, 2001: 33)과 박민경(2000: 574~575)은 서동이 아마 몰락 왕족일 가능성이 있고 백제 귀족들의 정치적 음모를 피하여 신분을 감춘 채 마를 캐서 먹고살며 숨어 지내다가 궁극적으로는 무왕으로 즉위하였을 것으로 해석하고 있다. 김수태(1999: 131)도 대체로 이 견해를 수용하고 있다. 하지만 무왕의 이러한 전반적인 정치적 반전(反轉) 상황을 방증할 수 있는 객관적이고 직접적인 자료는 없으며 따라서 제시되지 않았다. 비록 사료가 제시되었다고 하더라도 상황적이고 주변적인 것에 지나지 않으며 해석에 있어서도 자의적이라고 밖에 볼 수 없다.

그리하여 필자는 『삼국사기』 백제본기의 기록과 또 『삼국유사』 권 3의 흥법편 법왕 금살(法王 禁殺)조에 있는 내용을 참고하여 무왕의 출계는 법왕(法王)의 아들로 간주한다. 그러므로 서동요에 등장하는 서동과 백제의 무왕(武王)은 동일 인물이 될 수 없다고 생각한다. 결국 서동요에 나오는 것은 단지 설화에 지나지 않는다고 본다.

5. 백제와 신라의 적대적 관계 검토 : 무왕 대 진평왕

위에서 설명한 바와 같이 『삼국유사』에 실려 있는 서동요의 내용이 역사적 현실성이 없고 다분히 설화적이라는 것을 쉽게 알 수 있다. 그러므로 서동요의 설화적인 내용을 확대 해석 내지는 자의적인 해석을 통해 논지를 전개시키기보다는 일단 객관적인 자료를 면밀하게 검토하고 이를 적절하게 비판하는 작업이 선행되어야 한다고 생각된다. 이 장에서는 『삼국사기』에 기록되어 있는 백제와 신라간의 전쟁 기사를 검토해 보기로 하겠다. 양국간의 전쟁 기사를 정리·분석하여, 백제의 무왕이 신라와 평화 관계를 도모하기 위해 신라 진평왕의 셋째 딸 선화공주와 실제로 결혼을 하였던 것인가, 아니면 서동요의 내용은 단지 설화였을 뿐이었는가를 고찰하여 보기로 하겠다.

먼저 『삼국사기』의 백제본기나 신라본기에 백제의 무왕과 신라 진평왕의 딸 선화공주의 결혼과 관련된 기사가 전혀 없다는 점이 지적되어야 할 것이다. 『삼국유사』에는 이 혼사가 언급되어 있으나 설화적인 내용과 함께 기록되어 있어 액면 그대로 수용하기 어렵다. 그러므로 이 혼사는 역사적인 사실이 아닐 가능성이 지극히 높다. 이미 위에서 삼국간의 역사적 배경에 관해서 그리고 구체적으로 신라와 백제 사이의 전쟁 기사를 검토하여 이 혼사에 대한 부정적인 견해를 제시하였다. 여기서 무왕과 진평왕 대에 백제와 신라 사이에 발생하였던 전쟁 기사를 좀 더 구체적으로 검토하여 양국 간에 결혼이 성사되지 않았을 것이라는 점을 살펴보기로 하겠다.

위에서도 언급하였듯이 신라와 백제는 진평왕과 무왕 대에 특히 많은 전쟁을 수행하였다. 백제의 무왕이 성왕, 위덕왕, 혜왕, 그리고 법왕과 직접적인 혈연관계가 없다면 과거 백제 왕실, 혹은 백제가 신라에 당한 수모에 크게 상관하지 않을 수도 있다. 그러나 무왕 대에 백제의 그 어느 왕보다도 신라와 전쟁을 자주, 그리고 많이 수행하였다는 것을 보면 '무왕과 선화공주의 혼사'와 같은 해석은 수용하기가 용이하지 않다는 것을 알 수 있다. 이 당시 백제가 신라를, 그리고 신라가 백제를 상대로 수행하였던 전쟁을 『삼국사기』

백제본기와 신라본기를 통해 알아보기로 하겠다.

[백제본기] 무왕 12년(611) 겨울 10월, 신라의 가잠성을 포위하여 성주 찬덕을 죽이고 그 성을 없앴다.
[신라본기] 진평왕 33년(611) 겨울 10월, 백제의 군사가 들어와 가잠성을 포위하여 백 일을 나니 현령 찬덕이 굳게 지키다가 힘이 다하여 죽고 성도 함락되었다.

[백제본기] 무왕 17년(611) 겨울 10월, 달솔 백기를 시켜 군사 8천 명을 거느리고 신라의 모산성을 공격하였다.
[신라본기] 진평왕 38년(616) 겨울 10월, 백제 군사가 들어와 모산성을 공격하였다.

[백제본기] 무왕 19년(618) 신라 장군 변품 등이 와 가잠성을 공격하여 도로 찾아갔다.
[신라본기] 진평왕 40년(618) 북한산주 군주 변품이 가잠성을 회복할 계획으로 군사를 일으켜 백제와 싸우는데 해론이 종군하여 적의 진영에 달려가 힘껏 싸우다 죽었다.

[백제본기] 무왕 24년(623) 가을, 군사를 보내어 신라 늑로현을 침범하였다.
[신라본기] 진평왕 45년(623) 백제가 늑로현을 습격하였다.

[백제본기] 무왕 25년(624) 겨울 10월, 신라의 속함 · 앵잠 · 기잠 · 봉잠 · 기현 · 용책(宂柵) 등 6개 성을 빼앗았다.
[신라본기] 진평왕 46년(624) 겨울 10월, 백제병이 들어와 우리의 속함 · 앵잠 · 기잠 · 봉잠 · 기현 · 혈책(穴柵) 등 6성을 포위하여 3성은

혹은 항복하고 혹은 함락되고 급찬 눌최는 봉잠·앵잠·기현 3성의 군사를 합쳐 굳게 지키다가 감당 못하고 전사하였다.

[백제본기] 무왕 27년(626) 가을 8월, 군사를 보내어 신라 왕재성(王在城)을 공격하여 성주 동소를 잡아 죽였다.
[신라본기] 진평왕 48년(626) 가을 8월, 백제가 주재성(主在城)을 공격하니 성주 동소가 항거하여 싸우다 죽었다.

[백제본기] 무왕 28년(627) 가을 7월, 왕은 장군 사걸을 시켜 신라 서변의 두 성을 빼앗고 남녀 3백 명을 사로잡았다. 왕이 신라가 빼앗아 간 지역을 회복코자하여 크게 군사를 일으켜 웅진에 나와 주둔하니 신라왕이 듣고 사신을 보내어 급박한 사정을 당에 알렸다.
[신라본기] 진평왕 49년(627) 가을 7월, 백제의 장군 사걸이 서변의 두 성을 빼앗고 남녀 3백명을 사로잡아 갔다.

[백제본기] 무왕 29년(628) 봄 2월, 군사를 보내어 신라의 가잠성을 쳐 이기지 못하고 돌아왔다.
[신라본기] 진평왕 50년(628) 봄 2월, 백제가 가잠성을 포위하니 왕은 군사를 내어 쳐부쉈다.

[백제본기] 무왕 33년(632) 가을 7월, 군사를 일으켜 신라를 쳤으나 이롭지 못하였다.
[신라본기] 해당 기록 없음.

[백제본기] 무왕 34년(633) 가을 8월, 장병을 보내어 신라 서곡성을 공격하여 13일 만에 빼앗았다.
[신라본기] 선덕왕 2년(633) 8월, 백제가 서변을 침범하였다.

[백제본기] 무왕 37년(636) 여름 5월, 왕은 장군 우소를 시켜 무장병 5백 명을 거느리고 가서 신라 독산성을 습격케 하였다. 우소가 옥문곡에 당도하여 날이 저물기로 말안장을 풀고 군사를 휴식시키던 바 신라 장군 알천이 군사를 거느리고 뜻밖에 들이치니 우소가 큰 바위 위에 올라 활을 당겨 항전하다가 화살이 다 되어 적에게 사로잡히고 말았다.

[신라본기] 선덕왕 5년(636) 여름 5월, 백제장군 우소가 독산성을 습격하려고 군사 5백명을 거느리고 와 그곳에 잠복하였으므로 알천이 들이쳐 다 잡아 베었다.

위의 기록에서 먼저 백제 무왕이 즉위하기 이전에 성왕이 신라의 군사에 의해 이미 살해되어 양국 간의 반감은 아주 높았다는 것을 알 수 있다. 또 백제와 신라의 첨예한 관계를 『삼국사기』에 보이는 양국 간에 발생하였던 빈번한 전쟁 기사 내용을 통해서 잘 알 수 있다. 위의 전쟁 기사들을 백제의 다른 왕들이 재위하고 있는 동안에 수행되었던 것들과 비교해 보기 위하여 『삼국사기』 백제본기에 있는 왕별 전체 전쟁 수와 신라와의 전쟁 회수를 정리하여 보았다(표 1). 위에서 제시한 사료와 아래의 표에서 볼 수 있듯이 무왕이 재위하고 있는 동안에 백제는 그 어느 왕 때보다 신라와 많은 전쟁을 수행하였다. 무왕이 재위하고 있는 40년 동안에 전쟁을 13번 수행하여 거의 3년 만에 한 번씩 수행하였는데, 상대가 모두 신라라는 점에 주목해야 한다. 무왕은 영토 확장에 상당한 관심을 가지고 있었으며 백제의 부흥을 시도하였다(김주성 2001b: 217~218). 특히 신라에 탈취당한 한강 유역의 수복(收復)을 노리고 있었는데 이것이 현실적으로 나타난 것이 위의 기사 중 무왕 28년(627)에 보이는 것이다. 이러한 상황을 종합적으로 검토할 때 무왕이 재위하고 있는 동안 백제와 신라와의 관계가 그만큼 적대적이었다는 것을 알 수 있다.

또 이러한 양국 간의 불편한 관계를 짐작 할 수 있는 것은 당 태종(唐太宗)이 백제에 내린 조서의 내용을 통해서도 잘 알 수 있다. 그 내용이 『삼국사기』

표 1. 백제의 왕 별 전쟁 수행 회수

왕명	재위 기간	전체 전쟁 수	신라와의 전쟁 수	비고
동성왕	479~501	4	0	고구려 2, 말갈 1, 위 1
무령왕	501~523	6	0	고구려 3, 말갈 3
성왕	523~554	8	2	고구려 6
위덕왕	554~598	4	2	고구려 2
무왕	600~641	13	13	
의자왕	641~660	12	11	당 1
합계		47	28	고구려 13

백제본기에 실려 있는 바 아래와 같다.

627년 무왕 28년 가을 8월, 왕의 조카 복신을 당에 보내어 조공하니 당 태종은 우리가 신라와 더불어 세수(世讎)가 되어 자주 서로 치고 싸우고 한다면서 왕에게 조서를 내려 이르기를 「…신라왕 김진평(金眞平)은 나의 번신이요 왕의 이웃 나라인데 매양 듣건대 군사를 보내어 쉬지 않고 싸운다니 병역만 믿고 잔인성을 자행하는 것이라 자못 나의 소망에 어그러진다…왕은 아무쪼록 전일의 원혐을 잊고 나의 본 뜻을 인식하여 함께 이웃 정의에 독실하고 곧 싸움을 정지토록 할지어다」 …왕은 이에 사신을 보내어 표를 올려 감사를 아뢰고 비록 겉으로는 명열에 순종한다고 일컬으나 속으로는 서로의 원혐이 예와 같았다[『삼국사기』, 백제본기].

그런데 『삼국유사』 권 2, 기이 2, 무왕조에는 "공주는 편지를 써서 금과 함께 사자사 앞에 갖다 놓으니, 법사는 신통한 도의 힘으로 하룻밤 사이에 신라 궁중으로 보내어 두었다. 진평왕은 그 신비로운 변화를 이상히 여겨 더욱 [서동을] 존경해서 늘 편지를 보내어 안부를 물었다"라고 되어 있다. 이러한 『삼국유사』의 기사를 역사적인 사실로 수용하기에는 신라와 백제의 사이가 너무나 적대적이었고 또 벌어져 있었다.

또 내용 중에 백제의 무왕이 미륵사를 창건하는 데 신라 진평왕이 백공(百工)을 보내어 역사(役事)를 도와주었다[眞平王遣百工助之]는 부분이 있다. 이 대목을 해석하는 데 있어서도 노중국(1999: 16~17, 2000: 144~145)은 무왕이 미륵사를 창건하는 데 필요한 기술자들을 확보하는 두 가지 방법 중의 하나로 신라에서 사찰 건립 관련 기술자들을 보내서 일을 도와주게 하고 백제의 선진 토목·건축 기술을 습득하게 했을 것으로 추정하고 있다. 다른 한편 신라가 황룡사의 9층탑을 건립함에 있어 백제에 사신을 보내어 공장(工匠)을 보내 줄 것을 요청하여 백제가 아비지(阿非知)를 보냈다고 되어 있다. 이러한 상황을 신라가 백제의 군사적 압박을 완화시켜 보려는 외교적 의도로 해석하고 있다(노중국 2000: 146~148). 백제가 장인(匠人) 아비지를 신라로 보낸 것은 좀 더 검토해보아야 할 문제이다. 그러나 백제와 신라 간에 국가의 존망이 걸린 전투가 치열하게 벌어지고 있는 극한상황에서 백제의 무왕이 신라에 엄청난 양의 금을 보냈다거나 다른 한편으로 신라가 백제로 공인(工人)들을 보내어 미륵사 건축을 도왔다는 것이 과연 가능하였을 것인가에 대하여 깊은 회의가 든다.

노중국(1999, 2000: 33)은 그의 논문에서 논지 전개를 위해 『삼국유사』 무왕 관련 기사 내용 중 마땅히 설화로 간주하여야 할 부분 거의 전부를 전적으로 역사적인 사실인 것으로 수용하고 있다. 특히 백제의 무왕과 서동요 및 신라의 대외정세 등등이 그것들이다. 이러한 결과 노중국은 신라가 나제동맹관계를 무시하고 백제가 선점한 한강 유역을 차지한 것과 성왕의 관산성 전투 패배의 내용(1998: 71), 성왕이 한강 유역을 빼앗겼음에도 불구하고 바로 왕녀를 진흥왕의 소비로 보낸 것(1986: 4~5), 백제본기 혜왕 조에 성왕을 명(明)왕으로 표기하고 있는 점(1986: 5), 무왕이 풍의영위(風儀英偉)하고 지기호걸(志氣豪傑)한 것(1999: 17) 등의 내용은 『삼국사기』의 내용을 그대로 수용하고 있는 것으로 이해된다.

그렇다면 『삼국사기』의 내용 중에 무왕에 관한 몇 가지 중요한 기사도 역사적인 사실로서 수용해야 함에도 불구하고 그런 부분은 그의 논문에서 거의 채택되지 않고 있다는 점은 재고해야 할 여지가 많다고 생각된다. 구체적인 예를 들자면 위에서 서술하였던 무왕의 출계에 관한 『삼국사기』 백제본기의 기록을 사료로 제시하기는 하였지만(노중국 1986: 6) 이에 대한 구체적인 설명 없이 『삼국유사』의 내용을 그대로 취신하는 것을 알 수 있다. 이러한 관점은 박민경(2000: 574)에 의해서도 거의 그대로 수용되고 있는 것을 볼 수 있다. 그런데 정사인 『삼국사기』 백제본기에는 무왕의 서동요 내용과 관련된 기사는 그 편린조차 보이지 않고 있다는 점이나 무왕 대에 수행되었던 신라와의 전쟁 내용은 노중국의 논문에서 전혀 부각되지 않고 있다. 결과적으로 『삼국사기』 백제본기 무왕 조에 관한 한 『삼국사기』를 전적으로 외면하게 되어버린 결과를 초래한 것이다.

이것은 어쩌면 『삼국유사』 무왕조의 내용을 역사적인 사실로 수용하기 위하여 다소 자의적인 해석을 하고 있는 것은 아닐까 하는 생각이 들기도 한다. 대부분의 역사가가 그러하듯이 필자도 일단 정사가 야사보다는 신빙성이 더 높다고 생각한다. 그것이 아니라면 『삼국사기』와 『삼국유사』 기사 내용의 신빙성에 대하여 적어도 똑같은 비중을 두어야 한다고 본다. 그럴 경우 『삼국사기』 백제본기에 등장하는 무왕에 관한 기사나 무왕 대에 백제와 신라 간에 발생하였던 치열한 전투, 그에 수반되는 백제와 신라의 적대적인 정치·군사적 관계를 전혀 도외시할 수 없다고 본다. 그러므로 『삼국유사』에 기재되어 있는 무왕 관련 기사라도 일관성과 객관성의 측면을 주도면밀하게 검토·분석하여야 좀 더 설득력이 있지 않을까 생각된다.

6. 맺음말

이상에서 『삼국유사』에 서술되어 있는 백제 무왕에 관한 기사를 중심으로 서동과 백제 무왕과의 관계를 고찰하여 보았다. 그 결과 백제의 무왕이 과부 출신의 아들 서동과 동일 인물이 될 수 없다는 결론을 도출하게 되었다. 아울러

『삼국사기』에 서술되어 있는 백제와 신라 간에 벌어진 전쟁 기사를 검토하고 또 한국사에서 일반적으로 수용되고 있는 고구려, 백제, 신라의 정치·사회적 변동을 시기별로 일별하여 보았다. 그 결과 백제의 무왕과 신라의 진평왕 대에 양 왕실 간의 혼인의 성사, 백제가 신라로 금을 보내는 것, 미륵사를 창건하는 데 필요한 장인을 보내는 것 등은 역사적인 사실로 수용할 수 없다는 견해를 제시하였다.

부수적인 것으로 사료 비판의 측면에서 『삼국유사』의 서동요 내용은 역사적인 사실로 수용하기에는 무리가 있는 설화 내용으로 점철되어 있다는 것을 유념하여야 한다는 점을 지적하였다. 『삼국유사』와 『삼국사기』의 사료를 취사 선택함에 있어서 필자의 생각은 일반적으로 『삼국사기』가 『삼국유사』보다는 더 신빙성이 있다고 생각한다. 이러한 필자의 견해에 반론을 제기한다면 양 사서를 적어도 동등하게라도 다루어야 한다고 생각한다. 무슨 이유인지는 정확하게 파악할 수 없지만 일부 연구자들이 『삼국유사』에 등재되어 있는 서동요의 설화 내용을 역사적인 사실인 것으로 규명하려고 하다 보니 합목적적인, 혹은 자의적인 해석과 그에 따른 논지 전개가 이루어진 측면이 있지 않은가 생각된다. 또 상대적으로 『삼국사기』의 기사가 의식적·무의식적으로 소외된 감이 있다. 차후 서동(요)과 이와 관련하여 백제 무왕의 연구에 있어서 이 점이 보완된다면 연구의 결과가 상당 부분 달라질 수 있을 것으로 기대된다. 아울러 미륵사 서탑지에서 출토된 사리봉안기의 내용을 문헌사료와 연계시켜서 신중히 검토하여야 할 것으로 판단된다.

IV. 신라 왕경의 인구 수에 관한 역사 및 고고학적 고찰

1. 머리말
2. 왕경 인구 수 추정과 관련된 변수
3. 왕경의 개념과 공간적 범위
4. 왕경의 방에 대한 역사적 고찰
5. 왕경의 방에 대한 고고학적 고찰

1. 머리말

신라 왕경의 인구 수에 관해서는 일일이 열거할 수 없을 정도로 많은 수의 논문이 발표되었다. 기왕에 발표된 논저들의 주요 요지는 『삼국사기』에 보이는 신라 왕경의 공간적 범위를 왕경 복원의 측면에서 고찰함과 동시에 『삼국유사』에 나오는 경중(京中)의 호(戶) 및 방(坊)의 수와 그에 상응하는 인구 수를 추정하는 것이었다. 신라 왕경 복원과 관련된 일반적인 측면은 물론이고 구체적으로 인구 수에 대한 관심은 역사, 지리, 고고학, 환경, 조경, 건축, 인구학 등 각 학문분야에서 다양하게 이루어져 오고 있는 실정이다(김병모 1984; 민덕식 1986, 1987, 1989a, 1989b, 박방룡 1997, 2001; 우성훈 1996; 윤무병 1987; 이기동 1984; 이기봉 2002, 2003, 2007; 이은석 2004; 장순용 1976). 그러나 어느 학문 연구 주제와 마찬가지로 신라 왕경의 인구 수에 관해서도 여러 가지 다른 학설과 견해가 도출되어 있으며 관련 학계의 지속적인 논의의 대상이 되고 있다.

본고의 연구 목적은 신라 왕경에 거주하였던 인구 수에 관하여 역사 및 고고학 자료를 토대로 고찰하여 보는 데 있다. 그간에 신라 왕경의 인구 수에 관해서 많은 연구 결과가 집적되어 있어서 다소 진부할 수도 있는 주제이기도 하다. 그러나 신라 왕경의 대략적인 인구 수에 대해서 아직도 명쾌하게 결론이 내려진 것이 아닌 것은 물론이고 과거에 논의되었던 사항과 견해들이 여전히 반복되어 논의되고 있다. 가령 예를 들자면 『삼국유사』에 기재되어 있는 178,936 호는 가호(家戶) 수라기 보다는 인구 수로 간주하는 경향이 높지만(국립경주문화재연구소 2002; 민덕식 1986: 84; 이은석 2004: 18, 李恩碩 2006: 84; 전덕재 2005a: 120, 130), 최근 신라 왕경을 광범위하게 설정하면서 이를 호수로 보고 신라 왕경의 인구가 80~100만 정도에 이르렀을 것에 대한 견해를 피력한 논저가 출간되었다(김교년 2003: 11~27; 이기봉 2007: 23~71). 또 실제로 많은 사람들이 신라 왕경에 그 정도의 인구가 거주하였을 것으로 생각하고 있는 것도 사실이다.

이러한 주장이 신빙성이 있고 없고는 차치하더라도 이러한 견해의 제시는 신라 왕경의 인구 수에 대한 논의가 학계의 지속적인 관심의 대상이라는 것을 여실히 보여주는 것이라고 할 수 있다. 그런 의미에서 한 가지 학문 주제에 있어서 '그것은 이미 연구가 끝났다'는 생각은 있을 수가 없고 있어서도 안 된다. 왜냐하면 현재를 연구하는 학문 분야는 물론이고 특히 과거를 연구하는 학문 분야일수록 새로운 자료가 발굴될 가능성도 있고 다른 시각에서 접근하게 되면 또 다른 견해나 해석이 도출될 가능성이 높기 때문이다.

본고에서는 현금까지의 신라 왕경 인구에 대한 연구 성과와 경주의 지리적인 입지와 제반 역사적인 상황 등을 고려할 때 『삼국유사』에 기재되어 있는 178,936 호는 액면 그대로의 가호라기보다는 인구 수로 보는 것이 타당할 것이라는 데에 주안점을 두고 문헌 자료 및 근래까지 경주에서 발굴 조사된 유적을 토대로 연구를 전개하도록 하겠다.

2. 왕경 인구 수 추정과 관련된 변수

고고학, 인류학 그리고 역사학 연구에 있어서 인구(population)는 오래 전부터 아주 중요한 변수로 인식되고 있어 각 분야 학문 연구의 출발점이라고 해도 과언이 아니다. 인구 증가 혹은 인구압(population pressure)은 한정된 지역에서의 인구 수용 능력(carrying capacity)과 관련하여 식량자원의 고갈에 따른 전쟁과 지배·피지배 관계의 성립 등과 맞물려 있다. 그리하여 선사 및 고대 인류의 정치·사회 발전에 있어서 인구 수의 증감이 결정적인 역할을 담당하였다고 믿는 학자들이 많다. 한국의 선사, 원사 및 고대사도 이러한 주제와 밀접하게 관련되어 있고 신라도 예외일 수가 없다(강봉원 2003b: 301~324).

한 정치조직체의 인구 수는 인구 수 그 자체를 넘어서 정치·사회 발전을 연구하는데 아주 중요한 변수인 것은 재언을 요하지 않는다. 인구 수만으로 한 조직체의 정치 발전 단계를 판단하는 것은 아니라는 것을 염두에 두어야 하지만 대략의 인구 수는 한 정치 조직체의 정치적인 발전 단계를 판단하는 준거들 중의 하나로 간주된다. 예를 들면 씨족사회-100명 미만, 부족사회-수천~5천, 족장사회-5천~20,000+, 왕국 혹은 국가단계-일반적으로 20,000 이상 등으로 분류하기 때문에 고고학이나 인류학에서 아주 중요하게 다루어지고 있다(Fagan 1992: 61; Renfrew and Bahn 2000: 175).

신라 왕경의 인구 수에 대해서는 현금까지 다양한 견해가 제시되어 있지만 크게 두 가지로 볼 수 있다. 첫째, 『삼국유사』에 등장하는 기록(즉, 178,936戶)을 액면 그대로 수용하여 인구 수를 가호 당 5명으로 잡아 거의 90만 정도로 상정하고 이를 그대로 받아들이는 것이다. 둘째, 『삼국유사』에 기록되어 있는 가호 수를 이 사서의 찬자(撰者) 일연(一然)의 오류로 보고 그 수를 인구 수로 보는 것이 합리적이라는 것이다. 특히, 경주는 절대 면적이 비교적 좁기 때문에 『삼국유사』에 기록되어 있는 그 많은 가호(家戶)를 수용하고 또 부수적으로 그렇게 많은 사람들이 실질적으로 거주하였다는 것은 불가능하다는 것이다.

실제로 두 번째의 견해는 한국사학계에 이미 오래 전에 개진된 바 있다. 예를 들면, 이병도·김재원(1959: 702)은 "「京中十七萬八千九百三十六戶」는 고대도시의 호수로는 너무나 지나친 감이 있다. 이 수자를 가지고 매호 평균 5구(口)로 계산한다 하더라도 인구가 도합 八十九萬四千六百八十人에 달하니, 그 시대의 경도가 그러한 戶·口수를 가졌으리라고는 믿어지지 아니한다"라고 서술하였다. 또 이병도(1975a: 460, 주 2)는 "辰韓條에는 一千三百六十坊으로 되어 있는데, 數字는 三百六十이 옳은듯하나, 坊은 里(洞)고 그 밑의 戶도 口(人口)로 改看하여야 할 것이다"라고 피력한 바 있다. 이 견해는 한국의 사학계, 고고학계 및 건축학계 등에서 일반적으로 수용되어 오고 있는 실정이다(민덕식 1987: 82, 1989a: 50~51; 박방룡 1997: 223; 오영훈 1992: 32; 이기동 1984: 144; 이종욱 1982: 30; 전덕재 2005a: 120, 130).

그러나 학계의 일부에서는 『삼국유사』의 기록을 액면 그대로 수용하여 기록에 보이는 호수를 그대로 인정하고 인구도 그에 상응하는 것으로 보고자 하는 견해가 지속적으로 제기되고 있는 실정이다(김교년 2003: 27; 이기봉 2003: 89~104, 2007: 23~71). 필자도 인구 문제와 관련된 글에서 이와 같은 견해를 간단히 밝힌 바 있으나(강봉원 2003b: 301~324), 신라 왕경의 인구 수에 관하여 깊이 천착한 것이 아니었기 때문에 이 글에서 좀 더 면밀하게 고찰하여 보고자 한다. 필자는 위에서 언급한 바와 같이 『삼국유사』에 보이는 이 수를 가호 수로는 간주할 수 없고 인구 수로 보아야 한다는 설을 지지하고 있다는 것을 결론적으로 밝혀 두고 논지를 전개하고자 한다.

신라 왕경의 인구 수를 검토하기 위해서는 선학들이 실시한 바와 같이 여러가지 변수들을 동시에 고려하여야 한다. 그 변수들은 대체로 왕경 혹은 왕도의 개념과 더불어 그 공간적 범위, 방(坊)의 크기와 수, 방안 내의 도로 수 및 도로 폭, 각 방 안에 위치하고 있었던 가호의 평균 면적, 평균 가호(家戶) 수, 호당 평균 인구 수, 그리고 부수적으로 왕경을 조영함에 있어서 사용되었던 척도(尺度) 등이다. 신라 왕경 연구에 있어서 이들 변수 하나하나가 모두 중요하고 검토의 대상인 것이 사실이다. 그러나 인구 수를 추정하기 위해서 이 중에서 가장 중요한 것은 아무래도 신라 왕경의 공간적 범위, 즉 왕경의 절대 면적일 것이다. 좀 더 구체적으로 말해서 '통일신라시대의 정치적인 중심지로서 신라의 수도(首都)의 범위를 어떻게 설정하는가'라고 생각된다. 왜냐하면 대략적인 왕경의 범위에 대한 윤곽을 잡게 되면 나머지 변수들은 부수적이거나 기술적인 것에 지나지 않기 때문이다. 아래에서 이들 변수들을 하나씩 검토하여 보면서 논리를 전개하기로 하겠다.

3. 왕경의 개념과 공간적 범위

신라 왕경의 개념과 범위는 왕경의 인구 수를 추정하고 계산하는 데 가장 중요한 변수이다. 신라의 수도를 일반적으로 왕경이라고 부르고 있기는 하지만 학계에서 견해의 일치를 보지 못한 부분도 있다. 우선 『삼국사기』와 『삼국유사』에 신라의 수도를 지칭하는 용어가 경성(京城), 경도(京都), 경사(京師), 경중(京中), 성중(城中), 왕경(王京), 왕도(王都), 왕성(王城), 그리고 도성(都城)

등으로 나타나 있는 바(김호상 2001: 141~143), 이들이 일반적으로 한 나라의 수도 및 그 내부를 지칭하는 것으로 보아 별 문제가 없다(전덕재 2007: 27).

그러나 신라의 경우 왕경(王京)과 왕도(王都)의 개념에 관한 한 학자들 간에 이견(異見)이 분분한 실정이다. 사실 이 문제는 신라 왕경의 인구 수를 추정하는 데 중요한 부분이다. 즉, 왕경이나 왕도의 범위를 어떻게 간주하는가에 따라서 공간적 범위가 결정될 터이고 그에 따른 인구 수가 결정될 것이기 때문이다. 예를 들어 왕경을 광범위하게 책정하여, 가령 현재 통합 경주시 전체로 간주하고(이기봉 2007: 41~42) 왕도를 왕경 내에 있는 것, 즉 경주 시내로 간주하고 왕경의 인구를 계산한다면 문제는 달라진다.

실제로 이기봉(2007: 42~43)은 왕경과 왕도를 분리해서 간주하여 왕경을 광범위하게 보고 왕도는 왕경 안에 포함되어 있는 것으로 보았다. 그는 『삼국유사』에 보이는 '新羅全盛之時 京中'에서 '경'(京)은 왕도를 가르키는 것이 아니라 왕경을 가리킨다고 주장한다(이기봉 2007: 42~43). 아울러 이 기록 중에 "…'왕도'란 용어가 언급되어 있지 않으므로 17만 8,936호나 1,360방은 왕도와 6부에 있었다고 보면 되는 것이다"라고 서술하고 있다(이기봉 2007: 42~43). 특히 그는 왕경(王京)을 현재 통합된 경주시 전체로 크게 보고 왕도는 그 왕경 안, 즉 현재 경주시의 중심가로 분리해서 보고 논리를 전개하여 방의 수 및 인구 수를 추정하였다. 결과적으로 경주 왕경의 호구 수는 『삼국유사』에 보이는 것처럼 178,936호로 보고 인구 수도 거기에 상응하는 것으로 간주하고 있다.

아래에서 설명하듯이 이 설은 『삼국유사』에 등장하는 기사를 자의적으로 해석한 결과가 아닌가 생각된다. 특히 동서(同書)의 진한조에 나오는 '경중'(京中)이나 염불사 조(念佛師 條)에 나오는 '성중'(城中)은 전후관계를 보면 그 용어가 '왕경' 혹은 '왕도' 중에서 무엇을 의미하는가에 관계없이 그야말로 신라의 수도 내(內)를 가리키는 것이다. 사료의 전후관계를 생각해보면 그 각각의 용어가 광범위한 공간 개념은 결코 아니라는 것을 쉽게 알 수 있다(아래에서 사료 1과 2를 참조할 것). 비록 신라 왕경의 공간적 범위를 현재의 통합 경주시로 광범위하게 간주한다고 하더라도 당시 그 안에 80~90만의 인구가 거주하였을 가능성은 지극히 희박하였으리라고 생각한다.

반면, 김용성(2006: 11)은 이와는 달리 신라의 수도 개념을 왕기-왕도-왕경-왕궁으로 간주하여 왕경이 왕도 안에 포함되어 있는 모식도를 제기하기도 하였다. 여기에서 왕기와 왕궁은 문제가 되지 않으나 왕도를 광역의 경주로, 그리고 왕경을 경주 시내로 설정하고 있는 것을 알 수 있다. 그러나 이 차이는 왕경 내의 인구 수를 추정하는 데는 별 문제가 없다. 전덕재(2007: 25~60)는 왕경과 왕도의 성격에 대하여 심도있게 천착하여 "통일[신라]기에 왕경과 왕도는 동일한 개념"이라고 주장한 바, 필자도 이에 공감한다. 아울러 전덕재(2007: 25~60)는 "실제로『삼국사기』지리지에 왕도, 즉 왕경의 동서 길이와 남북 길이가 각각 5.5km 내외였다고 전하는데, 신라의 왕궁이 위치한 월성을 중심으로 왕경의 범위를 계산하면 현재의 경주 시내 범위와 비슷하다"라고 함으로써 우선 왕도와 왕경을 동일한 개념으로 인식하고 있다는 것을 알 수 있겠다. 이 점에 대해서는 김호상(2001: 155)도 "삼국시대에 가장 일반적으로 사용된 왕경의 명칭이 경도와 왕도였음이 확인"된다는 견해를 피력한 바 있다. 또 그 범위도 대략 동서와 남북을 각각 5.5km로 공간적 범위를 정하고 있다. 필자도 전덕재와 김호상의 위와 동일한 견해를 가지고 있음을 밝혀둔다.

왕경의 인구 수를 추정하기 위해서는 '왕도'와 '왕경' 혹은 '경성'과 '경중' 등과 관련된 역사적 의미 혹은 어의의 차이 등을 엄밀하게 논하는 것도 중요한 연구 과제라고 생각된다. 또 위에서 언급한 바와 같이『삼국사기』와 『삼국유사』에 왕경에 대하여 약간씩 다르게 표현되어 있는 것에 대하여 천착해 볼 필요가 있는 것은 사실이다. 그러나 대부분의 연구자들은 '왕경'과 '왕도', 그리고 '성중'과 '경중'을 수도의 일반적인 명칭으로 보면서 동일한 의미로 간주하고 신라의 수도로 보고 있다. 본고에서도 그러한 견해를 타당하다고 생각하여 수용하겠다. 아울러 왕경의 공간적 범위도 대략 현금의 경주 시내로 한정하여 그 안에서의 인구 수를 검토하는 것으로 하겠다.

따라서 기왕의 연구 업적 중에서 왕경의 범위(동서/남북의 크기)를 경주 분지를 벗어난 경상북도 일대로 비정하는 견해도 있지만(김철준 1953: 23~47), 이것이 현실적으로 가능하지 않을 것이라는 것은 기왕의 제 연구 결과에 의해 밝혀졌을 것으로 간주된다. 또 왕경의 범위를 현금의 통합 경주시로 간주하기도 하지만(이기봉 2007: 41~43), 필자는 이것도 고고학적인 상황과 맞지 않기 때문에 채택하지 않는다. 이에 대해서는 여러 가지 이유가 있지만 자세한 논의는 이 글의 범위 밖에 해당하는 것이고 단순히 이 글에서는 우선 『삼국유사』에 보이는 '통일신라시대의 전성기'의 경중(京中)에 한정해서 논하기 때문이다. 다만, 왕경의 범위가 경주 분지를 벗어났다는 견해는 역사 및 고고학적으로 수용하기 어렵다는 것만을 밝혀두고 넘어가기로 하겠다. 따라서 이 글에서는 왕경의 범위를 경주 분지 일대로 비정하는 학계의 일반적인 견해를 수용하고자 한다.

 신라 왕경의 공간적 범위를 파악하기 위해서 우선 문헌기록을 토대로 검토하여 보기로 하겠다. 왕경의 범위를 가장 직접적으로 보여주는 자료로서는 아래와 같은 기사가 있다.

> 현금에 살펴보건대 신라 시조 혁거세는 전한 오봉 원년 갑자년에 개국하였다. 왕도의 길이가 3천 75보이고 너비는 3천 18보이며 35리에 6부가 있었다. 국호는 서라벌 혹은 사라 혹은 사로라고 하였다 [『삼국사기』 권 제 34, 잡지 제3 지리 1].

> 今按新羅始祖赫居世 前漢五鳳元年甲子 開國 王都 長 三千七十五步 廣 三千一十八步 三十五里 六部 國號曰徐羅伐 或云斯羅 或云斯盧…[『三國史記』 券 第 三十四, 雜志 第 三 地理 一].

이 사료에서 왕경의 공간적 범위를 직접적으로 나타내 주는 것은 길이[長]와 너비[廣]이겠다. 그런데 여기에서 문제가 되는 것은 통일신라시대에 사용되었던

보(步)의 길이가 미터법으로 환산하였을 때 어떻게 될 것인가이다. 한 가지 더 고려하고 넘어가야 할 것은 『삼국사기』는 고려시대에 편찬된 것인데 통일신라시대와 고려시대의 도량형(度量衡)이 일치할 것인가의 문제이다. 또 사료에서 장(長, 길이), 광(廣, 너비)이 나오지만 이들이 각각 동서(東西, 가로), 남북(南北, 세로)을 의미하는지 잘 알 수 없다. 일반적으로 학계에서 대체로 장(長)을 남북, 광(廣)을 동서로 보는 바(민덕식 1989a; 윤무병 1972: 131; 전덕재 2005a: 103), 필자도 이에 따른다. 따라서 『삼국사기』에 기록되어 있는 장과 광 등을 토대로 신라 왕경의 공간적 범위를 정확하게 산출하기는 용이하지 않다.

그러나 통일신라시대와 고려시대의 도량형은 대체로 일치한다는 연구 결과가 있고(이우태 1984: 7~33) 또 근래까지 경주에서 발굴조사가 실시되어 확인된 도로 유구 분포를 토대로 신라 왕경의 대략적인 공간 범위의 추산은 가능하다. 즉, 발굴조사의 결과에 의하면 경주에서 도로 유구가 남북 6km내외, 동서 5.5km 내로 확인되고 있다(국립경주문화재연구소 2002: 54). 연구자들에 따라서 이보다 좁게 잡아 남북 4.3km, 동서 3.9km로 보는 경우도 있지만(김병모 1984: 123~141), 왕경의 범위를 대략 크게 잡는 것에 큰 무리가 없을 것으로 사료된다. 아울러 기존의 연구 성과도 대체로 이 범위와 대동소이하여 큰 차이를 보이고 있지 않다. 이 글에서 왕경의 인구 수를 축소하여 간주하기 위하여 왕경의 범위를 좁게 설정하지 않고 다소 크게 잡아 민덕식(1986: 11)이 제시한 동서 5,593m, 남북 5,600m를 수용하여 전체 면적 31.32km^{2}로 설정하여 왕경 인구 수를 검토해 보기로 하겠다.

4. 왕경의 방에 대한 역사적 고찰

신라 왕경 내에 있었던 방의 수를 파악하는 것이 인구 수를 추정하는 데 직·간접적으로 중요한 변수이다. 사실 왕경의 공간적 범위를 잘 파악한다면 정확한 왕경 내의 방의 수는 다소 부수적인 것에 지나지 않을 것으로 판단된다.

그러나 아래에서 보듯이 왕경 내에 있었던 방의 수가 『삼국유사』에서 1,360방과 360방 두 가지로 등장하기 때문에 어느 것이 맞는지 혼선을 빚기도 한다. 따라서 학자들도 전자 혹은 후자를 수용하면서 견해 차를 좁히지 못하고 있는 실정이다. 윤무병(1987: 53~55)은 여기에 '35리'라고 기록되어 있는 부분을 새로이 해석하여 36방설을 제기하였다. 이렇듯 신라 왕경 내의 정확한 방의 수는 쉽게 파악될 기미가 보이지 않는다.

신라 왕경 내의 방의 전체 수를 전혀 도외시해서는 안 되겠지만 궁극적으로 왕경의 전체 범위를 알게 되면 방의 수는 어떤 의미에서는 부수적인 것으로도 볼 수 있다. 위에서 언급한 바와 같이 신라 왕경의 공간적 범위는 아래의 『삼국사기』와 『삼국유사』의 기록에서 볼 수 있듯이 '경주 분지'라는 한정된 지역을 가리키는 것이다. 그렇기 때문에 그 안에 1,360방, 360방, 혹은 심지어 36방이 있었던 간에 그 절대 면적은 변함이 없다. 그러나 많은 수의 방이 있었을 경우 도로가 차지하는 비율이 높아지기 때문에 상대적으로 절대 면적이 좁아지는 현상은 감안해야 할 것이다.

위에서 대다수의 연구자들이 신라 왕경의 지리적인 범위를 '경주 분지'로 간주함에도 불구하고 그 안에서조차도 방의 수를 보는 시각에는 현격한 차이가 있는 것을 살펴보았다. 방의 수나 크기 등이 신라 왕경의 인구 수 추정에 있어서 중요한 변수들 중의 하나이기 때문에 아래에서 문헌과 고고학 자료를 이용하여 그 수를 추정하여 보기로 하겠다.

신라 왕경 내 방의 수에 대해서는 아래와 같은 문헌기록이 있다.

사료 1:
    신라 전성기 경중에 178,936호, 1,360방, 55리, 35채의 금입택(부유한 저택을 말하는 것)이 있었다…. 제 49대 헌강왕 대에는 성중에 초가집이 하나도 없었고 가옥의 처마와 담들이 서로 맞대어 있었고, 노래 부르는 소리가 길거리에 가득하여 밤낮으로 끊이지 않았다[『삼국유사』 권1, 진한조].

新羅全盛之時 京中 十七萬八千九百三十六戶 一千三百六十坊 五十五里 三十五金入宅…第四十九憲康大王代 城中無一草屋 接角連墻 歌吹滿路 晝夜不絕[『三國遺事』券一, 辰韓條].

사료 2:
[경주] 남산 동록에 피리촌이 있고 그 촌에 절이 있다. 마을 이름으로 인해 절을 피리사라고 부른다. 그 절에 이승이 있어 성명을 밝히지 않고 항상 아미타를 염불하였다. 그 소리가 성중에 가득하여 360방 17만 호에 들리지 않은 곳이 없었다… [『삼국유사』권5, 피은 제8 염불사조].
南山東麓有聲避里村 村有寺 因名避里寺 寺有異僧 不言名氏 常念彌陀 聞于城中 三百六十坊 十七萬戶 無不聞聲[『三國遺事』卷 五, 避隱 第 八 念佛師條].

위의 사료 1과 2는 신라 왕경의 구조와 인구를 구체적인 수치로 밝히고 있어 왕경의 지리적 범위나 인구 수를 연구하는 데 빈번하게 인용되고 있는 기사이다. 위에서 언급한 바와 같이 사료 1과 2에 보이는 '경중'(京中)과 '성중'(城中)은 문맥의 전후 관계상 광역으로서의 왕경이 아니라 국한된 의미에서의 왕경, 즉 신라의 수도만을 의미하는 것으로 간주하여야 한다. 따라서 신라 왕경의 인구 수를 계산하는 데 있어서도 신라의 중심지인 수도를 대상으로 하는 것이 옳다고 생각된다. 물론 경주 분지 이외의 현재 통합 경주시의 인구 수를 추정해 보는 것도 의미가 없는 것은 아니나 그것은 또 다른 연구 과제에 속하는 것이다.

사료 1에 보이는 호수를 이용해서 인구 수를 추정하는 것은 아래에서 설명하기로 하고 방의 수에 관해서 사료 2에 보이는 것과 연계해서 설명하여 보기로 하겠다. 사료 1과 2에서 중요한 것은 사료의 불일치이다.『삼국유사』권1 진한조에서는 1,360방, 동서 권 5 피은 8에서는 360방이라고 기록해 두어 근대 학자들 사이에 이를 두고 많은 가설과 추정이 난무하는 실정이다.

사실 이런 사소한 숫자상의 불일치 혹은 명백한 오류로 보이는 사료는

『삼국유사』내에 여러 곳에서 감지되고 있다. 우선 아주 간단한 내용으로 사료 1에서 35 금입택(金入宅)의 기사가 있지만 실제로 기록되어 있는 금입택의 수는 39채이다. 또 사료 1에서는 178,936호라고 정확한 수를 제시해 놓았지만 아래에서는 17만 호라고 하여 무려 9,000호에 가까운 수를 생략하였다. 이러한 것을 감안할 때『삼국유사』에 보이는 방의 수는 물론이고 다른 자료조차도 참고사항은 될 수 있겠지만 정확한 것으로 간주하기에는 어려움이 많다고 판단된다.

또 이 논문의 내용과 직접적인 관련은 없지만 호구 수가 나오는 기사이기 때문에 유사한 내용을 알아보기로 하겠다.『삼국유사』권 2, 기이(紀異) 2의 가락국기에 "…神鬼干등의 九干이 있어, 이들이 酋長이 되어 인민을 거느리니 무릇 1백 호 7만 5천인이었다"는 기록이 있다. 이 내용에서도 호수와 평균 인구 수를 계산해 보면 신빙성이 없다. 그리하여 학계에서는 1백 호를 1만 호로 간주하고자 하는 경향이 많은 바(이종욱 1982: 18, 주 16), 필자도 같은 생각을 가지고 있다.『삼국유사』사서 내에서 이러한 부분이 상당히 많이 있다. 그러나 이러한 것을 일일이 밝혀내는 것은 이 논문의 주제와 관련이 없으므로 생략하기로 하겠다. 어쨌든『삼국유사』에 등장하는 각종 숫자들을 주의해서 취신해야 한다는 것은 알 수 있다.

대부분의 신라 왕경 연구자들은 위『삼국유사』의 기사를 신라 왕경이 확립된 시기의 내용으로 추정하여 이 기록에 보이는 1,360坊을 위의『삼국사기』기사와 연계하여 신라 왕경의 규모는 물론이고 인구 수를 추정하고 있다.『삼국유사』에 보이는 1,360방은 신라 왕경의 규모에서 가장 문제되는 대목으로『삼국유사』避隱 8 念佛師 條에 보이는 三百六十坊과 비교하여 다양한 견해가 제시되어 있다. 아래에서 보듯이 학계에서는 360방을 지지하는 사람들이 있기도 하지만(김병모 1984: 132; 이기동 1984: 193; 이기백·이기동 1984: 193; 이은석 2004: 22; 전덕재 2005a: 120, 130), 1,360방을 선호하는 사람도 많이 있다(민덕식 1987: 84). 특히 윤무병(1987: 53~55)은 본인의 과거 360방 설을 수정하여 36방 설을 제기하였다

일찍이 일제시대 건축학자 후지시마(藤島亥治郎)가 신라 왕경 복원을 시도하였다. 그는 1/10,000 경주 지도와 경주 평야의 지적도를 기본으로 경주 시내를 정밀하게 조사하여 1방의 크기를 동서 · 남북 공히 동위척(東魏尺) 400척(140m)인 정사각형으로 구획된 것으로 보았다(藤島亥治郎 1982[1930]). 그러나 그는 이 설을 철회하고 정정(訂正)하였다고 하는데 정확한 전거를 제시하지는 않았지만(東潮 · 田中俊明: 1988: 258), 1980년에 출판된 논문이 아닌가 짐작된다(藤島亥治郎 1980: 197~241). 그 내용을 정리하여 보면 "구획은 남고루를 기점으로 동쪽은 [남고루보다] 오래된 것으로 동서 16구 · 남북 15구 정도로 5세기 말 이래의 것이고 서쪽은 [남고루보다] 늦은 것으로 동서 · 남북 모두 8~9구획 정도로 7세기 중엽 이후의 것이다. 1구획은 동위척으로 대략 425척(151.5m)이고 도록 폭을 25척으로 하면 400척 사방으로 된다"고 하고 있다(東潮 · 田中俊明: 1988: 258).

그러나 그의 설에서 문제가 되는 것은 남고루의 편년이다. 문화재연구소가 발굴조사를 실시한 결과 남고루의 하층에서 신라시대의 도로 유구가 확인되었기 때문에 남고루는 고려시대에 축조된 것으로 판명되었다(경주문화재연구소 1995: 330~331). 이 남고루를 '성벽'으로 볼 것인가 '제방'으로 볼 것인가에 관한 논의가 계속되고 있지만 근래 제방으로 보아야 한다는 설이 제기되었고(박방룡 2001: 41), 이와 동일한 견해가 제시되기도 하였다(강봉원 2006: 285~292 및 본서 'Ⅵ장' 참조). 중요한 것은 남고루의 성격과 기능이 무엇인가와는 상관없이 발굴조사 결과 고려시대로 편년된 것은 부인할 수 없는 사실이다. 따라서 고려시대에 축조된 시설물인 남고루를 기준으로 신라 왕경을 동서로 구획해서 고찰한 것은 수용할 수 없다. 이것과 관련되어 기왕에 연구된 신라 왕경에 대한 견해는 근본적으로 재고되어야 할 필요가 있다고 생각한다.

윤무병(1972)은 『삼국사기』의 기록에 사용된 척을 주척(周尺, 19.91 cm)으로 계산하여 동서 3,075보를 3,900m로, 남북 3,018보를 3,670m로, 한 방의 가로[동서]를 160m, 세로[남북]를 140m로 보고 동서 24방, 남북으로는 27개 방이 설치, 왕경 전체에 648개의 방이 존재한 것으로 보았다. 그런데 여기에서 왕궁, 월성, 낭산 및 남천과 북천 등의 면적을 제외하면 360방이 정확한 숫자라고 보았다. 그의 추정은 많은 학자들에 의해 수용되고 있는 실정이다(국립경주문화재연구소 2002: 54). 그러나 윤무병(1987: 41~55)은 그의 신라 왕경의 방 수에 대한 설을 대폭 수정하여 "…360방이라는 방 수는 36방을 잘못 기록한 것이 아닐까 상상한다"라고 하였다. 그럼에도 불구하고 아직 대부분의 학자들은 360방이 맞는 것으로 간주하고 있다(국립경주문화재연구소 2002: 54; 김병모 1984: 123~141; 이기동 1984: 193; 이기백 · 이기동 1984: 332; 장경호 2007: 16).

민덕식(1989a: 31~74, 1989b: 1~57)은 왕경 내에 있었던 방의 수를 1,360으로 계산하였다. 그는 남북의 장(長) 3,075步를 약 5,600m로 보고 각 방의 남북 길이 東魏尺 400尺(약 140m)으로 나누면 41條가 되어 남북 40방이 구획되는 것으로 보았다. 한편 동서의 광(廣) 3,018步는 약 5,593m로 추정하고 각방의 동서 폭 동위척(東魏尺) 470척(약 164.5m)으로 나누면 35條, 즉 34방이 된다고 보았다. 결과적으로 남북 40방×동서 34방=1,360방이 나오는 것으로 간주하였다. 그리고 신라 왕경의 조방도(條坊圖)의 도면을 제시하였다(1989a: 48).

그러나 민덕식(1989a: 39) 자신이 "사실 1,360坊으로 조밀하게 나누는 것이 실제상으로는 불가능한 것으로 볼 수도 있겠으나…"라고 다소의 우려를 표한 바와 같이 통일신라시대의 측량 기술을 고려할 때 그의 설은 수용하기 어렵다는 것을 짐작할 수 있다. 더욱이 민덕식(1989a: 48)이 작도하여 제시한 도면을 보게 되면 낭산, 금강산과 남산의 상당 부분, 그리고 신라시대에는 하천의 폭이 상당히 넓었을 북천과 형산강 등을 모두 포함하여 놓았다. 아울러 구불구불하게 흘러서 형산강으로 들어가는 남천까지도 포함하여 두었고 형산강 서쪽의 일부도 조방제에 포함시켜 두었다. 그러나 이러한 구획 정리는 측량 기술이 고도로 발달한 현금에도 거의 불가능할 것으로 사료된다. 그런데 통일신라시대에 이렇게 정밀하게 도시계획을 했을 것이라는 것은 신빙성이 있어 보이지 않는다. 바로 이러한 이유 때문에 민덕식(1989a: 39)은 "王京 內의 전체가 平地가 아니기 때문에 東西 · 南北을 연결하는 바둑판 모양의 구획은 불가능했을 것이다"라고 하였을 것으로 짐작된다. 결과적으로 민덕식이 주장하고 있는 신라 왕경의 1,360방은 수용하기가 용이하지 않음을 알 수 있겠다.

이 방의 수에 대한 타당성을 그의 논문을 근거로 알아보기로 하겠다. 민덕식(1986: 11, 1987: 84)은 왕경 내의 전체 면적을 약 31.32km^{2}로 추정하였다. 여기에서 그가 지적한 바와 같이 왕경 내의 왕성, 능묘, 하천, 임야, 수[숲], 지[연못], 사찰, 이궁 등을 제외하여야 한다. 그럴 경우 왕경 내 실제 건축할 수 있는 면적은 전체 면적의 50%를 넘기는 힘들지 않았을까 추정하였다. 그는 왕경 전체의 방의 수를 1,360개로 보고 이것의 50%는 680방에 해당된다고 보았다. 여기에서 한 가지 더 검토해야 할 사항은 도로가 차지하는 면적을 고려하지 않았는데 이것까지도 건축 가용(可用) 면적에서 제외하면 방의 수는 훨씬 더 적어진다. 이것은 결국 신라 왕경은 애당초 1,360방으로 하지 않았을 가능성이 높은 것으로 보아야 할 것이다.

이 내용과 1,360방을 토대로 민덕식(1989a: 48)이 작도한 도면을 연계시켜 보면 우선 왕성으로 월성, 전랑지와 안압지, 능묘로는 대릉원 및 노동동, 노서동 일대의 대형분, 월성로 주변의 고분군, 하천으로는 형산강, 북천, 그리고 남천, 숲으로는 신유림, 오리수 등등, 200여 개 정도의 크고 작은 사찰 등이 제외되어야 한다. 다음으로 작도에 포함되어 있는 남산의 일부, 낭산 전부, 금강산의 일부 등도 제외되는 것이 마땅하다. 여기에 더하여 왕경 내에 있었을 대로, 중로, 소로 등의 각종 도로가 차지하는 면적도 결코 무시할 수 없었을 것으로 생각된다. 이런 모든 것을 감안하면 1,360방보다는 360방이 맞을 가능성이 더 높다고 생각한다.

5. 왕경의 방에 대한 고고학적 고찰

신라 왕경의 공간적 범위를 파악하기 위해서는 고고학적인 측면에서 접근해 볼 필요가 있다. 왜냐하면 그간에 경주에서 신라 왕경의 연구를 위하여 경주 전체를 거시적인 안목에서 기획 발굴조사를 실시하지는 않았지만 경주의 여러 곳에서 소규모의 발굴을 실시하여 다소의 자료를 확보하였기 때문이다. 이들을 분석하면 왕경의 인구 수를 추정하는 데 도움을 주는 계기를 마련할 수도 있다. 특히 신라 왕경의 절대 면적은 다소의 차이는 있으나 대체로 일정한 범위로 정해져 있다고 보아도 무방하다. 위에서 건물지 가용 면적에 대해서 언급한 바와 같이 이 장에서는 왕경 내에서 그간에 발굴조사된 도로 및 건물지 유구를 토대로 왕경의 면적을 검토하여 보고 아울러 인구 수를 추정하여 보겠다.

1. 도로 유구 : 그간에 경주 시내에서 이루어진 발굴조사에서 도로 유구가 여러 곳에서 검출되었다. 이것을 토대로 왕경 전체의 도로나 도시를 복원하는 것은 거의 불가능하겠지만 일단 왕경의 공간 분할이나 전반적인 모습을 연구하는 데는 다소 도움이 될 것으로 생각된다. 그간에 경주에서 이루어진 발굴조사에서 노출된 도로 유구들 중의 일부를 표본으로 추출하여 표로 정리하였다(표 1)(국립경주문화재연구소 2003: 20~22; 국립경주박물관 2002: 13~14; 동국대학교 경주캠퍼스 박물관 2006).

모두 42개의 도로 유구를 연구대상으로 추출하였다. 이들을 다시 두 가지로 분류하였는데 하나는 왕경의 중심지 혹은 그 인근에서 발견된 것이고(표 1, 1~27) 다른 하나는 왕경의 외곽, 특히 북천의 북쪽 지역에서 노출된 것이다(표 1, 28~42). 이것은 아래에서 보듯이 왕경의 도로 중에서 중심지와 외곽지 사이에 어떤 차이가 있을 것으로 판단하였기 때문이다. 이들 도로들을 다시 방향에 따라 동서(18), 남북(16)으로 나누고 발굴보고서에 방향이 명확하게 표시되어 있지 않은 것은 '모름'(8)으로 분류하여 아래와 같이 표를 만들었다(표 2).

표본으로 추출된 42개의 도로들을 표 2에서 보는 바와 같이 1m 단위로

표 1. 신라 왕경의 도로조사 현황

순번	유적명	도로 폭(m)	조사기관	조사 일시
1	국립경주박물관 신축부지 동서	16	국립경주박물관	1998 조사
2	국립경주박물관 신축부지 남북	23.7	국립경주박물관	1998 조사
3	남산 왕곡정 남북	10		
4	분황사 남편 동서	9	경주문화재연구소	1993 발굴
5	서부동 19번지 동서	4	경주문화재연구소	1997 발굴
6	서부동 19번지 남북	10	경주문화재연구소	1997 발굴
7	선덕여고 강당부지 남북	10.2	경주문화재연구소	1998 발굴
8	성동동 24번지 남고루 동서	7.0	경주문화재연구소	1993 발굴
9	성동동 228-4 북문로 동서	4.0	문화재보호재단	2001 발굴
10	성동동 228-4 북문로 남북	8.0	문화재보호재단	2001 발굴
11	성동동 북문로 179-7, **모름**	7.5	문화재보호재단	2001 발굴
12	성동동 세무서 청사신축부지 I	4.4	신라문화·조사단	2007 발굴
13	성동동 세무서 청사신축부지 I 남북	4.2	신라문화·조사단	2007 발굴
14	성동동 세무서 청사신축부지 II 남북	2.8	신라문화·조사단	2007 발굴
15	전랑지 서편 남북	13.4	경주문화재연구소	1930 발굴
16	왕경지구 신도로 남북	약 6.5	경주문화재연구소	1996 발굴
17	월성석교 남편 남북	9	경주문화재연구소	1993 발굴
18	인왕동 하수도유적, **모름**	6.7	동국대경주박물관	2000 발굴
19	황룡사지 남외곽 동서 (A)	13.5	경주문화재연구소	1987~1989
20	황룡사지 남외곽 동서 (B)	15.5	경주문화재연구소	1987~1989
21	황룡사지 동외곽 동서	5.5	경주문화재연구소	1994 발굴
22	황룡사지 동외곽 남북	5.5	경주문화재연구소	1990 발굴
23	황룡사지 남외곽, **모름**	13 이상	경주문화재연구소	1990 발굴
24	황룡사지 서외곽 남북	7 이상	경주문화재연구소	1986 발굴
25	황오동 소방도로, **모름**	6	동국대경주박물관	2000 조사
26	황오동 3-7번지 주택건립부지 동서	1차 6.1	신라문화·조사단	2007 발굴
27	황오동 3-7번지 주택건립부지 동서	2차 4.25	신라문화·조사단	2007
28	동천동 7 B/L내 택지개발지구 동서	6.5	동국대경주박물관	1997 발굴
29	동천동 681-1 택지개발지구, **모름**	약 6.4	동국대경주박물관	1998 발굴
30	동천동 공동주택 건설부지 1차 동서	약 9 내외	문화재보호재단	2006 발굴
31	동천동 공동주택 건설부지 1차 남북	14~15	문화재보호재단	2007 발굴
32	동천동 공동주택 건설부지 2차 동서	약 7-10 내외	문화재보호재단	2007 발굴
33	동천동 공동주택 건설부지 2차 남북	약 10	문화재보호재단	2007 발굴
34	동천동 공동주택 건설부지 2차 동서	약 3	문화재보호재단	2007 발굴
35	동천동 황성초교 강당부지 동서방로	6.5	동국대경주박물관	1998 발굴
36	동천동 황성초교 강당부지 남북	3.5	동국대경주박물관	1998 발굴
37	동천동 황성초교 강당부지 소로, **모름**	1.3	동국대경주박물관	1998 발굴
38	황성동 535-8번지 동서	5.2	문화재보호재단	2000 발굴
39	황성동 535-8번지 1차, **모름**	2.6	문화재보호재단	2000 발굴
40	황성동 535-8번지 2차, **모름**	2.6	문화재보호재단	2000 발굴
41	황성동 강변로 537-2 번지 동서	2.0 내외	문화재보호재단	2000 발굴
42	황성동 제철유구 동편 남북	6.5	국립경주박물관	1990 발굴

표 2. 왕경 내에서 발굴 조사된 도로의 유형(단위 : m)

도로폭 m \ 방향	동서	남북	모름	도로폭 평균	합계 (동서남북도로유구)
1	0	0	1.3	1.3	1
2	2	2.8	2.6, 2.6	2.5	4
3	3	3.5	0	3.25	2
4	4, 4, 4.4, 4.3	4.2	0	4.18	5
5	5.5, 5.2	5.5	0	5.4	3
6	6.5, 6.5, 6.1	6.5, 6.5	6.4, 6.7, 6	6.4	8
7	7	7	7.5	7.17	3
8	8.5a	8	0	8.25	2
9	9, 9	9	0	9	3
10	0	10, 10, 10, 10.2	0	10	4
11 이상	13.5, 15.5, 16	13.4, 14.5, 23.7	13	15.7	7
합계	18	16	8	-	42

나누어서 정리하였다. 이 표의 내용으로 우선 도로 폭이 아주 다양하다는 것을 알 수 있겠다. 도로들은 최소 폭 1.3m에서 최대 폭 23.7m 사이에 해당하는 것으로 모두 15여 가지의 폭이 서로 다른 도로가 있었다는 것을 알 수 있다.

그간에 신라 왕경은 바둑판식으로 구획되어 있었다는 것이 일반적으로 수용되어 오고 있다. 그리고 왕경의 조방(條坊) 안은 "규칙적인 것은 아니지만 대로(동위척 80척, 28m), 중로(동위척 40척, 14m), 소로(동위척 ?척)"가 있었을 것으로 추정하였다(민덕식 1987: 83). 아울러 국립경주문화재연구소(2002: 556)도 황룡사지 동남편의 S1E1 구획을 발굴조사한 후 "…너비는 數次에 걸친 補修 및 全面的 改築을 통해 약간의 변동은 있으나 대체로 5m 내외의 小路, 10m 내외의 中路, 15m 이상의 大路 등 3가지 유형으로 분류될 수 있으며…"라고 하였다. 대부분의 신라학 연구자들도 왕경 내에 도로 폭에 있어서 약간씩의 차이를 보이지만 일반적으로 대로, 중로, 소로 세 가지 유형이 있었다는 것을 수용하고 있다.

그런데 신라 왕경 내인 경주에서 발굴조사되어 노출된 도로 42개의 경우를 보면 15여 개의 크고 작은 것들이 있다(표 2 참조). 이 사실은 학계에서 통상적으로 수용하고 있듯이 왕경 내에 대로, 중로, 소로 세 가지 종류의 도로

표 3. 신라 왕경 내 출토 도로 유구의 분류(단위 : m)

왕경 중심지 도로 유구	왕경 외곽지 (북천 이북지역) 도로 유구
동서: 4, 4.25, 4.4, 5.5, 6.1, 7.4, 9, 16	동서: 2, 3, 5.2, 6.5, 7~10, 9
남북: 2.8, 4.2, 5.5, 7, 8, 9, 10, 10.2, 13.4, 13.4, 15.5, 23.7	남북: 3.5, 6.5, 10, 14~15

만이 아니고 여러 가지 다양한 종류가 있었다는 것을 시사한다고 하겠다.

이 점에 대하여 좀 더 면밀하게 검토해보기 위하여 표 1에 제시되어 있는 자료를 '왕경 중심지'와 '왕경 외곽지(북천 이북)'로 양분하여 새로운 표를 만들어 보았다(표 3).

이 표에서 볼 수 있듯이 왕경의 외곽지는 물론이고 중심지에서조차도 아주 다양한 폭을 가지고 있는 동서남북 도로가 있었다는 사실을 알 수 있다. 오히려 왕경의 중심지에서 발굴 조사된 도로가 폭 면에서 훨씬 더 다양하였다는 것을 알 수 있다. 이러한 사실은 바로 위에서 설명한 바와 같이 통일신라시대의 도로가 단순히 세 가지 정도만 있었던 것이 아니라는 사실을 보여준다고 생각된다. 좀 더 중요한 것은 우리 학계에서 일반적으로 수용하듯이 신라의 왕경이 모눈종이 모양으로 질서정연하게 도시계획이 이루어지지 않았을 가능성이 있다는 것을 시사한다.

물론 여기에서 주의해야 할 사항은 신라의 도시계획이 일시에 이루어진 것이 아니고 시간이 지나면서 계속해서 조금씩 이루어졌다는 것이다(이병호 2008: 13~15; 李恩碩 2006: 80~84, 2006: 80~84; 황인호 2004: 43~59). 이와 관련하여 이들 도로들의 편년이 확실하게 정립되어 있지 않아서 시기가 다른 것들도 많이 있을 가능성이 있다. 그리고 신라 하대에 이르면 가옥들이 도로를 침점(侵占)하는 경향이 있었음도 감안하여야 한다(전덕재 2005a: 117~118, 2005b: 198). 그러나 도로의 경우 일단 건설되면 수명이 상당히 길다는 것도 염두에 두어야 한다.

현재 이들 도로들에 대한 편년이 확실하게 정립되어 있지 않다. 그런 이유 때문에 이 도로들을 모두 동 시기로 간주하고 논지를 전개하겠다. 이들에 대하여 기술(記述)적인 통계 상황을 설명하기 위하여 아래의 표를 만들었다(표 4).

표 4. 도로 유구의 기술 통계량 (단위 : m)

	표본수 (N)	최소값	최대값	평균	표준편차
동서 도로	18	2.00	16.00	7.22	4.09
남북 도로	16	2.80	23.70	9.05	5.11
모름(unknown)	8	1.30	13.00	5.76	3.72
전체 도로	42	1.30	23.70	7.64	4.52
남북(극대수 제외)	15	2.80	14.50	8.07	3.41

표 4에서 보듯이 동서 도로는 18개의 경우를 대상으로 분석하였는데 폭이 가장 좁은 도로는 2m, 가장 넓은 것은 16m이고 평균은 7.2m이다. 반면 남북 도로는 16개의 경우를 분석하였는데 폭이 가장 좁은 도로는 2.8m, 가장 넓은 것은 23.7m이고 평균 9.05m였다. 폭이 23.7m에 이르는 남북 도로의 경우 국립경주박물관 신축부지 내에서 조사된 것인데 예외적이어서 잠정적으로 분석의 대상에서 제외하여 보면 남북 도로 폭이 가장 넓은 것은 14.5m이고 평균은 8.07m이다.

동서남북 도로 폭의 평균을 비교해 보면 동서 7.2m 남북 9.05m로 남북이 동서보다 2m 가량이나 넓다. 도로 폭의 표준편차도 동서는 4.09m이지만 남북은 5.1m로 남북 도로의 폭이 그만큼 변화가 많다는 것을 시사한다. 한편, 국립경주박물관 신축부지 발굴조사에서 남북 도로의 폭이 23.7m 혹은 폭이 그보다 더 넓을 가능성이 높은 것이 노출되었다(국립경주박물관 2002: 14). 이 남북 도로의 경우는 예외적인 경우일 수도 있다. 그러나 이 도로들을 제외한 남북 도로의 평균조차도 8.07m로 동서 도로의 평균 7.2m보다는 넓다. 왜 전반적으로 남북 도로 폭이 동서 도로 폭보다 넓은지에 대해서는 아직 알지 못하는 실정이다. 그러나 이 사실은 현금까지 대체로 왕경의 방안 크기를 동서 164.5m로, 남북을 140m로 하여 횡장방형으로 추정하였는데, 이것에 대하여 재고해야 할 여지가 있음을 알 수 있게 되었다.

이것을 뒷받침할 수 있을 고고학 자료로서는 황룡사지 동남편의 S1E1 구획이다. 여기에서 동서 도로의 중심축 간 거리가 167.5m인 데 비해 남북

도로의 중심축 간 거리는 172.5m로 보고되었다(국립경주문화재연구소 2002: 553). 결과적으로 S1E1 방(坊)의 모양은 'ㅁ'자의 방형은 아니고 남북으로 약간 긴 종장방형의 모습을 하고 있었던 것으로 추정되고 있다(국립경주문화재연구소 2002: 557). 어쩌면 남북이 동서보다 약간 길기 때문에 남북 도로 폭의 평균(9.05m)이 동서 도로 폭의 평균(7.2m)보다는 더 넓은 것이 아니었을까 추정하여 볼 수 있겠다.

어쨌든 신라 왕경 내에서 남북 도로의 폭이 정형화되지 못하고 다양하게 나온다는 것은 일관성이 없고 규격화되지 못하였다는 것을 보여준다(황인호 2004: 45). 이것은 바꾸어 말하자면 신라 왕경 내에 이루어진 조방(條坊)제 혹은 도시 계획이 대부분의 학자들이 추정하는 바와 같이 바둑판 식으로 질서정연하게 이루어지지는 않았다는 것을 의미한다고 볼 수 있다. 다른 한편, 원래 질서정연하였던 신라 왕경의 시가지가 신라 하대 인구가 급증함으로써 "주택들이 무질서하게 난립하는 현상으로 말미암아 미로형의 크고 작은 도로나 골목길들이 적지 않게 등장한 모습을 상정"하기도 한다(전덕재 2005b: 204). 이러한 추정은 위에서 본 바와 같이 실제 고고학 발굴조사 결과와 부합하는 측면이 있어 신빙성이 있으며 아주 중요한 견해라고 생각된다. 향후 이들 소도로들에 대한 편년 작업을 잘 수립한다면 좋은 결과가 도출될 수 있을 것으로 예측된다.

이러한 점을 좀 더 세밀하게 검토해보기 위하여 42개의 도로 표본 중에서 왕경의 중심지라고 할 수 있는 북천(北川) 이남(황룡사지 부근 및 월성 주변 및 현재 경주시내 일원)에서 발견된 도로 27기와 왕경에서는 지리적으로 다소 떨어진 북천 이북(황성동 및 동천동)에서 발견된 도로 유구 15기를 나누어서 분석하여 보았다. 이에 대한 기술(記述) 통계학의 결과는 아래의 표에 제시되어 있다(표 5).

표 5. 왕경 중심지와 외곽의 도로에 대한 기술 통계량(단위 : m)

	N	최소값	최대값	평균	표준편차
왕경 중심지(북천 이남)	27	2.80	23.70	8.62	4.73
왕경 외곽(북천 이북)	15	1.30	14.50	5.87	3.60

이 표를 통해서 보면 왕경의 중심지 주변에서 발견된 것으로 폭이 가장 좁은 도로는 2.8m, 넓은 도로는 23.7m이고 도로 폭의 평균은 8.6m였다. 반면 신라시대 왕경의 외곽이라고 볼 수 있는 동천동 및 황성동에서 발견된 것으로 폭이 가장 좁은 도로는 1.3m, 넓은 도로는 14.5m이고 평균은 5.87m이다. 특히 도로의 평균의 수치(중심지 8.6m, 외곽지 5.87m)만으로 볼 때 왕경 중심지와 외곽에 있었던 도로의 규모에 2.73m의 현격한 차이가 있었다는 것을 알 수 있다. 이것은 같은 신라의 왕경 내라고 하더라도 중심지와 외곽 사이에 정치·사회적 차이가 있었다는 것을 시사하는 것으로 볼 수도 있겠다.

이것을 통해서 다시 한번 신라 왕경의 도시 계획은 대부분의 학자들이 추정하고 있는 것처럼 획일성과 일관성이 있었던 것이 아니라는 것을 짐작할 수 있겠다. 또 왕경 내에 도시 계획이 이루어졌다고 하더라도 중심지와 그 주변 일대에 국한되었을 가능성이 높다는 것을 시사한다. 아울러 비록 북천의 이북 지역에도 어느 정도 도시계획이 이루어진 것은 사실이지만 왕경의 중심지와 버금가지는 못하였을 것이고 전반적으로 왕경의 도시계획이 변두리 지역까지를 아우르지는 못하였을 것으로 추정된다.

도로의 종류와 폭을 그간 학계에서는 대체로 세 가지(대로, 중로, 소로)로 추정하였다. 그러나 발굴 조사되어 노출된 유구를 보면 도로의 종류가 다양하고 도로가 왕경에서 차지하는 면적도 기존에 추정하는 것보다 대체로 더 넓었다는 것을 알 수 있다. 이 사실은 신라 왕경 내의 '호수'와 관련하여 가용 건물지 면적을 계산하는 데 있어서 달리 생각해야 할 부분이라고 생각된다.

2. 건물지 : 한편, 신라 왕경의 인구 수를 추정하는 데 있어서 고려하여야 할 중요한 변수들 중의 하나는 당시의 주거지와 건물지, 그리고 그 수이다. 현금까지 가장 중요하게 취급되고 있는 것이 위에서 언급한 『삼국유사』의 기록에 보이는 178,936호일 것이다. 이 수를 액면 그대로 신뢰하여 수용하고 여기에 가호 당 인구 수의 평균이 될 수 있는 4~5명을 곱하고 그것을 대략적인 신라 왕경의 전체 인구 수로 수용하는 경향이 있다. 이 문제는 위에서

언급되었고 선학에 의해서도 어느정도 연구가 이루어졌다. 본고에서는 과거 신라 왕경이었던 경주에서 그간 발굴조사되었던 주거지와 건물지에 대한 고고학적 기록을 토대로 왕경 내 있었을 가호 수에 대해서 고찰하여 보기로 하겠다. 우선 『삼국사기』의 기록에 신라인들의 골품에 따른 주거의 크기에 대하여 제한하였던 내용을 보면 아래와 같다.

> 眞骨 : 실장광부득과이십사척(室長廣不得過二十四尺)
> 六頭品 : 실장광불과이십일척(室長廣不過二十一尺)
> 五頭品 : 실장광불과십팔척(室長廣不過十八尺)
> 四頭品 至 百姓 : 실장광불과십오척(室長廣不過十五尺)
>
> [『三國史記』雜志 第二. 屋舍條].

여기에 사용된 척도는 당척(唐尺)인 것으로 보이기 때문에 당척(1척= 약 29.7cm)으로 계산하기로 하겠다(이우태 1984: 29). 그는 백제와 고신라는 동위척(東魏尺, 길이 약 35cm 내외)이 사용되었던 것으로 추정되며 통일신라 시대부터는 당척(唐尺, 길이 약 29.7cm)이 사용되었을 것으로 추정하고 있는 바 필자도 이에 따른다. 『삼국사기』 옥사조를 토대로 건물지 면적을 아래와 같이 산출할 수 있다.

> 진 골: 24척×29.7cm = 712.8cm, 712.8cm×712.8cm = 50.8m^2
> 육두품: 21척×29.7cm = 623.7cm, 623.7cm×623.7cm = 38.9m^2
> 오두품: 18척×29.7cm = 534.6cm, 534.6cm×534.6cm = 28.6m^2
> 사두품: 15척×29.7cm = 445.5cm, 445.5cm×445.5cm = 19.8m^2
> 합 계: 138.1m^2
> 평 균 : 138.1/4 = 34.5m^2

계산된 것을 보면, 진골 50.8m^2, 육두품 38.9m^2, 오두품 28.6m^2, 사두품 및

표 6. 신라 왕경내 건물지 조사 현황

순번	유적명	건물지 면적(m²)	조사기관
1	월성해자	158.2, 236, 43.5, 133.4, 207.9, 104.3, 36.4, 123.8, 143, 143, 143, 143, 28,	문화재연구소 1990
2	황룡사지 동편 S1E1지구	제1가옥 : 68.1, 174.4, 53.7, 44.7, 6.25, 제2가옥 : 26, 10.4, 21.7, 9.6, 37.5, 11.9, 22.4, 8.9, 제6가옥 : 64.9, 28.1, 제7가옥: 3.4, 12.4, 6.5, 15.4, 9, 7, 26.6, 6.2, 15.4, 30.7, 7.3 제8가옥 : 32.2, 42.9, 54.1, 50.4, 11.2, 17 제13가옥 : 51.2, 17.6, 46, 83.4, 11.6 제14가옥 : 72, 34.7, 28.5, 13, 26.3	국립경주 문화재연구소 2002: 557-561
3	황오동 유적	25 (1호), 16 (2호), 19.6 (3호), 17.4 (4호), 39 (5호), 25 (6호)	동국대 경주 캠퍼스박물관 2004
4	황성동 유적 I (1차) 황성동 유적 I (2차)	31.5, 28, 22.8, 29.1, 15.9, 29, 23.4, 33, 6.9, 7.8, 21.6, 22.6, 11.8, 16.9, 9.5, 28	국립경주박물관 2000
5	황성동 유적 III	47.5, 32.9, 31.8, 28, 52, 34.8	경북대박물관 2000

평민 19.8m²이며 이들의 평균은 34.5m²이고 표준편차는 13.7m²이다.

한편, 고고학적 자료를 검토하여 보기 위하여 그동안 경주에서 발굴 조사된 신라 및 통일신라시대의 주거지와 건물지에 대한 자료를 위와 같이 정리하여 보았다(표 6).

위에서 도로의 폭을 검토하면서 왕경 중심지와 외곽을 구분하여 분석하였듯이 건물지도 두 지역으로 나누어서 분석하고자 하였다. 왜냐하면 도로와 마찬가지로 건물지도 왕경의 중심지(예를 들면, 월성 및 황룡사 주변)에는 신분이 높은 귀족들이 많이 살았겠고, 외곽(예를 들면, 황성동)에는 아무래도 상대적으로 정치적 신분이 낮은 사람들이 많이 살았을 것으로 판단되기 때문이다. 유구 검토 대상은 황성동 유적에서 22개의 건물지와 월성, 황오동, 그리고 황룡사지 건물지에서 검출된 자료 61개를 포함하여 모두 83개의 건물지를 검토하였다. 이들 두 지역의 건물지에 대한 기술통계(記述統計)의 결과는 아래의 표에 정리되어 있다(표 7).

이것은 절대 다수를 차지하고 있었을 4두품 혹은 평민들의 건축 면적을 고려하지 않아 오류가 발생할 가능성이 높다고 생각되지만 이 논문에서는 일단 그대로 수용하고 논리를 전개하여 보겠다.

표 7. 왕경 내 건물지 기술 통계량(단위 : m²)

유적지	N	최소값	최대값	평균	표준편차
황성동 건물지	22	6.90	52.00	25.67	11.56
월성해자, 황룡사, 황오동 건물지	61	3.40	236.00	50.92	54.66
전체 건물지	83	3.40	236.00	44.23	48.44

그런데 월성해자 인근에서 발견된 두 기의 건물지는 그 규모가 236m²과 207.9m²로 너무 크기 때문에 이들이 전체 통계의 결과를 왜곡시킬 가능성이 있다. 이들을 예외적인 경우로 간주하여 분석의 대상에서 제외하고 나면 전체 평균은 39.8m²로『삼국사기』옥사조를 토대로 계산한 것과 아주 유사하여 흥미롭다. 그러나 아래에서 보듯이 왕경 내 가호수를 산출하는데 있어서 고고자료에서 구해진 건물지 평균값 44.2m²를 사용하겠다.

이상의 도로 유구와 건물지의 고고학 자료를 토대로 산출된 내용을 왕경 내의 방안과 관련하여 호 수를 계산하여 보기로 하겠다. 경주시의 전체 면적을 민덕식(1986: 11, 1987: 84)은 31.32km²로 간주하였는데 이 면적과 다른 학자들이 주장하고 있는 면적과 별반 차이가 없어서 필자도 이 견해를 수용하고자 한다. 민덕식(1987: 83~84)은 조방(條坊)의 크기를 산출하면서 도로를 아래와 같이 제외하여 계산하였다.

동서 470 동위척(35cm) = 164.5m - 중로 14m - 십자로 1.4m = 149.1m
남북 400 동위척(35cm) = 140m - 중로 14m - 십자로 1.4m = 124.6m
∴ 조방 1개의 면적 = 149.1m × 124.6m = 18,577.86m²이 된다.

조방 1개의 면적(동서 149.1m × 남북 124.6m = 18,577.86m²)을 가지고 방의 수를 곱하여 보기로 한다.

1. 1,360방의 경우 : 18,577m² × 1,360방 = 25,264,720m²
2. 360방의 경우 : 18,577m² × 360방 = 6,687,720m²가 된다.

그러나 건물지 가용 면적에서 왕성, 능묘, 하천, 임야, 수[숲], 지[연못], 사찰, 이궁, 그리고 배수로 등을 제외하면,

1. $25,264,720m^2(1,360방)$의

   70% = $25,264,720m^2 \times 0.7$ = $17,685,304m^2$

   60% = $25,264,720m^2 \times 0.6$ = $15,158,832m^2$

   50% = $25,264,720m^2 \times 0.5$ = $12,632,360m^2$

2. $6,687,720m^2(360방)$의

   70% = $6,687,720m^2 \times 0.7$ = $4,681,404m^2$

   60% = $6,687,720m^2 \times 0.6$ = $4,012,632m^2$

   50% = $6,687,720m^2 \times 0.5$ = $3,343,860m^2$가 된다.

여기에서 계산된 값을 토대로 해서 추정 주택/건축 면적으로 나누어 보면 아래의 표와 같다(표 8).

표 8에서 볼 수 있듯이 어떤 경우를 따르더라도 『삼국유사』에 보이는 178,936호와 비슷한 숫자는 보이지 않는다. 아울러 178,936을 인구 수로 보고

표 8. 왕경 내 호수의 가설적 산출 I

	민덕식(1986) : 주택면적 $186.2m^2$	민덕식(1986) : 건축면적 $46.58m^2$	『삼국사기』: $34.5m^2$	고고자료 : $44.2m^2$
$17,685,304m^2$ 1,360방의 70%	94,980호	379,675호	512,617호	400,120호
$15,158,832m^2$ 1,360방의 60%	81,411호	325,436호	439,386호	342,960호
$12,632,360m^2$ 1,360방의 50%	67,842호	271,197호	366,155호	285,800호
$4,681,404m^2$ 360방의 70%	25,141호	100,502호	135,692호	105,914호
$4,012,632\ m^2$ 360방의 60%	21,550호	86,293호	116,308호	90,783호
$3,343,860m^2$ 360방의 50%	17,958호	71,787호	96,923호	75,652호

이를 '4.5인'으로 나누면 39,763호가 되고 '5인'으로 나누면 35,787호가 되는데 여기에 가까운 수도 보이지 않는다.

이 문제를 좀 더 검토해보기 위하여 조방 한 개의 면적을 달리 계산하여 보았다. 이것은 위에서 도로 유구의 고고자료를 검토하였을 때 다양한 도로 폭이 있었기 때문이다. 조방의 동서(164.5m)와 남북(140m)의 길이는 그대로 두고 도로의 폭을 다소 다르게 적용하여 보았다.

동서 164.5m - {7m(대로의 1/2) + 2.5m(소로) + 7m(중로) + 2.5m(소로) + 7m(대로의 1/2)} = 138.5m

남북 140m - {7m(대로의 1/2) + 2.5m(소로) + 7m(중로) + 2.5m(소로) + 7m(대로의 1/2)} = 114m

∴ 조방 1개의 면적 = 동서 138.5m × 남북 114m = 15,789m^2

1. 15,789m^2 × 1,360방 = 21,473,040m^2
2. 15,789m^2 × 360방 = 5,684,040m^2 가 된다.

그러나 여기에서 다시 왕성, 능묘, 하천, 임야, 수[숲], 지[연못], 사찰, 이궁, 그리고 배수로 등을 제외하여야 한다. 따라서

1. 21,473,040m^2(1,360방)의
   70% = 21,473,040m^2 × 0.7 = 15,031,128m^2
   60% = 21,473,040m^2 × 0.6 = 12,883,824m^2
   50% = 21,473,040m^2 × 0.5 = 10,736,520m^2
2. 5,684,040m^2(360방)의
   70% = 5,684,040m^2 × 0.7 = 3,978,828m^2
   60% = 5,684,040m^2 × 0.6 = 3,410,424m^2
   50% = 5,684,040m^2 × 0.5 = 2,842,020m^2

$45\% = 5,684,040\text{m}^2 \times 0.45 = 2,557,818\text{m}^2$

$40\% = 5,684,040\text{m}^2 \times 0.4 = 2,273,616\text{m}^2$가 된다.

여기에서 계산된 값을 토대로 해서 추정 주택/건축 면적으로 나누어 보면 아래의 표와 같다(표 9).

표 9. 왕경 내 호수의 가설적 산출 II

	민덕식(1986) : 주택면적 186.2m²	민덕식(1986) : 건축면적 46.58m²	『삼국사기』 : 34.5m²	고고자료 : 44.2m²
15,031,128m² 1,360방의 70%	80,726호	322,694호	435,684호	340,070호
12,883,824m² 1,360방의 60%	69,193호	276,595호	373,444호	291,489호
10,736,520m² 1,360방의 50%	57,661호	230,496호	311,203호	242,907호
3,978,828m² 360방의 70%	21,368호	85,419호	115,328호	90,018호
3,410,424m² 360방의 60%	18,316호	73,216호	98,853호	77,159호
2,842,020m² 360방의 50%	15,263호	61,014호	82,377호	64,299호
2,557,818m² 360방의 45%	12,126호	**54,912호**	74,140호	**57,869호**
2,273,616m² 360방의 40%	12,210호	**48,810호**	65,902호	**51,439호**

표 9에서도 볼 수 있듯이 어떤 경우에도 『삼국유사』에 보이는 178,936호와 비슷한 숫자는 보이지 않는다. 이러한 사실은 왕경 내에 178,936호가 있었을 가능성이 낮다는 것을 시사한다고 하겠다. 특히, 표 8의 경우와 마찬가지로 1,360방으로 계산했을 경우 178,936호보다 오히려 훨씬 더 많은 호 수가 산출되어 신빙성이 없어 보인다.

이것을 검토하여 보기 위하여 178,936의 숫자를 인구 수로 간주하여 보고 호 수를 계산하여 보도록 하였다(표 10).

표 10. 왕경 내의 가호수의 가설적 산출

178,936/인	3인	3.5인	4인	4.5인	5인	5.5인	6인
가호수	59,645	51,124	44,734	39,763	35,787	32,533	29,822

표 9과 표 10의 내용을 비교하여 볼 때 다시 한 번 확인할 수 있는 것은 왕경을 1,360방으로 계산하였을 경우 민덕식의 주택 면적(186.2m^2)의 경우를 제외하고는 거의 현실성이 없다는 계산이 나온다. 그런데 360방의 45%와 40%에서 민덕식의 건축면적(46.58m^2)과 고고자료를 통해 산출해 낸 평균 값인 44.2m^{2}로 계산한 결과인 표 9의 57,869호와 51,439호와 표 10의 3인, 3.5인, 혹은 4인으로 나누었을 경우와 비슷한 수치인 59,645호, 51,124호, 44,734호를 보여주고 있다.

이러한 분석의 결과를 토대로 고려할 때 신라 왕경의 17만여 호의 수치는 호의 수로는 무리한 것으로 역시 인구 수로 보는 것이 바람직할 것으로 생각된다.

6. 맺음말

신라 왕경의 인구 수는 여러 학문 분야에서 국내외의 많은 학자들이 관심을 가지고 일제강점기 이래 오랫동안 연구되어 오고 있는 주제이다. 그간에 이에 대한 연구 업적이 많이 축적되어 있다. 신라 왕경의 인구 수는 일견 단순하게 보이는 주제이다. 그러나 사실은 여러 가지 변수들이 복잡하게 얽혀있고 학자들 간에 극명한 차이를 보이고 있다. 가장 첨예한 차이를 보여 주는 것은 『삼국유사』에 보이는 '1,360방'과 '360방' 중에 어느 것을 택할 것인가, 특히, '178,936호'를 액면 그대로 '가호 수'로 볼 것인가 혹은 '인구 수'로 볼 것인가이다.

신라 왕경의 인구 수를 검토함에 있어서 우선 '왕경'의 공간적 범위를 광역의 경주시가 아니고 현금의 경주시 혹은 경주 분지 일대로 한정해서 보는 것이 사료 해석 상 맞다는 것을 본고에서 주장하였다. 신라시대의 측량 기술이나 경주의 지형 등을 고려할 때 왕경 내 방의 수가 '1,360방'이 되는 것은 실질적으로 불가능할 것으로 판단하고 만약 조방제가 제대로 실시되었다면 '360방'이 더 신빙성이 높을 것이라고 보았다.

본고에서 그간에 경주에서 발굴 조사된 도로 유구와 건물지 등의 고고학 자료를 기술통계학을 적용하여 검토하여 보았다. 그 결과 신라 왕경의 도로가 학계에서 일반적으로 수용하고 있는 바와 같이 대, 중, 소로 세 가지만이 아니고 좀 더 다양한 도로가 있었을 가능성이 높다는 것을 찾아낼 수 있었다. 이것은 바꾸어 말하자면 신라 왕경의 도로가 획일적이지 않았다는 것을 의미하며 나아가 신라 왕경의 도시 계획이 질서정연한 조방제로 계획되지 않았을 가능성을 시사한다고 볼 수도 있다. 비록 조방제가 실시되었다고 하더라도 왕경의 중심지와 그 주변 일대에 국한하였을 것으로도 해석하여 볼 수 있다. 왕경 중심지 및 그 인근과 외곽 지역 사이에 도로가 획일적이지 않거나 표준화되지 못하여 도로 폭의 규모에서 차이가 있다는 것을 고고학적으로 보여주고 있다고 생각된다.

건물지 면적에 대한 기존의 연구 성과, 『삼국사기』 옥사조의 주거 면적 제한 기사, 그리고 고고 자료를 이용하여 도출한 건물지 평균 값을 가지고 왕경 내의 호구 수를 다양하게 산출하여 보았다. 그 결과 '178,936'은 가호 수라고 보기는 어렵고 '인구 수'로 보는 것이 타당하다는 결론에 이르게 되었다. 경주에서 발굴조사된 도로 유구에 대한 고고학적 자료를 면밀하게 분석하여 왕경 내의 건축가용 면적을 산출하는 데 적용한다면 더 정확한 면적을 계산해낼 수 있겠고 궁극적으로는 인구 수를 계산하는 데 많은 도움을 줄 것으로 예측한다.

경주에서는 지속적으로 발굴조사가 이루어지고 있어 향후 도로 및 건물지 유구에 대한 자료들이 확보될 가능성이 많다. 이러한 풍부한 고고학적 자료들을 수집하여 분석하면 신라 왕경 인구 수에 대한 좀 더 설득력 있는 연구 결과가 도출될 것으로 기대한다. 이 논문이 신라 왕경의 인구 수를 추정하는 데 다소나마 기여하게 된다면 다행으로 생각하겠다.

V. 경주 북천의 수리에 관한 역사 및 고고학적 고찰

1. 머리말
2. 경주의 지형과 홍수 문제
3. 신라의 홍수에 관한 역사 기록과 홍수에 대한 응전
4. 북천 수치의 성공과 실패: 고고학적 관점
5. 맺음말

1. 머리말

역사기록에 의하면 신라시대 이래 조선시대에 이르기까지 신라의 수도 경주에서 여러 번의 심각한 홍수가 발생하였다. 경주는 서천(西川), 남천(南川), 그리고 북천(北川)에 의해 둘러 쌓여 있지만 홍수 발생에 결정적인 역할을 한 것은 북천이었다. 경주에서 발생한 홍수들로 인하여 많은 재산 상의 피해는 물론이고 엄청난 인명 피해가 발생하기도 하였다. 『삼국사기』의 기록과 여러 가지 역사적인 사실들을 종합적으로 검토하여 볼 때 신라 사람들은 자연의 도전인 이 북천의 홍수에 적절하게 잘 대처하였다고 생각된다. 북천에 대한 치수는 고려시대에도 계속되었고 조선시대에 와서도 어느 정도 잘 운영이 된 것으로 보인다. 그러나 16세기 전반 중기 무렵부터 북천의 수리 경영은 소홀해지기 시작하여 잦은 홍수가 발생하기에 이르렀다. 특히, 임진왜란 직후 몇몇의 경주 사람들과 울산지역에서 피난 온 군민(軍民)들이 홍수가 야기하는 문제보다는 식량생산과 그에 따른 경제적인 이득에 더 관심을 두어 보문평(普門坪)을 개발하기에 이르렀다. 보문평에 농업용수를 공급하기 위해서는 북천의 남쪽에 있던 오리수(五里藪)의 나무를 베어야 했고 제방 둑을 잘라야 했으며 결과적으로 홍수 예방에 결정적인 실패를 직면하게 되었다.

본고에서 경주의 홍수를 야기하는데 결정적인 역할을 한 북천 상류 지역의 독특한 지형을 소개하고 신라시대의 성공적인 치수(治水)와 조선시대에 들어와서 기본적인 치수사업이 소홀하게 된 원인을 고찰하여 보고자 한다.

이 글을 작성하기 위하여 우선 『삼국사기』에 기록되어 있는 신라 영역과 수도 경주에서 발생한 홍수에 대한 기본적인 사료를 이용하였다. 『삼국사기』에는 다른 나라의 역사와 마찬가지로 신라사에 관하여 신이(神異)하고 전설적인 내용을 많이 내포하고 있다. 그리하여 고대사를 연구하는 몇몇 학자들은 고신라 초기 200~300년 동안의 신라 역사에 대한 『삼국사기』의 기록을 신뢰하지 않으려고 하는 경향이 농후한 것도 사실이다. 그러나 홍수와 관련된 기사는 왜곡되게 서술되었을 가능성이 비교적 희박하여 사료 이용에 큰 문제는 없을 것으로 사료된다. 아울러 고려 및 조선시대에 편찬된 몇 가지 역사기록과 금석문 그리고 약간의 고고학적인 정보를 이용하여 북천의 수리에 관하여 고찰하고자 한다.

2. 경주의 지형과 홍수 문제

세계사 상에서 대부분의 초기 문명들은 큰 강 주변에서 발생하였다. 신라 문명도 예외는 아니어서 강, 즉 형산강(兄山江)변에서 성장하였다. 형산강은 길이도 아주 짧고, 따라서 규모도 작지만 신라인들에게는 젖줄이었다. 형산강은 전체 길이가 62km이고 총면적은 1,167km^{2}에 지나지 않는 왜소한 강이다. 그럼에도 불구하고 당시 경주에 살았던 사람들이 농사를 짓고 생활을 영위하는 데 농업용 수자원은 물론이고 강이 가져다주는 여러 가지 일반적인 혜택, 예를 들면 고기와 어패류 등의 식량자원, 교통로 및 자연적 군사 방어시설 등을 제공하였을 것으로 추정된다.

다른 한편으로 형산강은 신라 경주 사람들의 주요한 걱정거리를 제공하는 곳이기도 하였다. 자연환경은 통상 그러하듯이 급격하게 변하는 것이고 따라서 홍수 같은 자연재해는 예측이 어렵다. 아래에서 논하듯이 신라 경주 사람들은 심각한 홍수 재해를 여러 번 경험하였다. 그럼에도 불구하고 경주는 처음부터 끝까지 거의 천년 동안이나 신라의 수도로 유지되었다. 경주에서 발생하는 불가항력의 홍수는 어쩔 수 없었겠지만 홍수 다발지역인 북천 변에 제방을 쌓음으로서 홍수 피해를 가능한 한 최소한으로 줄이도록 노력하였던 것으로 추정된다.

경주 분지는 해발 200~500m 정도에 해당하는 비교적 낮은 산들로 둘러싸여 있다. 동쪽으로는 명활산(明活山, 해발 268.5m), 서쪽으로는 선도산(仙桃山, 해발 380.9m), 북쪽으로는 금학산(金鶴山/琴鶴山, 해발 277m), 그리고 남쪽으로는 남산(南山, 해발 494.6m)이 위치하고 있다. 이들 낮은 산 지역을 벗어나서 외곽으로 나가면 동쪽으로는 토함산(吐含山, 해발 745m)이 있고 멀리 서쪽으로는 단석산(斷石山, 해발 827m)이 자리잡고 있다. 이들 산악 지역들은 상당한 양의 빗물을 받아서 부근의 지류로 보내지만 거의 대부분이 모두 형산강으로 합류하게 되어있다. 즉, 경주를 둘러싸고 있는 이들 산악 지역들이 형산강의 주요한 수자원이 되고 있다.

이 논문의 주제가 되는 북천은 토함산의 북서쪽 부분에서 발원을 하여 덕동(德洞)과 보문(普門)을 지나 동쪽에서 서쪽으로 흘러 경주시의 북쪽 모서리 부근에서 거의 직각으로 형산강에 합류한다(그림 1). 그리하여 형산강과 그 지류인 남천과 북천이 'ㄷ'자 모양으로 경주시 중심가의 대부분을 둘러싸고 있다. 이들 내[川]가 선사시대 이래 최소한 2,000년 이상 이 지역에 많은 영향을 미쳤다. 특히, 북천의 독특한 지형적 특성 때문에 시대를 달리하면서 경주 지역에 거주하였던 주민들은 많은 수해를 겪어야 했다.

본고에서 신라시대 주민들이 이러한 지리적 환경에 의한 자연재해에 대응하기 위하여 마련하였던 대책과 어떻게 그것이 효율적으로 운용되었고 시간이 지나면서 어떻게 변했는가를 검토하고자 한다. 그렇다고 하여 신라 사람들이 아주 독특하였다거나 그들만이 특별히 수치(水治)에 성공적이었다는 것을 강조하려는 것은 아니다. 왜냐하면 고려시대에도 지배계층들이 북천의 홍수 관리에 많은 관심을 기울였고 비록 16세기 이후 실패하기는 하였지만 조선시대에 들어와서도 북천의 홍수 문제는 경주 거주 관민(官民)들의 지속적인 관심의 대상이었고 또 홍수 방지를 위한 노력이 계속적으로 이루어졌기 때문이다.

경주의 북천은 몇 가지의 다른 이름을 가지고 있다. 신라시대에는 주로 알천(閼川)으로 불려지다가 고려시대에 들어와서 북천 혹은 동천(東川)으로 불려지기 시작하였으며 근래는 대체로 북천으로 불려지고 있다. 이 북천은 경주 시내 중심가에서 북쪽으로 약 2km 내외 정도 떨어진 곳에 위치하고 있다. 아리랑 위성에서 찍은 경주의 사진(사진 1)과 북천의 지도가 이 내의 동쪽 부분의 아주 특이한 지형 모습을 보여주고 있다(그림 1을 참조). 즉, 경주시의

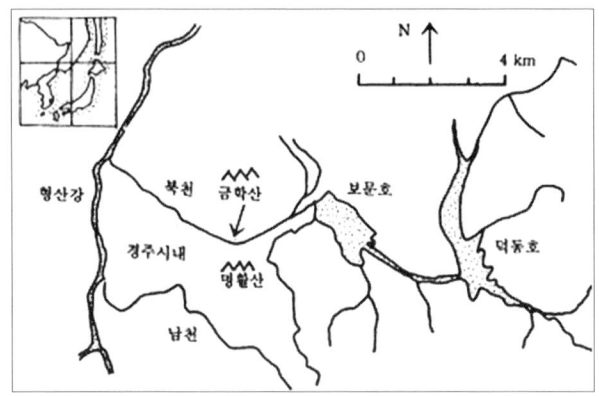

그림 1. 경주시와 홍수 발생에 직접적인 영향을 미치는 북천, 남천, 그리고 형산강

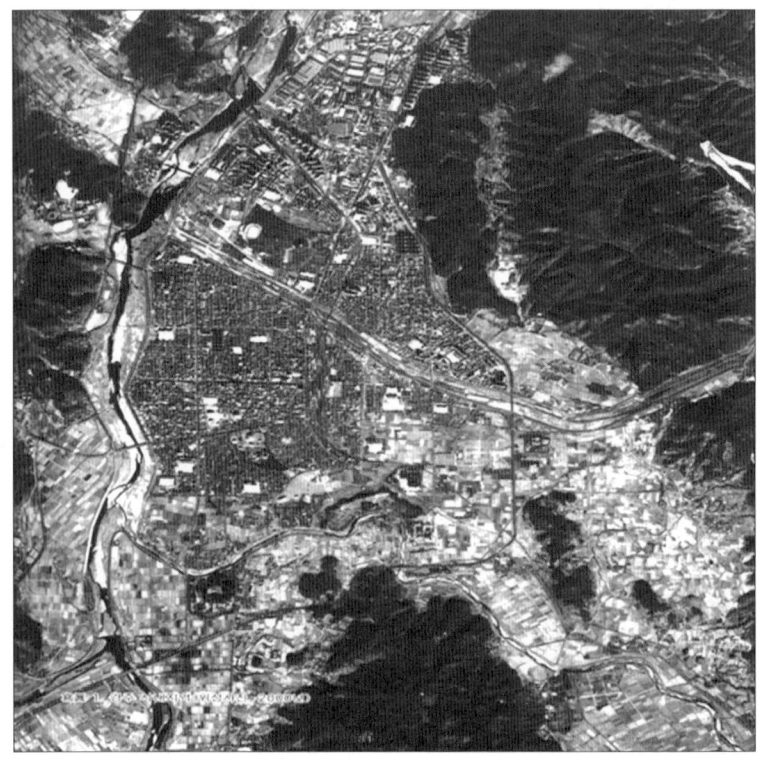

사진 1. 위성(아리랑)에서 찍은 경주 지역의 지형 사진(사진 아래는 남산, 오른쪽에 있는 금학산 남쪽에 돌출된 가장자리가 보인다)

사진 2. 북천 인근의 지형(왼쪽은 금학산, 오른쪽은 명활산)

북동쪽이며 북천의 북쪽에 놓여 있는 금학산의 남쪽 가장자리가 북천의 한가운데로 돌출되어 있다. 비스듬하게 돌출되어 나온 이 산자락 때문에 이곳에서 강폭이 다소 좁아지고 물의 양이 많을 때는 이곳이 북천 흐름의 속도와 방향을 결정하는 중요한 요소로 작용하였다. 한편 북천의 남쪽에는 명활산(明活山)이 위치하고 있어 물이 다른 곳으로 흘러갈 곳이 전혀 없다. 국립경주박물관의 주차장이나 안압지에서 금학산의 산자락과 명활산을 양쪽에 각각 두고 그 중심부를 바라보면 지형이 'V'자를 이루고 있는 것을 볼 수 있다(사진 2). 평소에 물의 양이 그다지 많지 않을 때에는 금학산의 이 돌출 부분은 북천의 물 흐르는 방향에 크게 작용하지 않거나 작용하여도 거의 미미한 정도이다. 그러나 여름 장마철 혹은 우기인 대략 6월 중순 이후부터 8월 말까지 경주 지역에 비가 많이 내리면 북천 물의 양은 급속하게 불어나고 이렇게 불어난 물은 보문을 지나자마자 금학산의 남쪽 능선 가장자리 돌출된 부분과 마주치게 되어 있다. 그러면서 이 북천은 물줄기를 급속하게 바꾸어 바로 경주의 중심지 및 그 주변 지역으로 흐르고, 특히 안압지, 반월성의 좌우지역, 대능원, 첨성대, 계림 등을 통과하여 남천과 합류하여 서쪽의 형산강으로 흘러들어간다(박방룡 2001: 39; 이기봉 2002: 47~50, 82~84). 그리하여 심지어는 반월성의 남쪽에 있는 국립경주박물관도 북천 홍수의 직접적인 영향을 받을 수 있는 위험지대 안에 있다는 것을 쉽게 짐작할 수 있다.

현금에도 보문호에서 끌어온 물과 명활산의 서록에서 내려 온 물은 보문평, 안압지, 계림(鷄林)을 지나 반월성(半月城)의 서쪽 끝과 월정교지(月精橋址) 사이에 나 있는 작은 개울을 통해 남천으로 흘러들어 가고 있다. 이 현상을 고려하고 경주에서 오래 살았던 나이 든 사람들의 이야기를 종합하여 보면 과거 홍수가 발생하였을 당시의 물 흐름을 어느 정도 상상하여 볼 수 있다.

그리하여 북천의 홍수는 경주에 살았던 주민들은 물론이고 신라의 지배계층들에게까지 심각한 위협의 요소였다. 이러한 위협은 비단 신라시대 경주 사람들에게만 국한된 것이 아니고 북천의 상류지역에 일제시대에 축조된 보문호가 1963년 개수되고 1977년 덕동호가 건설될 때까지 근래의 경주사람들에게조차 아주 심각한 걱정거리였다. 북천의 상류에 덕동댐이 건축되었음에도 불구하고 1991년 폭우를 동반한 태풍 글래디스(Gladys)호가 불어닥쳤을 때 물이 댐의 둑 위로 범람하는 사태가 발생하였다. 이 태풍은 1959년 9월에 발생한 사라(Sarah)호와 더불어 20세기 한반도 동남부지역을 강타한 가장 큰 태풍들 중의 하나였으며 이 태풍으로 인하여 많은 인명피해가 발생하였다. 자그마치 103명이 죽었고 72명이 부상을 입었다. 더욱이 20,000여 명 이상이 집을 잃어 엄청난 경제적인 손실이 뒤따랐다. 다행히 경주의 피해는 비교적 적었지만 형산강의 하류지역에 위치하고 있는 안강읍과 기계면의 주민들이 이 홍수에 의해 심각한 피해를 입었다.

당시 경주 시내에 거주하고 있던 많은 주민들이 동국대학교 캠퍼스 등 고지대로 대피하기는 했지만 만약 이 덕동호가 붕괴되었다면 보문단지를 비롯한 경주시의 대부분, 그리고 국립경주박물관, 당시 국립경주문화재 연구소

등이 초토화되고 많은 인명피해가 발생하였을 것은 확실하다. 이 일이 발생한 다음 댐 및 토목구조, 수리관계 전문가들이 보문호와 덕동호가 엄청난 양의 물을 감당할 수 있을 것인가에 대한 안전성 연구를 실시한 적이 있다(경주시 1991, 1998). 연구 결과 이 두 물막이 시설들이 안전한 것으로 판명되기는 하였지만 붕괴의 위험은 여전히 존재하고 있다. 이것을 계기로 덕동댐의 붕괴 위험성을 다소라도 줄이기 위하여 댐 시설의 북쪽 끝에 2003년 11월 여수로(餘水路)를 추가로 건설하였다. 그리하여 과거 북천의 상류지역에 이러한 물막이 시설, 특히 덕동댐이 없었을 때는 경주 주민들이 정기적으로 심각한 홍수 문제에 직면해야 했던 것이다.

현재 경주 시내로 향하기 위해서 보문단지를 벗어나자마자 우측 길로 가면 북천의 북안(北岸)을 따라 경주 동천동과 포항으로 가는 7번 국도와 연결되는 포장도로가 하나 있다. 이 도로를 건설하기 위하여 북천의 한 가운데로 비스듬하게 돌출되어 있는 금학산의 남쪽 가장자리 일부를 잘라내었다. 그리하여 북천에 홍수가 발생하였을 경우 그 흐름이 경주 시내 방향으로 급선회하는 것을 다소 완화시켜 주는 것은 사실이다. 그러나 과거 신라시대 이래 근래까지 이쪽에는 도로가 건설되지 않아 금학산의 돌출 부분이 그대로 있었고, 특히 덕동댐이 축조되기 전까지는 이 산자락이 경주의 홍수 발생에 결정적인 영향을 미쳤을 것으로 생각된다.

3. 신라의 홍수에 관한 역사 기록과 홍수에 대한 응전

『삼국사기』는 그렇게 많지는 않지만 신라시대에 발생하였던 홍수에 관하여 몇 가지 아주 중요한 자료를 제공하고 있다. 이 역사서에 기술되어 있는 신라 왕조 동안에 발생하였던 홍수에 관한 기록이 모두 명료한 것은 아니지만 과거 홍수와 관련된 역사를 연구하는 데는 아주 중요하다. 『삼국사기』에는 고 신라시대인 기원후 34년에 처음 홍수에 관한 기록이 등장하기 시작하여

870년까지 836년 동안 신라의 영역 내에서 발생하였던 30건의 홍수 기록이 기술되어 있다. 이들 홍수에 대하여 좀 더 상세히 알아보기 위하여『삼국사기』 신라본기에 기술되어 있는 모든 큰 비, 그것으로 인해 발생한 산사태 및 홍수와 관련된 기사들을 추출하여 표를 만들었다(표 1).

이 표를 바탕으로 기본적인 통계 수치를 보면 신라시대에는 27.9년(836년/30회) 혹은 28.8년(836년/29회, 표 1의 25를 제외한 경우)마다 한 번씩 홍수가 발생하였는데 빈도수가 상당히 높은 편이다. 이『삼국사기』의 기사와 전반적인 상황을 고려하여 보면 신라시대 경주에만 최소한 8회의 큰 홍수가 발생하였던 것으로 나타나 있다(표 1의 5, 10, 11, 19, 20, 22, 23, 그리고 25). 그런데 표 1의 25번 기사는 홍수와 관련된 것이라고 보기는 어렵다. 우선 계절이 음력 1월이므로 폭우가 내려 큰 물이 지기는 하였지만 홍수 발생은 아니었던 것으로 보는 것이 맞겠다. 어쨌든 비가 많이 내려 북천의 물이 불어 북천 북쪽에 거주하면서 왕위에 즉위하기로 되어 있던 김주원(金周元)이 건너오지 못하는 사이 김경신(金敬信)이 왕위에 즉위하여 원성왕(元聖王, 785~798)이 된 것이다. 표 1의 기사를 자세히 음미하여 보면 경주에서 8회 이상의 홍수가 발생하였을 가능성을 배제할 수 없다. 그러나 표 1의『삼국사기』기사에서 볼 수 있듯이 홍수가 발생한 지명이 구체적으로 언급되지 않은 나머지 홍수들은 신라의 어느 곳에서 발생하였는지 정확히 알 수 없다.

위에서 언급한 바와 같이 경주 북천의 북쪽에 위치하고 있는 금학산의 지형적 특징과 토함산에서 방출되는 엄청난 양의 물의 양을 고려하면 경주에서 발생한 대부분의 홍수는 북천과 직접 관련되어 있다고 생각한다. 그러므로 신라의 지배계층들이 경주시내의 홍수 발생을 최소화하기 위하여 금학산의 반대편, 즉 북천의 남쪽 하안을 따라 제방을 축조하였을 가능성이 높다. 신라 사람들이 북천을 따라 언제, 어떤 종류의 제방시설을 축조하였는지에 대한 직접적인 역사 기록이나 고고학적 증거는 아직 보고되지 않았다. 그러나 아래에서 기술하듯이 신라의 지배계층들이 북천 때문에 발생하는 홍수 방지를 위한 최소한의 조치를 하였을 것은 거의 확실하다.

표 1. 『삼국사기』에 등장하는 신라 홍수 관련 기사

순번	연도	월(음력)	왕/재위 년	홍수 및 피해 상황(요약)
1	34	6월	유리 이사금 11	대홍수
2	108	5월	파사 이사금 29	대홍수, 많은 사람들이 기근
3	114	4월	지마 이사금 3	대홍수
4	131	5월	지마 이사금 20	큰비가 내려 민가가 떠내려 감
5	160	4월	아달라 이사금 7	큰비가 내려 알천[북천] 물이 넘어 집들이 떠내려 감. 금성의 북문이 저절로 무너짐
6	192	5월	벌휴 이사금 9	대홍수가 있어 여러 곳에서 산사태가 발생함
7	198	5월	내해 이사금 3	나라의 서쪽에 홍수가 져서 수해 당한 고을에 1년간 세금을 감면함
8	212	5월	내해 이사금 17	큰비가 내려 집들이 무너지고 떠내려감
9	260	여름	첨해 이사금 14	큰비가 내려 30여 곳에 산사태가 발생함
10	290	5월	유례 이사금 7	큰물이 져서 월성이 붕괴됨
11	350	4월	흘해 이사금 41	큰비가 10일 동안이나 내려 평지에 물이 3~4자가 넘었다. 관가와 민가가 떠내려가고 산사태가 13개 곳에서 발생함
12	366	4월	내물 마립간 11	큰물이 져서 산사태가 13개 곳에서 발생
13	438	4월	눌지 마립간 22	우두군에서 산에서 물이 갑자기 밀려와 민가 50여 호가 떠내려 감
14	465	4월	자비 마립간 8	큰물이 져서 17개 곳에서 산사태가 발생
15	469	4월	자비 마립간 12	서울 서쪽에 큰물이 져서 민가가 무너지고 떠내려감
16	483	4월	소지 마립간 5	큰물이 지다
17	483	7월	소지 마립간 5	큰물이 지다
18	494	4월	소지 마립간 16	큰물이 지다
19	496	5월	소지 마립간 18	큰비가 내려 알천[북천]물이 넘어 민가 200여 호가 떠내려감
20	589	7월	진평왕 11	서울 서쪽에 홍수가 져서 민가 30,360호가 떠내려가고 200명이 죽었다
21	657	7월	무열왕 4	큰물이 져서 300여 명이 물에 빠져 죽었다
22	698	7월	효소왕 7	서울에 큰물이 졌다
23	703	7월	성덕왕 2	서울에 큰물이 져서 많이 빠져 죽었다
24	720	4월	성덕왕 19	큰비가 내려 13개 곳에서 산사태 발생
25	785	1월	원성왕 1	큰비가 내려 알천[북천]의 물이 많이 불었다[김주원이 왕위 즉위 실패]
26	797	9월	원성왕 13	홍수가 나서 산이 무너졌다
27	814	5월	헌덕왕 6	서울 서쪽에 큰물이 졌다. 사신을 보내어 수재를 겪은 주, 군의 백성을 위문하고 1년간의 조세를 감면함
28	853	6월	문성왕 15	큰물이 졌다
29	867	8월	경문왕 7	큰물이 져서 곡식이 제대로 안 익음
30	870	7월	경문왕 10	큰물이 졌다

경주에서 홍수 문제는 연례적인 것이었고 신라왕조뿐만 아니라 고려와 조선 왕조에 있어서도 주요 걱정거리였다. 민주면(閔周冕, 1995)이 1669년에 작성한 『동경잡기(東京雜記)』에 고려시대의 북천 홍수 문제와 관련된 흥미로운 기사가 아래와 같이 기술되어 있다.

> 이 내[川]는 추령에서 발원하여 굴연으로 흘러들어간다. 이 내는 내 줄기의 북동쪽 부분에서 흘러나와 바로 읍내 거주 지역을 관통한다. 고려시대 현종[1010~1030]이 전라, 충청, 그리고 경상도에서 군정들을 징발하여 바위를 가지고 제방을 쌓게 하고 홍수를 예방하기 위하여 나무를 심게 하였다.

위의 기사에 의하면 고려시대 현종(顯宗, 아마도 1012년 8월)이 고려 전 영토의 절반 정도에 해당하는 삼도(三道), 즉 경상도를 비롯한 충청 및 전라도에서 군정(軍丁)들을 징발하여 북천의 제방을 수리하게 하였다. 이러한 사실은 이 제방을 수리하기 직전 어느 시점에 경주에 심각한 홍수가 발생하였고 이 때문에 당시 북천의 제방이 붕괴되어 수리가 절실하게 요구되었다는 것을 시사한다.

이러한 역사적인 사실과 관련하여 경주 시내의 동편에 일부 남아 있는 남고루(南高壘)가 언급되어야 한다. 남고루는 흙과 인두대(人頭大)의 돌을 이용하여 쌓아 놓은 토루이다. 남고루는 경주 성동동(城東洞)의 북천 변에 이어져 있고 양정로와 평행하게 북에서 남으로 내려오다가 인왕동에서 대각선으로 방향을 바꾸어 계림로, 황오동, 대릉원을 지나 서천에 이어져 있었다. 현재 남고루의 대부분은 파괴되었고 경주고등학교 서편에 일부 그리고 인왕동에 일부가 남아있는 정도이다. 남고루의 일부가 1993년 국립경주문화재 연구소에 의해 발굴조사되었다(국립경주문화재연구소 1995). 발굴조사 보고자는 이 남고루를 발굴할 당시 석축을 찾았고 특히 석축의 동편에 물 웅덩이가 있는 것을 확인하였다. 조사자들은 이것을 해자(垓子)로 추정하여 경주 시내에 있는

사진 3. 알천수개기 원경

고려읍성의 외곽 성이었을 것으로 추정하고 있다(국립경주문화재연구소 1995: 321).

그러나 필자가 수차례 현지 답사한 결과 그리고 위에서 언급한 『동경잡기』의 기사와 결부시키고 또 전반적인 경주의 역사적 맥락과 지형을 고려하면 남고루는 수재를 막기 위해 쌓은 제방 혹은 천방이었다고 판단된다. 이 문제에 관해서는 차제에 좀 더 면밀한 고고학적 연구가 수행되어야 할 것으로 생각한다. 현재 남고루에서 일부 발굴된 자료 이외의 다른 고고학적 자료가 없어 필자의 견해를 뒷받침할 수 있는 물질적인 자료를 얻기가 쉽지 않다. 이 주제에 관해서는 차후에 더 면밀하게 조사하고자 계획하고 있지만 남고루의 성격에 관한 좀 더 상세한 내용은 한 편의 논문으로 발표하였고(강봉원 2006) 본 서의 'Ⅵ장'에 게재하였으므로 참조하기 바란다.

조선시대에 들어와서도 북천을 따라 축조되어 있던 제방은 계속 유지 혹은 수리가 되었다. 조선시대의 경주 사람들이 1707년 북천 제방을 수리한 후 금학산의 서편 자락에 있는 바위 면에 글을 새겨둔 것이 그러한 사실을 방증한다(사진 3). 이 금석문은 알천수개기(閼川修改記)라고 불려지는 것이며

사진 4. 알천수개기 근경

1980년 경주에 있는 경주 문화유산회 회원들에 의하여 발견, 보고되었다 (경주수리지편찬위원회 1983: 236; 조철제 2000: 278). 이 비문은 북천의 북쪽변을 따라 나 있는 길로 가다가 헌덕왕릉을 왼쪽에 두고 약 400~500m 정도 보문단지 쪽으로 더 진행하여 왼쪽에 위치하고 있다. 비문은 3개의 다른 바위면 위에 대략 90자의 한자로 다음과 같이 새겨져 있다(사진 4).

서쪽으로 흘러가는 알천의 홍수에 읍의 동쪽에 있는 제방이 무너졌다. 고려시대에 나무와 바위로 높은 제방이 축조되었다. 이 제방이 올해 정해년[1707]에 수리되었다. 지형에 의하여 형성된 물줄기의 물길이 청소되고 옛 물길에 따라 깊어졌다. 여기 바위면에 이 역사적 사실[북천 청소 및 제방 수리]을 기록하여 앞으로 올 수억 년 동안 기억되도록 하고자 한다. 부윤 연안 이공[인징]이 쓰고 김해천, 권성경, 김명웅, 임기정이 도왔다. 손여의, 서진, 김창도, 정세중, 그리고 스님 의성이 이 제방 수리 공사 책임을 맡았다. 손여의가 최고 책임자였고 이진명과 김시경은 이 작업을 감독·관리하였다.

關川西注 邑基東圯 高擁木石 粤自麗氏 今又修改 歲維丁亥 因勢利導
水由古道 磨峨記蹟 垂之千億 知府延安李公書 金希天權聖經
金命雄任基重贊成以孫汝義徐津金昌道鄭世禎 僧滑性 董役 孫公主之
色吏 李震溟金始經

  이 알천수개기 비의 내용은 경주 사람들이 조선시대 숙종(肅宗, 1675~1720)이 재위하고 있는 중에[1707년] 북천의 제방을 수리하고 또 북천 바닥에 쌓인 자갈을 퍼내어 청소를 실시한 것에 관한 기록이다. 한편 이 비문의 내용은 위에서 언급한 바와 같이 고려시대 현종(1012년 8월)의 명을 받아 충청, 전라, 그리고 경상도 삼도에서 동원된 군정들과 경주 사람들이 이 제방을 축조 혹은 수리하였다는 것을 직접적으로 시사하는 것을 보여준다. 그러나 아래에서 언급하듯이 북천 제방은 애당초 고려시대가 아니고 신라시대에 최초로 축조되었을 가능성이 아주 높다고 추정된다.

  위에서 언급한 것 이외의 역사 기록 혹은 금석문이 신라시대 북천의 홍수를 방지하기 위하여 어떤 종류의 구조물을 건축하였다는 내용을 언급하는 것은 현재 보고된 바가 없다. 그리하여 신라 사람들이 북천을 따라 제방을 실제로 건축하였을 것인가에 대해 상당히 의문이 가는 것은 사실이다. 또 신라시대에 제방 축조 기술에 관해서 알려진 것도 보이지 않는다. 그러나 홍수에 대비하기 위하여 신라 사람들이 제방을 축조하였을 가능성이 아주 높다는 것을 아래 『삼국사기』의 축성 기사 분석을 통해서 알 수 있다.

  『삼국사기』에 의하면 신라 지배계층들이 5세기 말엽까지 신라 영역 내 여러 곳에서 25개의 산성을 축조하였다는 기록이 있다(Kang 1995: 193). 전체 25개의 산성 중에서 18개(72%)의 산성이 5세기에만 축조되었다. 신라 사람들이 대규모의 산성을 높은 산꼭대기에 축조한 것으로 미루어 볼 때 그들이 필요할 때 저수지나 제방을 축조할 수 있는 충분한 역량을 갖추고 있었고, 실제로 작업을 실시하였을 것으로 추정하는 것이 전혀 근거가 없지는 않다고 생각된다.

표 2. 『삼국사기』에 등장하는 저수지 축조 관련 기사

순번	연도	월(음력)	왕/재위 년	저수지 축조 기사 (요약)
1	144	2월	일성 이사금 11	농사는 정치의 근본이요 식물은 백성의 하늘이니 여러 주군은 제방을 수리하고 농토를 널리 개척하라 함
2	433	모름	눌지 마립간 13	시제를 신축하였는데 둑의 길이는 2170보였다
3	531	3월	법흥왕 18	유사에게 명하여 제방을 수리함
4	790	1월	원성왕 6	벽골제를 증축하는데 전주 등 일곱 고을 사람을 징발하여 역사(役事)를 시작함
5	810	2월	헌덕왕 2	사자를 보내어 국내의 제방을 수리하게 함
6	859	4월	헌안왕 3	교서를 내어 제방을 수리하고 농사를 권장하게 함

　신라 영역의 몇 곳에서 저수지와 제방의 축조나 그들의 수리에 관한 역사 기록이 『삼국사기』에 기재되어 있다(표 2). 이들 『삼국사기』 기사의 내용과 아울러 신라 영역 내였던 경북 영천에서 청제비가, 그리고 대구에서 무술오작비(戊戌塢作碑)가 발견된 것이 그러한 추정을 직접적으로 뒷받침하는 증거가 된다.

　표 2에 제시되어 있는 역사 기록들은 신라시대 제방 축조 및 노후된 제방의 수리와 직접적인 관련이 있는 것들이다. 경북 영천시에 있는 청제비(菁堤碑) 비문에 등장하는 병진(丙辰)년의 기명에 의거하여 청 못은 476년(강봉룡 1994; 김창호 1983: 118; Kang 2006: 193~216) 혹은 536년(이기백 1984: 303~304; 이우태 1992: 35~54; 주보돈 2002: 77)에 축조되었다고 해석되고 있다. 여러 가지 역사적인 기록과 전반적인 역사적 상황을 토대로 한 청 못의 축조 연대에 대한 해석의 차이로 학자들 간에 60년의 연대 차가 나지만 이 논문에서는 이 연대 차가 그렇게 중요한 것은 아니다.

　한편 영천의 청 못이 축조된 후 조선시대에 들어와서 몇 차례 보수된 사실이 있기는 하지만 규모가 상당히 크고 여전히 존재하고 있으며 현재도 지역 농민들에 의하여 많이 사용되고 있다. 영천의 청 못이 비록 536년에 축조되었다고 하더라도 이 연대를 감안하고 또 영천이 신라의 정치적인 중심지인 경주에서 다소 떨어진 지역에 있다는 것을 고려하면 신라의 지배계층들이 5~6세기 이전에 이미 수도에 북천의 범람으로 인한 홍수를

방지하기 위하여 금학산의 끝자락 반대편 혹은 북천의 양안(兩岸)을 따라 제방을 축조하였을 개연성이 아주 높다. 그리고 위에서 언급한 바와 같이 문헌자료와 금석문의 기록에서 알 수 있듯이 고려와 조선시대의 경주 사람들은 홍수 방지를 위하여 이 북천 제방을 계속 유지하고자 하였음은 확실하다(아래 참조).

『삼국사기』, 『삼국유사』 및 『동경잡기』 등 역사 기록에 의하면 신라 사람들이 경주 주변에 의도적으로 많은 나무를 심어 숲을 조성하였다는 것을 알 수 있다. 『삼국사기』와 『삼국유사』에 의하면 신라시대 말엽(936년)까지 경주 주변에 8개의 큰 숲, 예를 들면, 계림(鷄林), 천경림(天鏡林), 문잉림(文仍林), 신유림(神遊林) 등이 조성되어 있었고, 고려시대 이후 역사 기록에 등장하는 숲은 고양수(高陽藪), 남정수(南亭藪), 오리수(五里藪), 한지수(閑地藪), 임정수(林井藪) 등이다(이근직 2000: 64; 조철제 2000: 281). 아쉽게도 현재 이들 대부분의 숲들이 남아 있지 않고 문헌기록 속에 이름만 남아있다. 현재 경주와 그 인근의 계림, 나정, 삼릉, 황성공원 등에 있는 숲이 신라나 고려시대에 조성된 숲과 직접적인 관련이 있는지는 확실하지 않다. 그러나 이 숲을 통하여 신라시대의 숲들을 어느 정도 상정하여 볼 수 있겠다.

신라와 고려시대 사람들이 정확하게 어떤 종류의 나무로 숲을 조성하였는지는 잘 알 수 없다. 그러나 현재 경주에 남아있는 많은 소나무를 볼 때 소나무가 그 중 하나였을 가능성이 있고 반월성의 북서쪽에 있는 계림에 오래된 많은 느티나무가 있는 것으로 보아 느티나무, 그리고 버드나무가 그 뒤를 이은 것이 아닌가 짐작만 할 뿐이다. 한 가지 흥미로운 것은 정헌(定軒) 이종상(李鍾祥, 1799~1870)이 경주 보문에 살면서 지은 시(詩)의 제목 중에 '오리홍수'(五里紅茱, 『정헌집』 권1)가 있다(조철제 2000: 282). 이것을 보고 판단하건대 혹시 산수유(山茱萸)가 다소 심어져 있지 않았을까 추정은 하지만 수목의 종류에 관해서는 차제에 좀 더 연구되어야 할 부분이다.

신라시대 이래 조선시대에 이르기까지 경주에 숲을 조성한 이유는 여러 가지가 있겠다. 그러나 북천 주변에 숲을 조성한 것은 홍수에 대비하고자 축조한 제방을 보호하고 또 홍수의 위험을 최소화하기 위한 의도가 가장 컸을 것으로 보인다. 한 가지 언급하여야 할 중요한 사실은 신라시대 경주 사람들이 북천의 홍수와 바로 직결되는 중요한 곳에 숲을 조성하였다는 것이다. 북천 제방을 따라 숲을 조성하였다는 사실은 그 나무들이 많은 양의 물을 흡수함으로서 홍수의 위험을 다소나마 줄이고자 한 것으로 생각된다. 또 제방을 따라 숲을 조성한 좀 더 중요한 이유로는 통상 나무의 뿌리들이 돌과 흙 등을 서로 얽히게 하는 데 중요한 역할을 하므로 제방을 견고하게 하여 북천의 붕괴를 최소화하고자 기도(企圖)하였던 것으로 생각된다.

『동경잡기』에 의하면 북천 제방을 보호하기를 기대하면서 조성하였던 숲의 이름이 오리수(五里藪)였던 것으로 알려지고 있다. 이 숲은 더 이상 존재하지 않지만 인근에 사는 주민들이 숲 이름을 따서 마을 이름을 지었는데 그것이 '숲 머리 마을'이다. 숲 머리는 숲이 바로 이곳에서 시작하여 북천을 따라 서쪽으로 이어지기 때문인 것으로 추정된다. 한편 이 숲의 길이가 오 리(五里) 정도 된다고 하여 이 숲이 오리수라고도 불려졌던 것이다. 현재도 이 '숲 머리 마을'은 경주 보문단지로 진입하기 직전 오른쪽에 위치하고 있으며 보문단지가 조성되기 전에 동해안으로 향하는 국도는 바로 이 마을의 중심부를 통과하게 되어 있었다.

요약하자면 신라시대 경주 주민들은 그들과 경주시 전체가 홍수 위험 지역에 있다는 사실을 잘 인식하고 있었다. 그리고 홍수의 위험을 최소화하기 위하여 많은 노력을 기울였다는 것도 명확하게 알 수 있다. 어떤 때는 그들의 노력이 통할 때도 있었지만 북천의 제방이 감당할 수 없을 정도로 엄청나게 많은 비가 내렸을 경우에는 통하지 않았을 것으로 추정된다. 다음 장에서 볼 수 있듯이 북천의 홍수는 적어도 기원후 500년 전후부터 신라가 멸망하는 시기까지 경주 사람들에 의하여 비교적 잘 통제되었던 것으로 사료된다.

북천의 제방은 위에서 언급한 고려시대의 현종 대로 알려진 1012년 한 번의 경우를 제외하고 고려시대에 들어와서도 관리가 전반적으로 잘 되었던 것으로 보인다. 그러나 아래에서 논의하듯이 경주가 홍수로부터 비교적 안전해지면서 조선시대에 이르러 식량 생산과 경제적인 이익을 증진시키는 데 관심있는 일부의 역졸(驛卒)들이 북천 제방의 남쪽 뒤에 있는 홍수 안전지대, 즉 보문평을 농토로 개간하고자 시도하였다. 보문평에서 농사를 짓게 되었던 것이 경주에 많은 홍수를 발생시켰던 가장 중요한 요인이었을 것으로 추정된다.

4. 북천 수치의 성공과 실패 : 고고학적 관점

『삼국사기』의 기록에서 나타나듯이(표 1의 5, 10, 11, 19, 20, 22, 그리고 23) 신라시대에 북천이 범람하면서 몇 번의 심각한 홍수가 있었다. 그 홍수로 인하여 엄청나게 많은 집들이 떠내려가고 많은 수의 사람들이 죽기도 하였다. 그럼에도 불구하고 몇 개 되지는 않지만 아주 중요한 사찰과 신분이 높은 귀족의 저택들이 6세기 중엽 이후에 북천을 따라 혹은 북천 인근에 건축되었다. 이들 건물들은 신라시대 이후 어느 시점에, 반드시 홍수의 피해에 의한 것은 아니겠지만 폐허가 될 때까지 아주 오랫동안 존속하였다. 이러한 사실은 북천의 수리 경영이 6세기 중엽 이후부터 조선시대 16세기에 이르기까지 비교적 잘 이루어져 왔다는 것을 시사한다. 아래에서 경주에서 신라, 고려, 그리고 조선왕조에 의해 수행된 수리 경영의 성공과 실패에 관하여 서술하고자 한다.

경주 사람들에게 북천은 아주 심각한 위협이었다. 이러한 자연의 도전에 대응하기 위하여 경주 사람들은 적어도 4세기부터는 북천을 따라 제방을 쌓기 시작하지 않았을까 그 연대를 올려잡아볼 수도 있다. 특히, 신라 사람들이 350년에 있었던 아주 큰 홍수(표 1의 11) 직후에 새로운 제방을 축조하였거나 혹은 북천을 따라 축조되어 있던 기존의 제방을 수리하지 않았을까 추정하여 볼 수 있다. 만약 그것이 아니라고 한다면 최소한 황룡사가 건립되는 6세기 중엽 이전에는 이미 북천의 제방 축조가 이루어지지 않았을까 생각된다. 이러한 추정이 신빙성이 있는지를 알아보기 위하여 표 1에 있는 역사 기록을

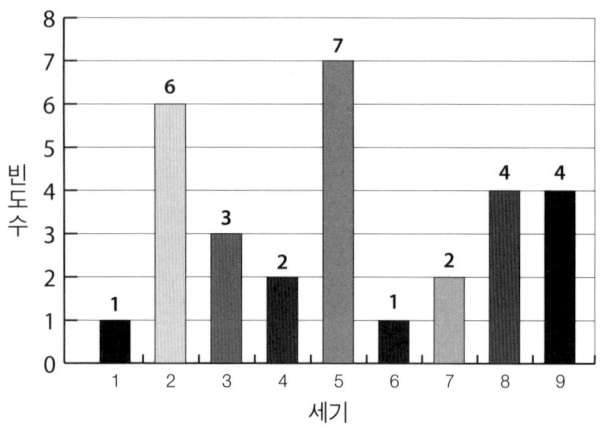

그림 2. 신라시대 경주 및 경주 인근에서 발생한 월별 홍수 빈도수(『삼국사기』 신라본기에 의거함)

토대로 막대그래프를 그렸다(그림 2). 이 그래프는 경주를 포함한 전체 신라 영역 내에서 발생하였던 홍수의 빈도가 시간이 지나면서 어떻게 변해 갔는지를 보여준다.

여기에서 한 가지 흥미로운 사실은 신라 영역 내에서 발생한 30회의 홍수 중에서 19회(63.3%)가 5세기 말엽까지 발생한 반면 6세기에 들어와서 홍수의 발생 수가 현저하게 줄었다는 것이다. 이러한 사실을 토대로 신라 왕실이 5세기 대부터 경주는 물론이고 신라 영역의 광범위한 지역에 많은 제방과 저수지를 축조하기 시작하였을 것이라는 것을 추정하여 볼 수 있겠다.

북천을 따라 제방을 쌓음으로 경주 사람들은 북천 흐름의 방향을 경주의 중심지로부터 다소나마 돌릴 수 있었을 것으로 사료된다. 표 1에서 볼 수 있듯이 경주에서 698년(표 1, 22)과 703년(표 1, 23)에 홍수가 각각 1회씩 있었다. 그리고 785년(표 1, 25)의 기사는 위에서 언급하였듯이 홍수와 직접적인 연관을 지을 수는 없다. 이것을 제외하고 『삼국사기』에 신라에서 발생한 홍수에 관한 기록이 8세기에 3회, 그리고 9세기에 4회씩 있지만(표 1, 23~30), 이들이 정확하게 신라의 어느 지역인지에 대해서는 언급이 없어 구체적으로 알 수 없다. 어쨌거나 경주에서 발생하였다는 언급을 하지 않아 경주에서는 더 이상 홍수가 발생하지 않았을 가능성도 높다. 경주에서 홍수의 발생 빈도 수가 6세기 이후 현저하게 줄어든 것은 어쩌면 6세기를 전후한 시점 이래 경주 북천의 홍수가 통제되고 대체로 예측도 되어 어느정도 다스려졌다는 것을 의미하는 것으로 해석할 수도 있겠다. 결과적으로 북천의 수치는 단지 홍수의 위험을 예방하는 차원을 넘어서 북천의 양변에 많은 홍수 안전지대를 양산하게 되었던 것으로 생각된다. 그리하여 경주의 신라인들은 바로 이곳에 여러 사찰, 그리고 거주지역을 조성하기 시작하였을 것으로 추정된다. 그런데 필자의 견해와는 달리 생각하는 경우도 있다. 예를 들어, 이기봉(2002: 154~157, 2007: 355)은 북천에 홍수가 발생하였을 경우 물 흐름의 방향이 경주 시내로 향한다는 것에는 필자와 궤를 같이 하지만, 분황사와 같은 사찰들의 건축은 종교적 기능과 더불어 하천 관리의 역할까지도 했을 것이고 여기에 더하여 부족한 부분은 제방공사를 하였을 것이라는 견해를 제시하였다. 경주의 서천 변이나 북천 변에 축조되었던 사찰들이 홍수에 대비하기 위하여 축조되었다는 학설은 아주 흥미로운 것임에 틀림없고 향후 좀 더 심도있는 연구가 이루어지게 되기를 기대하여 본다. 그러나 만약, 이기봉(2002, 2007)의 견해가 맞다면 경주 북천의 범람을 막기 위한 제방공사의 축조는 상당히 늦었던 것이 되어 현실성이 다소 없어 보인다.

신라 역사상 가장 큰 사찰인 황룡사가 553년부터 건축되기 시작하여 645년에 완성되었다. 그런데 1916년 일본인 학자들에 의하여 작성된 경주 지도에 의하면 이 황룡사는 북천의 남쪽 가장자리에서 대략 350m 정도 떨어진 곳에 위치하고 있었다. 이 정도의 거리는 어느 정도의 비만 내리면 북천 홍수의 위험지대에 해당하는 것이다. 또 신라시대는 물론이고 1970년대 중반까지만 하더라도 북천 물의 양이 원래 많았기 때문에 북천의 하천 폭은 보문호나 특히 덕동호가 없을 당시보다 훨씬 더 넓었다는 사실을 염두에 둘 필요가 있다.

어쩌면 바로 이런 이유 때문에 북천에는 단 한 개의 교량도 축조되었던 흔적을 발견할 수 없는 것이 아닌가 생각된다. 반면 북천에 비해 물의 양이 현저하게 적고 따라서 내[川]의 폭이 훨씬 더 좁은 남천에 일정교(日精橋),

월정교(月精橋), 귀교(鬼橋) 등과 같은 교량들이 축조되었던 것으로 보인다. 또한 가지 언급되어야 할 것은 문화재연구소가 황룡사 터를 발굴조사한 결과 이곳이 늪지였다는 사실이 밝혀졌다는 것이다(문화재관리국 문화재연구소 1984: 44~48). 북천에서 멀리 떨어져 있는 황룡사 터가 늪지였다는 사실은 북천이 그 정도로 넓었고 물의 양이 많았다는 것을 단적으로 말해주는 것이다. 어쨌든 홍수 위험지대임에도 불구하고 황룡사가 그 자리에 건축되었다는 것은 이 지역이 홍수로부터 안전해졌기 때문이라고 생각된다.

　북천의 남쪽 하안에 634년 분황사가 건축되었다. 그런데 이 사찰은 황룡사보다 북천의 훨씬 더 가까운 곳에 위치하고 있다. 위에서 언급한 일인 학자들에 의해서 제작된 지도를 가지고 거리를 대강 재어보면 북천의 남쪽 가장자리에서 100m도 안 되는 거리에 있다. 그 이후로 대략 6~7세기에 귀족의 주거지로 판단되는 전랑지(殿廊址)(국립경주문화재연구소 1995: 136~137; 김호상 1997: 17; 이근직 2000: 80), 임천사(林泉寺, 715년 이전)(박방룡 1999: 108), 봉덕사(奉德寺, 738년), 동천사(700~800년 사이)(이근직 1997: 165), 그리고 헌덕왕릉(825년) 등이 북천의 양쪽 변을 따라 건축되었다.

　북천을 따라 양변에 이와 같은 사찰과 주택지가 들어서고, 헌덕왕(809~825) 릉이 축조되었다는 사실은 신라의 지배계층들이 553년 황룡사를 건축하기 이전에 북천 흐름의 방향을 바꿀 수 있는 효과적인 제방을 건축하였거나 혹은 홍수의 위험 요소를 제거할 수 있는 제방의 둑을 높였다는 것을 강하게 시사한다. 그럼에도 불구하고 경주 서쪽에 589년(표 1, 20), 698년(표 1, 22)과 703년에(표 1, 23) 아주 큰 홍수가 있었다. 이 기사에서 '서울 서쪽'이라는 다소 애매한 표현을 사용하였기 때문에 홍수가 실제로 경주에서 발생하지 않았다고 하는 관점이 있을 수도 있다. 그러나 정극후(1577~1658)의 시문집으로 후손 정상문이 엮어 낸 쌍봉집(雙峯集)에 있는 대경주사민청금보문평개거소(代慶州土民請禁普門坪開渠疏)에 이 홍수는 경주에서 발생한 것으로 파악하고 있는 점을 고려하면 '서울 서쪽'은 경주의 서쪽, 즉 형산강 주변 지역으로 보는 것이 맞을 가능성이 높다. 이 대홍수가 있고 난 이후에는 더 이상 심각한 홍수와 관련된 역사 기록은 보이지 않는다. 이것은 신라의 지배계층들이 북천의 홍수를 성공적으로 통제하였다는 것을 의미한다고 간주할 수 있다.

신라 왕조 동안 건축되었던 사찰들 중의 일부는 고려시대 몽고와의 전쟁에 의해 파괴된 것도 있기는 하지만 나머지 일부는 북천의 홍수(예를 들면, 봉덕사의 경우)에 의하여 파괴될 때까지 수 세기 동안 존속하였다. 고려시대에 편찬된 역사서에는 북천의 홍수에 관하여 구체적인 기록이 남아있지 않다. 그러나 위에서 언급하였듯이 조선시대에 편찬된 『동경잡기』와 1707년에 제작된 알천수개기의 금석문이 고려왕조의 지배계층들이 북천 제방을 수선하게 하고 많은 나무를 심었다는 내용을 간접적으로 전해 주고 있다.

다수의 역사가들이 『고려사』(1451년 편찬)와 『고려사절요』(1452년 편찬), 그리고 『동경잡기』(1669년 편찬)에 등장하는 역사 기사를 종합하여 알천수개기에 등장하는 북천 제방의 복구 사업은 1012년 8월에 실시되었을 것으로 추정하고 있다(이근직 2000: 49; 조철제 2000: 260). 이러한 사실은 북천 제방이 11세기 초엽(아마도 1012년 혹은 그 이전해)에 적어도 한 번은 홍수로 인해 대규모의 손상을 입었다는 것을 시사한다. 이러한 사실이 고려왕조에 들어와서 북천의 수치가 반드시 실패하였다는 것을 의미하는 것은 아니다. 다소의 문헌 기록들이 고려왕조에 들어와서도 북천 제방이 훼손되지 않도록 유지하기 위해서 많은 노력을 기울였다는 것을 보여주고 있다.

그러나 조선시대에 들어와서 북천의 제방은 예전보다 훨씬 더 자주 붕괴되고 잦은 홍수가 발생하기 시작한다. 물론 신라가 쇠퇴하면서 북천 주변에 위치하고 있던 사찰들이 자연적으로 쇠락하기도 하였겠지만, 조선시대에 발생한 홍수에 의해 북천을 따라 건축되었던 일부 신라시대의 사찰들이 파괴되었다. 조선시대에 편찬된 문헌의 기록과 고고학적 조사 결과에 의하면 성덕대왕신종, 즉 에밀레종을 소유하고 있던 봉덕사가 1460년 이전 어느 시점에 파괴되었다(박방룡 1999: 110; 이근직 2000: 69). 나머지 사찰들과 귀족의 거주지로 판단되는 전랑지도 신라시대 이후 어느 시점에 북천의 홍수로 말미암아 파괴되었을 가능성이 높다. 물론 이 사찰들과 전랑지는 신라가 쇠퇴함에 따라서 폐허로 변했고 그 후 어느 시점에 홍수로 인하여 매몰되었을 가능성이 높은 것도 사실이다.

왜 이러한 현상이 발생하였으며 경주의 수리 경영에 어떤 문제가 생겼는가. 이러한 사실에 대해 어떤 문헌기록도 없으며 따라서 무슨 일이 발생하였는지 아무도 정확하게 알지 못하고 있다. 이러한 현상에 대하여 두 가지 요소가 작용하였을 것으로 판단된다. 하나는 자연환경의 급격한 변화에 따른 '강우량의 증가'요, 다른 하나는 '수리 경영의 실패'를 상정하여 볼 수 있겠고, 혹은 두 가지 요인이 복합적으로 작용했을 가능성도 있다.

이 점을 염두에 두고 우선 신라시대 이후 괄목할 만한 급격한 환경 변화가 있었는지 알아보기 위하여 강우량과 관련된 과거의 기후 조건을 복원해 볼 필요가 있다. 신라의 구체적인 기후 조건을 복원하기 위하여 고고학적 혹은 자연환경 연구가 실시된 적은 없다. 그리하여 『삼국사기』에 등장하는 홍수 관련 기사를 다시 이용하고자 한다. 좀 더 구체적으로 신라에서 발생한 홍수의 패턴과 최근 30년 동안(1961~1990)에 발생한 강우량의 패턴을 비교하여 경주 지역의 과거 환경 조건을 어느 정도 복원할 수 있을 것으로 생각한다. 자연환경에 관하여 『삼국사기』에서 언급한 강우량 혹은 홍수가 반드시 경주 지역만을 국한해서 다룬 것이 아니고, 또 기후에 관한 한 과거와 현재 사이에 적지 않은 차이가 있을 것으로 판단된다. 그러나 이 유추는 경주 지역에서 과거 강우량의 패턴을 고찰하여 보는 데 적어도 약간의 실마리를 제공할 수는 있을 것으로 판단된다.

신라시대 경주의 강우량을 파악한다는 것은 쉬운 일이 아니다. 그리하여 근래의 자료를 이용하여 과거의 강우량에 대하여 다소의 추측을 하여 보고자 한다. 지난 30년간(1961~1990년) 한반도 전체의 평균 강우량은 1271mm이고, 경주 지역은 1091.1mm였다(경주시 1998: 32). 경주 지역 6월과 9월 사이의 강우량은 651.1mm였으며 이것은 이 지역 1년 평균 강우량의 59.7%에 해당한다. 그리하여 경주 지역의 상당한 강우량이 우기와 9월에 집중되어

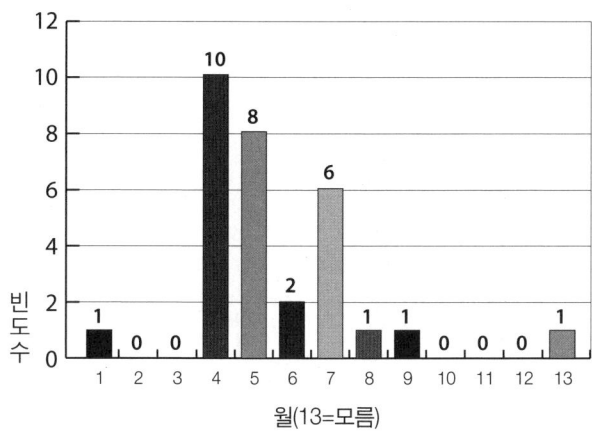

그림 3. 신라시대 경주 및 신라 영역에서 발생한 홍수의 빈도 수
(『삼국사기』 신라본기에 의함)

있다는 것을 알 수 있다. 경주 홍수의 계절별 분포의 빈도 수를 시각적으로 알아보기 위하여 표 1의 『삼국사기』 기사를 토대로 막대그래프를 그렸다(그림 3). 이 그래프에서 볼 수 있듯이 경주 홍수의 대부분이 4월과 7월에 분포되어 있다. 신라시대의 강수 패턴과 지난 30년 간의 강수 패턴을 비교하기 위하여 또 다른 그래프를 하나 그렸다(그림 4).

경주 지역 우기에 관하여 『삼국사기』의 홍수 기사를 토대로 그린 그래프(그림 3)와 최근 강수 패턴을 토대로 그린 그래프(그림 4)를 비교하여 보면 다소의 차이가 있다는 것을 쉽게 알 수 있다. 그러나 이 두 그래프의 차이는 단순히 월력 시스템의 차이일 뿐이다. 즉, 『삼국사기』의 편찬자 김부식이 이 사서를 편찬할 당시 음력을 채택하였던 것이다. 음력은 양력에 비해서 보통 1개월 혹은 그 이상 늦다. 예를 들어 양력으로 2011년 2월 3일은 음력으로는 2011년 1월 1일이어서 30일 이상의 차이가 있다. 또 어떤 경우 이보다 훨씬 더 차이가 나는 경우도 있다. 양력과 음력 사이에 있는 이러한 통상적인 시간 차를 감안한다면 『삼국사기』에 기록된 신라에서 발생한 홍수 시기는 최근 30년 사이의 우기에 발생한 것과 아주 유사하다. 그러므로 결국 신라시대나 지금이나 우기, 즉 홍수 발생 시기에 관한 한 큰 차이가 없다는 것을 알 수 있겠다.

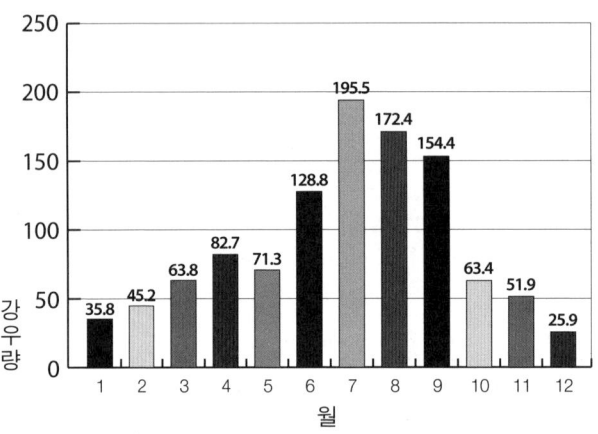

그림 4. 경주 및 경주 인근에서 발생한 계절별 강우량(단위 : mm)
(1961~1997년 사이: 자료, 경주시 1998: 32)

과거와 현재 사이의 자연환경 조건에 차이점이 있는지를 알아보기 위하여 경주의 하천에 반영된 지형적인 변형을 검토하여 보기로 하겠다. 남천의 지형을 먼저 알아보자. 우선 반월성을 지나 경주시의 남쪽에서 서쪽으로 흘러 형산강으로 합류하는 남천의 경우 주의를 요할 만큼 급격한 지형적인 변화는 확인되지 않는다. 예를 들면, 남천에서 신라 35대 경덕왕대(742~764)에 건축되었다가 파괴된 신라시대의 유명한 교량 월정교(국립경주문화재연구소·경주시 1988)와 일정교(국립경주문화재연구소·경주시 2005)의 두 유허지가 각각 발굴 조사되었다. 일정교는 춘양교(春陽橋) 혹은 효불효교(孝不孝橋)로도 불려지는데 이에 관한 자세한 사항은 이 논문의 주제에서 벗어나므로 상술하지 않도록 한다.

이 두 교량지 발굴조사 결과에 의하면 남천의 지형은 전혀 바뀌지 않았다는 것을 알 수 있다. 또 필자도 2001년 국립경주문화재연구소 발굴조사 팀이 조사를 실시할 당시 현장을 여러 번 방문하였으며, 그 이후 개인적으로 실시한 여러 번의 답사에 의해서도 남천의 지형은 조금도 바뀌지 않았다는 것을 쉽게 확인할 수 있었다. 필자가 확인한 것 중에서 가장 중요한 사항은 신라시대 경주의 월성 쪽에서 남천 남쪽의 왕정곡(王井谷) 등을 왕래하기 위하여 건축하였던 일정교의 양쪽 끝에 이 교량을 축조하면서 기초를 쌓았던 바위들이 상당부분 그대로 남아 있다는 것이다(국립경주문화재연구소 · 경주시 2005: 11~12, 사진 10, 11 참조). 신라시대 극성기 이후 나라가 쇠퇴하고 도시가 황폐해지면서 교량의 관리가 부실하여 붕괴되었건, 혹은 갑자기 많은 비가 내려 붕괴되었건 간에 교량의 양쪽에 있던 시설이 아직도 그대로 남아있다는 사실은 적어도 이곳의 지형을 엄청나게 변화시킬 만큼 많은 비가 내리는 등의 급격한 자연환경 변화는 없었다는 것을 강하게 시사한다.

반면, 북천과 그 인근에는 엄청나게 많은 변화가 발생하였다. 이러한 현상을 급격한 자연환경의 변화에 기인한 것이라고 설명하면 오류를 범할 가능성이 높다. 왜냐하면 위에서 언급하였듯이 같은 도시의 남쪽을 흐르는 남천에서 이미 심각한 자연환경의 변화가 있었다는 사실을 확인할 수 없었기 때문이다. 그리하여 북천에서 발생한 여러 가지 변화를 자연환경 탓으로 돌리기보다는 북천과 그 주변 지역을 위요한 독특한 지형과 지리적인 형상 때문인 것으로 설명하는 편이 타당하다고 생각된다. 결국 경주 지역에 있어서 지난 2,000년 동안의 자연환경에 어느 정도 굴곡이 있었을 것을 전적으로 배제할 수는 없지만 비교적 일정하였다고 간주하는 것이 큰 무리는 아니라고 생각된다. 그리하여 조선시대 북천의 수치가 실패하게 된 것이 자연환경에 기인한 것이라고 간주하기보다는 다른 방면에서 이 실패의 요인을 찾아야 할 것이다.

필자가 생각하기에는 조선시대 16세기 전반부터 경주에 거주하던 사람들이 북천의 제방 관리에 실패한 것으로 보인다. 신라시대 북천을 따라 축조된 제방이 적어도 6세기 이후로 관리가 잘 됨에 따라 신라시대 이래 고려 및 조선시대에 북천을 중심으로 양안에 홍수의 피해를 받지 않는 땅이 생겨나게 되었다. 그리하여 조선시대에 들어와서는 경주에 거주하던 일부 사람들이 신라시대 이래 생겨난 홍수 안전에 농토를 개간하기를 갈구하였다. 특히, 경주시의 동북쪽 부분, 즉 진평왕릉의 아래쪽에 있는 보문평이 농사짓기에 아주 적당한 곳이 되었다. 여러가지 다양한 문헌 자료에 의하면 경주의 몇몇 사람들이 식량 생산을 증대시키기 위하여, 그리고 궁극적으로는 경제적인 이득을 얻기 위하여 한지(閑地)에 농사를 짓기 시작하였다(조철제 2000: 264~274). 그러는 동안에 좀 더 많은 농지를 확보하고 이들 농지에 배수를 하며 북천 제방을 보호하기 위해 조성한 오리수의 나무들을 엄청나게 베어 버린 것으로 추정된다. 좀 더 심각한 것은 이들 농지에 관개배수를 하기 위하여 북천 제방의 일부를 잘라낸 것이다(조철제 2000: 263). 그리하여 이때까지 잘 관리되던 오리수의 나무들이 상당 부분 사라져버렸고 다시 복구되지 못했다.

이러한 사건이 진행되는 동안 일부의 경주 사람들은 홍수 방지를 위해서 안전지역에 개간된 땅에 농사를 짓지 못하도록 노력하였다(조철제 2000: 256~264). 그들은 경주와 경주 주민들의 안전을 위하여 북천 제방을 보호하고자 애를 썼던 것이다. 그들의 노력이 제대로 수용되지 않았을 때 경주 사람들이 홍수로부터 고통을 받아야 했다. 북천의 제방을 지키고자 노력하는 사람들과 농사를 지어 경제적 실리를 얻고자 하는 사람들 사이에 반목이 오랜 기간 동안 계속되는 사이(대략 1522년부터 1733년 사이) 경주에서는 많은 홍수가 발발하였다(1580, 1616, 1666, 1670, 1707, 그리고 1742년)(민주면 1995[1669]; 조철제 2000: 255). 결과적으로 경주 시내 홍수의 방지를 위해 북천을 따라 축조된 제방은 원래의 역할을 제대로 할 수 없었다.

결국 제방수(堤防藪)의 벌목과 농지의 개간, 논농사에 필요한 물을 공급하기 위한 북천 제방의 파괴 등이 조선시대 경주 북천 수치의 실패에 결정적인 역할을 하게 되었던 것이다.

5. 맺음말

지난 2000년 동안 경주에서 많은 홍수가 발생하여 홍수는 경주 시민들의 가장 중대한 근심거리이자 또 고질적인 문제였다. 대략 기원후 6세기를 전후한 시기부터 경주의 홍수는 효과적으로 통제되기 시작하였다. 그 후 북천의 수리경영은 수세기 동안 잘 이루어졌던 것으로 보인다. 그러나 16세기에 들어와서 식량 생산과 그에 따른 경제적인 이득에 더 관심이 많았던 경주의 일부 사람들과 임진왜란 이후 울산 지역에서 경주 지역으로 피난 온 사람들이 홍수 안전지역에 다투어 농사를 짓기 시작하면서부터 경주 북천의 수리경영은 실패하기 시작하였다. 경주에서 홍수 통제의 실패는 경제적인 이득을 얻고자 하였던 조선시대 사람들의 강한 욕구에 기인한 것으로 생각된다.

경주 북천 상류 지역 보문호의 존재, 특히 1977년에 덕동댐이 완공된 이래 경주에서 잦은 홍수의 발생은 더 이상 일어나지 않는다. 그러나 1991년 태풍 글래디스호가 불어닥쳤을 때의 경우처럼 덕동댐 물막이 시설 위로의 범람, 나아가서는 덕동댐 붕괴의 가능성을 전혀 배제할 수 없다는 것을 경주 시민들은 인식하고 있어야 한다. 즉, 경주 시민들이 만약에 있을지도 모를 예기치 못한 자연의 힘을 심각하게 고려하여야 할 것이다. 그러한 의미에서 근래 덕동댐 물막이 시설 북쪽 끝에 완공된 추가 여수로(餘水路)는 역사 및 문화재의 보고(寶庫)인 경주와 경주 시민을 홍수의 위험에서 벗어나게 할 수 있는 시설이다. 이것은 극단적인 상황에 대비하고자 하는 당국의 노력의 일환으로 보아야 하며, 아주 다행스러운 일이고 또 높이 평가받아야 할 부분이라고 생각된다.

경주의 홍수 문제에 대해 연구자들이 전혀 주의를 기울이지 않은 것은 아니었고 과거 약간의 논고가 발표되었다. 하지만 문제의 심각성에 비해 경주 홍수에서 북천의 역할이나 신라시대 혹은 그 이후 북천 제방의 존재 가능성을 직접적으로 다룬 논문이 많은 편은 아니다. 전문 연구자들이 이 방면에 크게 관심을 기울이지 않았던 것이다. 그러다 보니 북천을 따라 보문단지로 들어가는 쪽 혹은 숲 머리 마을 인근 지역에서 과거 도로, 배수로, 혹은 하수도 건설과 같은 많은 토목공사가 있었음에도 불구하고, 공사를 담당하는 사람들이 신라시대 제방의 존재에 대해 주의를 기울이지 않는 것은 어쩌면 당연한 결과라고 하겠다. 경부고속도로를 건설하면서 거기에 있었을 엄청난 문화유적에 대한 고고학적 발굴조사가 전혀 이루어지지 않았던 것과 동일한 맥락이라고 볼 수 있겠다.

결과적으로 북천을 위요한 지역에 존재하였을지도 모를 북천 제방의 실체에 대한 고고학 조사는 전혀 이루어지지 않았고 관심의 대상조차 되지 못하였다. 그런 의미에서 국립경주문화재연구소가 최근까지 분황사의 동쪽 황룡사 기념관 건축 대상 부지에서 실시하였던 발굴조사가 경주의 홍수 문제, 나아가서는 신라시대 북천 주위 제방 축조의 가능성에 대한 의문을 다소라도 해소하여 줄 가능성을 보여준다. 경주 북천을 위요한 지역에 아직도 신라시대 혹은 그 후대에 축조된 제방의 편린이 남아있을 가능성을 전적으로 배제할 수 없다.

 이 논문으로 말미암아 차제에 북천의 양안에서 토목공사가 실시되기 전 북천 제방의 존재 여부를 확인할 수 있는 고고학적인 조사가 반드시 이루어지고, 그 결과 신라 혹은 후대에 축조되었을 제방의 실체를 밝히는 데 다소나마 기여하게 되기를 기대하여 본다.

VI. 경주 남고루(南古壘)에 관한 일 고찰

1. 머리말
2. 남고루 연구의 역사적 배경과 문제의 제기
3. 남고루의 고고학적 배경
4. 남고루의 편년과 고찰
5. 맺음말

1. 머리말

본고의 내용은 현재 경주 시내의 동쪽 편 성동동(城東洞)에 위치하고 있는 나즈막한 토루(土壘)인 남고루(南古壘)의 성격을 고찰한 것이다. 남고루는 과거 알천(閼川)/북천(北川)과 연결되어 있으면서 성동동 쪽에서는 양정로와 평행하게 수직으로 남쪽으로 내려오다가 인왕동 658-2번지에서 대각선으로 방향을 바꾸어 남서 방향으로 돈다. 남고루는 황오동 고분군을 둘러 계림로를 교차하여 대릉원의 미추왕릉 앞 지역의 고분군 사이를 지나 남쪽에서는 축의 방향이 동서로 나 있으면서 형산강인 서천에 이르렀던 것으로 추정된다(藤島亥治郎 1930: 95 및 신라왕경복원도 참조). 그리하여 남고루는 경주 시내의 상당 부분을 감싸고 돌아가는 모습을 보여주고 있었다. 이 남고루의 존재는 1929년 일인 건축학자 후지시마(藤島)에 의해서 처음으로 확인되어 학계에 보고 되었다(藤島 1930). 당시 그는 신라 왕경의 복원을 위하여 경주에서 광범위하게 지표조사를 수행하면서 이 남고루의 존재를 확인하였고 아울러 황룡사 동편에 있던 다른 토루(土壘)의 존재도 보고하였다(藤島亥治郎 1930: 14).

소화(昭和) 12년도 고적조사 보고 때에도 남고루의 존재가 조금 언급되었다(朝鮮古蹟硏究會 1938: 88). 즉, 1937년(昭和 12년) 봄에 북천(北川)의 호안(護岸) 공사를 하던 중 장대석 및 고 와류(古 瓦類)가 많이 발견되었다. 이 유물들의 발견을 계기로 사이또(齊藤)를 위시한 일본인 학자들이 건물지를 발굴조사하였다. 이곳은 전랑지(殿廊址)라고 불려지는 곳으로 1940년 7월 31일 사적으로 지정되었다(경주문화재연구소 1995: 31). 일제시대 이곳에서 발굴조사된 건물지들은 '장랑지'(長廊址) 혹은 '전당지'(殿堂址)로 명명되었으나 한국 학자들에 의해서 '전랑지'(殿廊址)라고 재 명명되어 불려지고 있다. 이 전랑지는 일제시대에 이어 한국 정부에 의해서도 1963년 1월 21일 사적(史蹟) 88호로 지정되었다(경상북도 2003: 234~235).

일제시대 때 전랑지에 대해 실시한 발굴조사 결과는 소화 12년도 고적조사 보고에 발표되었으며 이 보고서 말미에 남고루의 존재가 극히 간단하게 언급되어 있다(朝鮮古蹟研究會 1938: 88). 당시 일인학자들의 주요 조사 목적은 전랑지의 발굴이어서 토루, 즉 남고루는 전혀 조사하지 않았다. 단지 그들 보고서에 이 토루가 신라 왕경지 분할을 고찰하는 데 도움을 줄 수 있을 것이라는 피상적인 추론을 하면서 토루의 존재만을 언급하였다.

이 토루의 중요성을 인식하여 조선총독부는 1936년 2월 12일 이 일대를 사적 17호로 지정하였다(경주문화재연구소 1995: 309). 해방 후 한국 정부에서도 일인들이 사적지로 지정한 것을 그대로 수용하여 1963년 1월 21일 사적 17호로 지정하였다(경상북도 2003: 166). 이러한 사실을 감안할 때 남고루는 일정 기간 대체로 양호하게 보존되었을 것으로 추정된다. 그러나 현재 남고루의 대부분은 이 인근에 살고 있던(는) 주민들의 집과 도로, 건축, 혹은 농경에 의해 파괴되었다. 남고루가 사적으로 지정되어 있음에도 불구하고 그간 많은 파괴와 교란이 발생하였으며 현금에도 파괴가 이루어지고 있거나 그렇지 않으면 방치되어 있는 실정이다.

남고루의 기능과 성격에 대해 과거 선학들이 관심을 보인 논저들이 다소 있다. 선학들은 대체로 남고루가 '성벽'(城壁) 혹은 '성지'(城址)'였을 것이라는 견해를 제시하였다. 그러나 필자는 남고루가 군사시설물로서의 '성벽'이라기보다는 경주시 일대에 대한 홍수 방지를 위하여 고려시대 때 축조된 '제방'이었으리라는 것을 역사 및 고고학적 자료를 이용하여 고찰하여 보고자 한다.

2. 남고루 연구의 역사적 배경과 문제의 제기

경주가 신라의 중심지가 되어 근 천 년이라는 세월이 지나고 이어서 고려시대와 조선시대를 거치다 보니 이곳에는 아직도 훌륭한 문화 유적지가 많이 산재해 있다. 특히, 불국사와 무수한 불적이 산재되어 있는 남산은 2003년 유네스코에 의해 세계문화유산으로 지정되기도 하였다. 또 그간의 발굴성과에 의해 엄청나게 화려한 유물들이 부장되어 있을 것으로 추정되는 고 신라시대의 고총고분들은 아직도 경주 시내에 즐비하다. 그 이외에도 황룡사, 분황사 등 유명한 사찰이나 첨성대와 같은 기념비적 건축물들이 도처에 산재해 있다.

이와 같은 신라의 화려한 문화유산에 비하면 남고루는 아주 보잘것 없다. 그리하여 대부분의 일반 관광객들은 남고루가 거기에 있는지조차도 모르고 이에 특별히 상관하지도 않는다. 심지어 일부 관심있는 학자들을 제외한 대부분의 전문학자들에게도 남고루가 무엇이고 어디에 있는지 관심의 대상이 되지 못하고 있는 실정이다. 남고루의 존재가 일본인 학자들에 의해서 1929년과 1937년에 각각 확인된 이래 오랜 세월 동안 토루의 존재는 잊혀져 있었다. 현재 남고루는 경주고등학교의 서편 대로 옆에 많이 삭평되기는 하였지만 약 800m 정도 남아 있다(사진 1, 그림 1). 또 그곳에서 길을 건너 남서 방향으로 조금 들어가면 인왕동 주민들의 오솔길로 사용되는 곳이 있는데 이것이 남고루의 일부이다.

이 유적지가 사적으로 지정되기는 하였지만 그리 많은 학자들이 이 토루에 주의를 기울인 것은 아니다. 따라서 남고루만을 전적으로 다룬 논문을 찾기는 쉽지 않다. 물론 경주시 문화재과에서는 남고루 유적의 역사적 중요성을 잘 인식하고 있다(2006 이채경, 사신). 그러나 남고루 자체가 눈에 띄게 화려한 것도 아니고 또 주변에 관광객들이 방문할 수 있는 좋은 사적지가 있는 것도 아니기 때문에 이 지역에 대한 보존·정비가 소홀한 것이 사실이다. 그리하여 남고루가 위치하고 있는 곳에 거주하는 주민들은 이 유적의 양쪽에 텃밭을 만든 것은 물론 농사까지 짓고 토루 위에는 이 동네 주민들이 내다버린 쓰레기가 곳곳에 쌓여 있다. 경주시가 하루빨리 이 주변 일대를 정리하고 정비하여 얼마 남지 않은 남고루가 잘 보존되기를 바라는 마음 간절하다.

남고루 혹은 토루의 존재에 대해서는 『新增東國輿地勝覽』 제21권 경주부 古跡 條에 "…金城在府東四里 始祖赫居世時所築 土城周二千四百七尺…." 이라고 되어 있어 조선시대에 혹시 이것을 금성(金城)의 토성으로 인식하였던 것은 아닌가 생각된다. 이 문헌의 기록을 바탕으로 『경주시지』(慶州市誌)의

사진 1. 남고루와 전랑지(경주문화재연구소 1995)

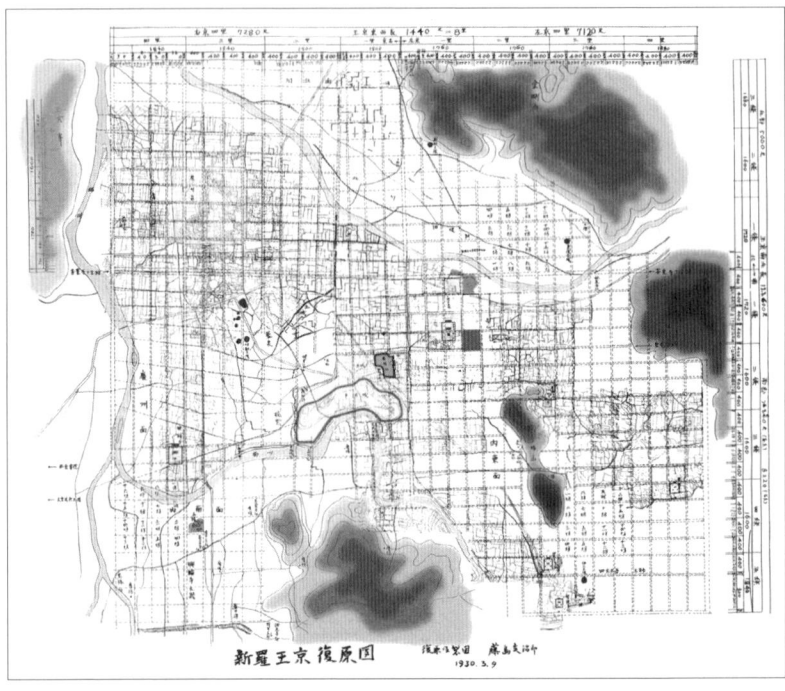

그림 1. 신라왕경복원도(藤島亥治郞 1930, 국립경주문화재연구소 2002에서 재인용)

편자(編者)인 유석우(1971: 528)는 "…지금 舊邑城址의 東南 味鄒王陵 동편 道路를 건너 圮毀한 土城址의 一角이 民家의 사이에 남아 있어 北東 또 北西로 뻗어진 痕迹이 宛然하며 옛날에 상당히 길게 뻗었음을 住民들이 말하고 있으며 그것을 성터라고 불러왔다 한다. 距離로 보아 府 東四里에 거의 맞아 이것이 금성의 遺址인 듯하다"라고 하여 토루를 금성과 연결시키고자 하였다. 그리하여 토루가 거기에 존재하는 것은 널리 알려진 사실이었다는 것을 알 수 있다. 그러나 유석우(1971)가 이것을 남고루라고 인식하고 있었는지 아닌지를 그가 편찬한 경주시지를 보고서는 알 수 없다. 아래에서 상세하게 논하겠지만 토루, 즉 남고루의 축조 연대가 통일신라 이후라는 것은 고고학적으로 명확하게 밝혀졌기 때문에 『삼국사기』와 『삼국유사』에 등장하는 고신라 초기 금성 혹은 만월성과는 하등의 관계가 없다(김호상 1997: 43; 박방룡 1992: 62~66; 이근직 2000: 68).

이 토루가 정확하게 언제부터 한국 학자들에게 의해 남고루(南古壘)라고 불려지게 되었는지 명확하게 알려지지는 않았다. 국내 학자로서 이 토루 연구의 단초를 제공하였다고 볼 수 있을 윤무병(1972: 128)의 글에서는 이를 "읍남고류(邑南古壘)"라고 명명하였다. 김택규·이은창(1975: 5, 34, 44)의 미추왕릉 전지역(前地域) 고분 발굴조사 보고서에서는 '남고루(南古壘)'라고 명명하였다. 한편 김병모(1984: 134)는 이것을 '읍남고루(邑南古壘)'라고 지칭하고 있어 윤무병이 사용한 용어인 '읍남고류'와 마지막 한 글자만 상이할 뿐 동일하다는 것을 알 수 있다. 근래에 이르러 학계에서는 일반적으로 '남고루'라고 부르고 있고 이 용어에 관한 한 크게 문제될 것은 없어 보인다. 아래에서 서술하듯 중요한 것은 이 남고루의 성격을 명확하게 규명하는 것이라고 생각된다.

현금까지 비록 많은 학자들이 남고루 자체에 세심한 주의를 기울인 것은 아니지만 일부 학자들 사이에 이 토루의 성격과 기능에 관한 다소의 논란이 있는 것도 사실이다. 몇몇 학자들은 이 남고루가 고려시대의 읍성이었을 것으로 추정하고 있다(김병모 1984; 윤무병 1972: 128; 이은창 1980). 특히 윤무병 (1972:

128)이 남고루의 성격을 논하면서 1936년에 사적으로 지정되었을 당시의 기록에 의하면 일인 조사자들이 "방수(防水)를 위한 제류(堤壘)로 추측"하였다고 하였다. 윤무병(1972: 128)은 이 견해에 대하여 "도저히 그대로 수긍하기가 어려운 것"으로 주장하였다. 그는 "홍수를 막기 위한 시설이라면 어느 지역을 보호하려는 목적으로 구축되었는지 이해하기가 어렵다"고 하면서 이를 "성곽"으로 보아야 한다고 주장하였다(윤무병 1972: 128). 김택규·이은창(1975: 5, 34, 44)도 남고루를 '성지(城址)' 혹은 '성벽유지(城壁遺址)'로 보았다. 한편, 김병모(1984: 134)는 남고루에 대해 "고려시대의 읍성이었을 가능성이 있다"고 하면서도 "당시 주거지역을 홍수로부터 보호하기 위한 것"일 가능성을 배제하지 않고 있다.

남고루의 일부가 영남대학교 박물관 조사단에 의해서 부분적으로 발굴 조사되었다. 즉, 1973년 미추왕릉 전 지역(前 地域) 고분 발굴조사를 실시하면서 이 쪽을 지나고 있는 남고루의 일부를 조사단이 발굴하게 된 것이다(김택규·이은창 1975). 발굴조사단에서 고 신라 고분들을 발굴하는 중에 남고루의 일부 석축의 기단이 분묘의 상층에서 노출되었기 때문이다. 발굴조사단원들은 이것이 남고루의 일부라는 것을 인지하고 분묘들을 발굴하기 전에 먼저 이 유구를 조사하였다(김택규·이은창 1975).

1993년 경주문화재연구소는 1937년 사이또(齋藤)를 위시한 일인 학자들에 의해서 부분적으로 발굴조사된 바 있는 전랑지를 부분적으로 재발굴하면서 남고루의 일부분을 세 곳에 나누어 발굴조사를 실시하고 그 성과를 보고한 바 있다(경주문화재연구소 1995). 이 보고서에 대한 상세한 내용은 아래에서 서술하도록 하겠다.

1973년 당시 영남대학교 박물관 발굴조사단의 주요 발굴 대상은 남고루가 아니고 미추왕릉 전(前)지역에 놓여 있던 고분들이었다. 그러나 남고루가 층서 상 고 신라 분묘 위에 축조되어 있었고 또 중요한 유구였기 때문에 이를 조사하고 이 토루의 성격과 기능을 규명하고자 하였다(김택규·이은창 1975; 이은창 1980: 152~156). 발굴조사단원들은 당시 이미 남고루의 성격에 대하여 분분한 해석이 있다는 것을 잘 인식하고 있었다. 어쩌면 바로 이러한 사실 때문에 발굴보고자들도 남고루가 '성벽'이었는지 혹은 '제방'이었는지에 대한 명확한 결론을 도출하기에 어려움을 겪었을 것으로 사료된다. 그러나 궁극적으로 보고자들은 조야한 건축 기술, 평범한 돌의 사용, 그리고 토루가 소규모인 점 등을 토대로 남고루를 "高古한 城址"로 추정하였다(김택규·이은창 1975: 44~45; 이은창 1980: 156).

한편 1993년 전랑지와 더불어 남고루를 발굴조사한 경주문화재연구소는 남고루의 성격을 아래와 같이 묘사하였다.

> 築城했다는 기록을 참조하여 남고루를 城壁이라 추정하면, 현재의 토루 위치를 따라 성벽을 축조하고 그 서쪽 부분을 성 내곽으로 삼았을 것으로 판단되지만 석축 벽의 규모로 보아 방어용 성벽으로 판단하기에는 어려움이 많으며 경계를 구획하는 정도의 석축 벽을 쌓고 외곽에 해자를 둔 것으로 생각해 볼 수 있다(경주문화재연구소 1995: 330).

그러나 동 보고서는 바로 아래에서 다음과 같은 내용을 서술하고 있다.

> 경주 시가지는 대체적으로 동쪽에서 서쪽으로 완만한 경사가 져 있어 여름철 홍수 때에는 북천 상류로부터 흐르는 물이 범람하여 시가지 일부가 물에 덮히는 일이 자주 있었을 것이다. 이를 감안하여 堤防을 축조하였다는 기록과 비교해 볼 때 남고루는 범람하는 물을 막기 위하여 쌓은 제방으로서 그 앞에 큰 도랑을 파서 시가지에 물이 들어오는 것을 막았던 것으로 생각할 수 있으나, 석축 벽의 양 면이 거의 수직으로 쌓아져 있어서 제방의 형태로는 불합리한 점이 많다(경주문화재연구소 1995: 331).

위의 인용을 보면 한편 남고루가 '제방'이라기보다는 '성벽'이었을 가능성이 높다는 것을 강하게 시사하고 있지만 다른 한편 그 성격에 대해 명확하게 규명을 하고 결론을 내린 것은 아니어서 아직도 재론의 여지가 있다는 것을 알 수 있다.

박방룡(1992, 2001)은 남고루가 경주의 중심가를 북천의 홍수로부터 보호하기 위한 제방이었을 것으로 추정하고 있다. 필자도 박방룡의 이러한 견해에 전적으로 같은 생각을 가지고 있다는 것을 미리 밝혀 두는 바이다.

그런데 윤무병(1972)이 남고루를 '성곽'으로 간주한다는 위의 주장에 다소 회의가 간다. 왜냐하면 윤무병(1972)이 남고루를 '제방'이 아닌 '성곽'으로 간주하였지만 그가 신라시대 경주 북천과 관련된 지형이나 과거 경주에서 발생하였던 홍수 문제, 혹은 홍수에 의해 야기된 여러 가지 역사적 사실에 대하여 깊이 천착하지 않고 피상적인 관찰에 의해 도출한 결론이기 때문이다. 한편 이와 유사한 것으로 경주시의 동쪽 퇴적상을 검토하여 신라 왕경 지역에 11세기 이전 북천이 범람했다는 것을 인정하기 어렵다는 주장이 있다(황상일·윤순옥 2005: 245). 이 견해도 윤무병의 설이 내포하고 있는 문제점과 같은 맥락에 있다고 생각되기 때문에 본 논고에서 취하지 않는다.

경주의 홍수 문제는 근래 몇 사람에 의해서 고찰이 이루어졌거나 아니면 학계에서 일반적으로 수용되고 있는 사실이다(예를 들면, 강봉원 2005; 강종원 1992; 남동신 2001: 10; 박방룡 1992, 2001; 이근직 2000; 이기봉 2002; 조철제 1996, 2000). 그러므로 신라시대 경주의 홍수에 관해서는 본서의 'V'장을 참조하여 주기 바란다. 그러나 남고루의 성격을 규명하기 위한 차원에서 경주 홍수에 대한 일반적인 상황과 관련해 아래에서 좀 더 상세하게 서술하도록 하겠다.

이상에서 간단하게 남고루 연구에 대한 간단한 역사적 배경과 남고루의 성격에 대해 다소 논란의 여지가 있다는 것을 알아보았다. 특히, 남고루의 성격을 '성벽'으로 해석하는 데 문제점이 있다는 것을 지적하고 이에 대한 반론을 제기하고자 한다.

3. 남고루의 고고학적 배경

현재 남고루의 대부분이 파괴되었지만 경주시의 동쪽 성동동 일대에 남북으로 나 있는 토루가 약 800m정도 남아 있고 인왕동 일대에도 대각선으로 기저부가 일부 남아 있는 것이 확인된다. 그러나 1929년 신라 왕경을 복원하기 위하여 경주를 면밀히 답사한 후지시마(1930: 102)에 의하면 남고루는 당시 상당 부분이 남아 있었던 것으로 소개되어 있다(사진 2, 3). 특히, 그는 남고루가 오랜 세월 동안 경주에 고질적인 홍수 발생의 근원이 된 북천과 연계되어 축조되었다는 것을 거론하였다. 현재 인왕동에 남아 있는 남고루의 경우 둑을 중심으로 좌우에 논과 밭으로 이 지역 주민들이 경작을 하고 있다. 둑 위는 주민들의 통행로로 이용되고 있으며 일부는 위에 콘크리트로 포장되어 있다. 그러나 측면 상에 남고루의 기초 부분이 여실히 보인다.

원래 경주시의 동쪽에 있으면서 남북으로 나 있는 토루의 길이는 2.4km, 그리고 대각선으로 방향을 바꾸어 동서로 나 있는 토루의 길이는 1,848km였던 것으로 보고되어 있다(김병모 1984: 134). 이 토루는 경주시의 동남쪽 부분에서 대각선으로 방향을 바꾸어 다시 직선으로 서쪽으로 이어져 궁극적으로는 경주시의 서편에 놓여 있으면서 남에서 북으로 흐르는 형산강과 합류하게 되어 있다(그림 1 참조). 이러한 전후 사정을 감안하면 남고루의 원래 길이는 현재보다 훨씬 더 길어서 전체의 길이가 4km에 이르렀던 것이다(김병모 1984: 134). 보다 더 중요한 것은 남고루의 원래 모습을 상정하여 보면 사실상 경주시의 주요한 부분을 감싸는 형상을 보여주고 있다는 사실이다.

남고루가 언제부터 붕괴되기 시작했는지에 대해서는 잘 알 수 없지만 대부분의 토루가 오랜 기간 동안 부지불식간에 조금씩 파괴되었을 것으로 사료된다. 이 지역 주민들이 다소나마 농경지를 더 확보하기 위하여 남고루를 많이 잠식하였을 가능성이 높다. 여기에 더하여 경주시 각급 부서에 종사하고 있는 공무원들이 남고루의 중요성을 심각하게 고려하지 않고 각종의 토목공사, 예를 들면 전신주 설치, 상·하수도 시설, 그리고 도로포장 등을 실시하면서

사진 2. 1929년 당시 남고루의 모습(藤島亥治郎 1930: 15)

사진 3. 1929년 당시 황룡사 강당지 뒤에 있는 토루 모습(藤島亥治郎 1930: 34)

많은 부분이 파괴되고 훼손되었을 것으로 사료된다.

남고루가 1929년 후지시마에 의해 최초로 발견되어 언급되었고 1937년 사이또(齋藤)를 위시한 다른 일인 학자들에 의해 그 존재가 다시 확인되기는 하였지만 당시 이 유적에 대한 발굴조사는 수행되지 않았다. 후지시마는 토루의 외형적인 모습을 간단하게 묘사하였고 규모 및 토루를 축조하는 데 사용된 돌의 크기 등을 실측하였다(藤島 1930: 14). 그 후 남고루에 대해서는 학자들이 주의와 관심을 기울인 흔적이 그리 많지 않은 것으로 보인다. 다만 1970년대에 들어와서 문화재의 보존 차원과 경주 왕경의 복원에 관한 관심이 제기되면서 남고루에 관한 실질적인 연구가 시작되었다(윤무병 1972). 특히, 윤무병(1972: 128)은 1936년 이 토루(즉, 남고루)가 사적으로 지정되었을 당시에 그 구조는 "바깥쪽 높이가 3.5m이며 안쪽에서는 약 2m인데 기저부(基底部)의 넓이는 9.5m가 된다"고 소개하면서 남고루에 관한 본인의 견해를 피력하였다 (경상북도 2003: 166 에도 이와 같은 내용이 소개되어 있다).

위에서 언급한 바와 같이 1973년 영남대학교 박물관이 미추왕릉 전(前) 지역의 고분 발굴을 실시하면서 남고루를 부분적으로 발굴하였는데 이 조사에서 토루 축조에 흙과 바위가 사용되었다는 것을 확인하였다. 또 조사 결과 내부 석축의 기단 폭은 4.2m였고 토루의 상층부는 완전히 파괴되어 높이는 제시되지 않았다(김택규·이은창 1975: 44).

남고루에 대한 좀 더 실질적인 고고학적 조사는 1993년에 이루어졌다. 경주문화재연구소(1995)가 전랑지를 구제 발굴의 일환으로 부분적으로 발굴하면서, 남고루의 남북축에 대하여 세 곳(성동동 24번지, 황오동 28번지 및 황오동 68-1번지)을 선택하여 대략 40m 정도를 발굴하였다. 발굴 당시 남고루의 상부에는 각종 나무와 잡초들이 자라고 있었고, 쓰레기 매립과 농경 등에 의한 후대의 인간 행위에 의해 심각하게 훼손되어 있었다. 최상층의 근대 유물과 나무와 잡풀을 제거한 결과 토루의 횡단면이 반구형(半球形)이었고 폭은 6m(1936년에는 9.5m 로 보고되었음), 높이는 1~1.2m에 이르는 것으로 나타났다(경주문화재연구소 1995: 317). 조사자들이 토루 상층부의 흙과 바위 등을 제거하고 난 아래에서 폭 4.1m에 이르는 토루의 기초를 노출시켰다 (경주문화재연구소 1995: 317~323)(그림 4). 토루 기저부의 폭은 1973년 영남 대학교 박물관에서 조사하면서 측정하였던 폭 4.2m와 대략 일치한다는 것을

사진 4. 남고루의 기저부(경주문화재연구소 1995)

알 수 있다(김택규·이은창 1975: 44). 이 발굴조사 결과에 의해서도 남고루는 바위와 흙을 사용하여 축조되었음이 밝혀져 1973년 영남대학교 박물관에서 실시한 발굴조사 결과와 일치한다는 것을 알 수 있다.

1993년에 실시된 발굴조사에 의하여 밝혀진 가장 중요한 발견들 중의 하나는 토루의 동쪽 편에 물 웅덩이가 존재하였다는 사실이다. 이 물 웅덩이는 토루의 기초로부터 동쪽 5.7~7m가량 떨어진 곳에 위치하고 있었다(경주문화재연구소 1995: 319, 321). 이 물 웅덩이의 폭은 10~12.6m에 달하고 깊이는 1.2m였다(그림 5). 발굴조사 작업은 남고루 세 곳의 다른 지점에서 이루어졌기 때문에 전체 길이는 확인되지 않았다. 하지만 세 곳에서 모두 물 웅덩이가 노출된 것으로 보고 되었다(경주문화재연구소 1995: 319, 321, 323). 이 사실은 물 웅덩이가 남고루의 외벽을 따라 어느 정도 이어졌을 가능성을 시사하고 있다.

사진 5. 남고루의 동편에서 발견된 물 웅덩이(경주문화재연구소 1995)

발굴조사자들은 이 웅덩이가 해자(垓子)였을 가능성이 있다는 점을 거론하면서 결과적으로 남고루가 '제방'이라기보다는 '성벽'(城壁)이었을 것이라고 주장한다(경주문화재연구소 1995: 321). 그러나 아래에서 논의하듯이 우선 물 웅덩이 그 자체가 고고학적 유구로서 명확한 것도 아니고 더욱이 그것을 해자로 간주해야 할 좀 더 설득력 있는 고고학적 자료가 발견되지 않았기 때문에 토루의 성격에 관한 의문은 여전히 해결된 것이 아니다. 또 위에서 언급하였듯이 발굴조사 보고자에 의해서도 남고루가 "방어용 성벽"이었는지 혹은 홍수 방지를 위한 "제방"이었는지에 대하여 명확하게 결론을 내린 것도 아니다(경주문화재연구소 1995: 330~331). 그러나 보고서를 보면 발굴보고자들은 남고루가 '성벽'이었을 가능성이 더 높다는 것을 시사하고 있다는 것을 알 수 있다.

남고루 발굴조사에서 아주 적은 수의 유물이 검출되었다. 수거된 유물들은 통일신라시대에 제작된 네 점의 기와, 조선시대에 제작된 것으로 보이는 두 개의 자기와 청동 숟가락, 그리고 연대가 확실하지 않은 세 개의 구리반지(그 중 하나는 쌍)가 전부였다(경주문화재연구소 1995: 325~329). 이들 유물들은 남고루와 직접적인 관련이 있는 것들은 아니고 모두 후대에 이곳으로 반입되어 들어온 것임에 틀림없기 때문에 유물에 대한 설명은 하지 않겠다.

4. 남고루의 편년과 고찰

남고루의 축조 연대가 확실하게 밝혀진 것은 아니지만 학계에서는 대략 고려시대 때 축조된 것으로 수용되고 있다. 남고루에 대한 정확한 편년을 설정하는 것이 이 논문의 주요 목적은 아니다. 그러나 남고루가 신라 금성 (金城)의 지리적인 위치 파악과 왕경의 복원과 관련하여 다소 논란의 여지가 있기 때문에 여기에서 간단하게 검토하고 넘어가기로 하겠다. 현금까지 남고루에 대한 몇 가지의 상대연대가 고고학적 조사에 의해서 밝혀진 바 있다. 첫째, 1973년 실시된 발굴조사 결과에 의하면 남고루는 기원후 3세기에서 5세기 사이로 편년되는 고 신라 고분의 상층에서 노출되었다(김택규·이은창 1975: 177; 이은창 1980: 156)(그림 6). 둘째, 1993년 경주문화재연구소에 실시된 발굴조사에 의하면 전랑지 건축에 사용되었던 많은 초석, 기단갑석, 장대석 등의 각종 석재들이 남고루 석축 벽 축조에 재활용되어 사용되었다는 것이 관찰되었다(경주문화재연구소 1995: 319~320, 322, 340)(그림 7). 발굴조사자들은 이 전랑지의 연대를 이곳에서 출토된 기와나 전돌 등을 토대로 "통일신라시대에 속한다는 것은 대체적으로 확실하다"고 한다(경주문화재연구소 1995: 151). 후지시마(藤島 1980: 232)는 전랑지의 축조 연대를 늦어도 7세기 중엽 이후로는 내려가지 않을 것으로 보고 있다. 그리하여 양자 간 편년에 있어서 다소의 차이가 있을 수도 있다는 것을 알 수 있다. 그러나 한 가지 명백한 사실은 전랑지가 남고루보다 축조 연대가 이르다는 것이다.

여기에 더하여 발굴조사자들은 남고루 유구 하층에서 고대의 도로 유구가

사진 6. 고 신라 분묘 위에 축조된 남고루(김택규·이은창 1975: 177)

존재하고 있다는 것을 발견하였다(경주문화재연구소 1995: 318)(그림 8). 이 도로 유구는 "황룡사지 동편 외곽의 왕경유구 발굴조사에서 노출된 바 있는 도로 유구와 같은 성격으로 밝혀졌다"고 보고하고 있다(경주문화재연구소 1995: 318).

이러한 전반적인 고고학적 상황들은 남고루가 3~5세기 무덤들보다 이후, 그리고 6세기 중반 이후에서 심지어 통일신라시대에 건설되었을 도로 유구보다도 나중에 축조되었다는 것을 명백하게 방증한다. 그리하여 남고루는 최소한 통일신라시대 이후 축조되었던 것만은 확실하다. 이러한 고고학적 현상을 바탕으로 보고자는 남고루가 고려시대에 축조된 유적임이 확실하다고 주장한다(경주문화재연구소 1995: 331). 필자도 남고루에 대한 이 같은 연대 추정에 전적으로 동의한다.

아래에서 문헌자료와 고고학적인 자료를 종합하여 좀 더 면밀하게 검토하겠지만 필자는 남고루가 고려시대 현종(顯宗, 1010~1031)이 재위하는 중에 축조되었을 것으로 상정한다. 한국의 역사 및 고고학계의 일부에서는

『고려사』 및 『고려사절요』에 지극히 단편적으로 기록되어 있는 '城慶州'라는 기사를 토대로 고려시대 현종 년간(1010~1031)에, 특히 현종 3년(1012년) 8월에 축조되었을 것으로 추정하기도 한다(아래 참조).

경주 북천이 홍수를 발발시키는 데 결정적인 역할을 하였다는 것은 주지의 사실이다. 북천에는 평소 그렇게 많은 양의 물이 흘러내리는 것은 아니지만 장마철에 비가 오면 급작스럽게 물이 불어난다. 이렇게 불어난 물은 보문을 지나, 명활산과 맞은편의 금학산 사이의 협곡을 지나면서 물살이 갑자기 빨라진다. 더 중요한 것은 이 물살이 북천의 안쪽으로 비스듬하게 돌출되어 나와 있는 금학산의 남쪽 산자락에 부딪히면 갑자기 방향을 바꾸어 월성, 첨성대, 황남동 쪽으로 흐르게 되어 있다는 점이다(강봉원 2005: 357 위성사진 참조, 본 서 'V'장 참고 ; 박방룡 2001: 39 도면 1 참조). 이 독특한 지형 탓에 경주에는 선사시대 이래 많은 홍수가 발생하였을 것으로 추정된다. 이러한 현상은 대략 5세기와 6세기 중엽까지도 흔히 발생하였던 것으로 추정된다. 그리하여 경주에는 선사시대 이래 많은 홍수가 있었다는 것을 유추할 수 있고 또 이것은 거의 일반적으로 수용되고 있다. 그리고 1976년에서 1983년에 이르기까지 발굴조사된 황룡사지의 기초 하층에서 발굴조사자들이 늪지와 뻘층 혹은 모래자갈 퇴적층이 있었다는 사실을 확인한 것도, 북천의 범람 혹은 북천 그 자체의 규모를 짐작하게 해 주는 중요한 단서가 되기도 한다(국립경주문화재연구소 2002: 52~53).

그런데 신라 왕조의 왕권이 강화되면서 어느 정도 정치적인 안정을 이룬 다음 수도에 홍수를 예방하기 위하여 제방을 축조하였을 것으로 추정하기도 한다(강봉원 2005). 이근직(2000: 69)도 신라시대 제방을 축조하였다는 직접적인 표현을 사용하지는 않았지만 "신라시대에는 정부 주도의 지속적인 관심에 힘입어 알천에 대한 효과적인 치수가 가능하여 왕경의 대부분이 안전지대에 놓여 있었으나 고려 이후부터는 상황이 달라지고 있었음"이라고 서술하고 있다. 특히, 북천의 남안(南岸)을 따라 상습 홍수 범람 지역에 황룡사, 분황사, 봉덕사, 도림사와 같은 사찰과 전랑지와 같은 대규모의 건물이 건축되었던

사진 7. 남고루 축조에 재활용된 전랑지 석재(경주문화재연구소 1995)

점을 고려하면 적어도 황룡사가 축조되기 시작하는 6세기 중엽 이전에는 북천에 제방이 축조되었을 가능성이 높다고 추정된다(강봉원 2005).

최근 제방이 축조되었을 것이라는 추정을 뒷받침하기 위한 직접적인 고고학 증거로 볼 수 있을 자료가 발견되었다. 국립경주문화재연구소가 2006년 5월부터 동년 7월까지 실시한 '경주 구황동 신라 왕경 숲 조성부지 내 유적'의 시굴조사에서 초기의 제방으로 볼 수 있을 시설물인 점토대(粘土帶)가 노출된 것이다(국립경주문화재연구소 2008a: 111~112, 도면 35 및 사진 42). 이 점토대는 조사 대상지의 서단부에 동서 방향으로 약 71m에 이르는데 "모래와 자갈 등으로 형성된 하상 퇴적층을 거의 수직으로 절개하고 황갈색과 적갈색 점질토를 채워 넣었으며, 횡단면의 규모는 너비 1.0m, 높이 1.1~1.2m" 였다(국립경주문화재연구소·경상북도 산림환경연구소 2008: 111). 발굴 조사자가 발견한 점토대의 상황을 아래와 같이 묘사하면서 고고학적 해석을 하고 있다.

사진 8. 남고루 기저부 아래에 있는 통일신라시대의 도로(경주문화재연구소 1995)

구황동 원지 유적 동단부에 해당하는 E300 라인에서도 이와 비슷한 형태의 점토대(지하 수맥 차단시설)가 남북 방향으로 길게 확인된 바 있다… E400~E440 사이의 수로 벽면에서 일부 노출된 점토대가 남쪽으로 치우쳐 있으며 그 방향도 남쪽으로 꺾이고 있다. 이러한 노출 양상으로 보아 점토대는 동서 길이 140m가 채 되지 않는 한정된 범위, 즉 곡류 지점의 북천 남안을 에워싸듯이 축조하였음을 알 수 있다. 추측컨대, 일정한 범위를 정하여 하상퇴적층 내부에 형성된 수맥을 의도적으로 차단하기 위하여 점토대를 축조한 것으로 보인다(국립경주문화재연구소·경상북도 산림환경연구소 2008: 111).

아울러 이 유적지의 북천 하류에 해당하는 왕경지구 내 가스관 매설지 (국립경주문화재연구소 1996: 38, 167-사진 7-1, 2)와 황룡사지 전시관 건립부지 내 유적[九黃洞 苑池 遺蹟]지와 발굴조사에서도 이와 유사한 점토대가 검출되었다

(국립경주문화재연구소·경주시 2008a: 107, 2008b: 434~435, 사진 182~183). 이 곳에서 노출된 점토대를 조사자는 "지하 수맥 차단 시설"로 추정하고 있다는 점이 특이하다.

그러나 필자는 이것이 신라 초기 형태의 제방 시설로 보는 것이 합리적이라고 생각한다. 왜냐하면 이 점토대를 축조한 당시의 경주 주민들이 지하에 수맥 차단 시설을 해야 할 이유가 분명하지 않기 때문이다. 비록 이 점토대를 축조한 사람이 수맥을 차단할 의도를 가지고 이 시설을 설치했다고 하더라도 이 정도로 지하수를 차단한다는 것은 불가능하다고 판단된다. 더 중요한 것은 만약 이 점토대로 인하여 실제로 지하수맥이 차단되었다면 당시 경주에 거주하던 주민들의 식수원이 고갈되어 당장 생활에 많은 불편을 초래하였을 것이다. 따라서 필자는 이 점토대를 신라 초기의 제방으로 간주하고자 한다. 이 점토대의 구체적인 성격과 기능이 무엇이든지간에 북천의 남안(南岸)에서 이와 같은 시설물이 발견되었다는 것은 아주 고무적이다. 향후 좀 더 자료가 집적되어 초기 신라 제방 연구가 이루어지게 되기를 기대하여 본다.

남고루의 축조 연대와 성격을 파악하기 위해서 몇 가지 문헌자료를 고찰하여 볼 필요가 있다. 첫째로, 1451년 정인지·김종서 등에 의해 편찬된 『高麗史』 卷八十二 志 券 第三十六 兵二 城堡條에 顯宗 三年 "城慶州"라는 기사가 있다. 또 1452년에 편찬된 『高麗史節要』 券三, 顯宗元文大王 三年(1012) 八月條를 보면 "城慶州"라는 『고려사』와 동일한 기록이 있다. 이 기록을 토대로 남고루가 고려 현종 3년 8월에 축조되었다고 추정되기도 한다. 그러나 이 해석에 대하여 좀 더 면밀하게 검토해 볼 필요가 있다. 이 역사 기록은 글자 그대로 "경주에 성을 쌓았다"는 것이어서 남고루를 축조하였다고 주장하기에는 기록이 너무 소략하다.

실제로 경주 시내에는 읍성의 잔흔이 남아 있다. 비록 읍성의 대부분이 근대의 집과 도로 등에 의해서 파괴되기는 하였지만 읍성의 일부가 아직도 경주시의 한 가운데 남아 있으며 근래 읍성의 동벽 일부가 경주시에 의하여 복원·정비되었고 북벽의 일부에서는 발굴조사가 이루어지기도 하였다.

윤무병(1987: 48)은 현재 남아있는 이 읍성을 "조선시대의 慶州邑城"으로 간주하고 남고루를 "高麗時代의 慶州府 邑城址로 추정"하고 있다. 그러나 『고려사절요』에 등장하는 위의 세 글자는 '남고루'라기보다는 '경주읍성'을 건축한 사실을 언급한 것이 아닐까 사료된다. 이런 측면에서 본다면 경주 읍성은 고려시대에 초축(初築)되었다가 조선시대에 들어와서 몇 번에 걸쳐서 개축(改築)된 것이 아닌가 생각된다. 경주읍성의 성격과 연대를 밝히는 것이 이 논문의 주제와는 다소 거리가 있는 것이기에 더 이상 상론하지는 않겠다.

『고려사』와 『고려사절요』에 기록되어 있는 이 소략한 역사 기록 때문에 남고루의 성격과 연대의 규명에 근본적인 혼란이 야기되지 않았을까 짐작된다. 어쨌든 『고려사』와 『고려사절요』에 등장하는 이 기사를 토대로 많은 한국의 학자들이 남고루가 '성지'(城址) 혹은 '성벽'(城壁)(김택규·이은창 1975: 44; 윤무병 1972: 128; 이은창 1980: 156)이었을 가능성이 있는 것으로 간주한다. 민덕식(1986: 19)도 "新羅王京의 地割基準에는 羅城의 東壁으로 추정되는 古壘(南古壘)… 도 경시하여서는 안될 것 같다"고 하면서 남고루의 성격에 대해서 언급하고 있다. 강종원(1992: 221)도 "현재 남아 있는 古壘는 고려시대의 읍성으로 보는 것이 타당하다고 생각한다"는 견해를 피력하고 있다. 그러나 필자는 남고루를 성벽이나 읍성으로 간주하는 이들의 견해에 동의하지 않고 이를 북천의 범람에 대비한 제방으로 보고자 한다.

이러한 주장을 뒷받침할 수 있는 기록으로 1669년 민주면(閔周冕)에 의하여 편집된 『동경잡기』(東京雜記)가 있다. 그 책 안에 아래와 같은 기사가 보인다.

> 동천은 북천 혹은 알천이라고 하는데 추령에서 발원하여 굴연으로 흘러들어 간다. 전하여 말하기를 이 내는 동북에서 흘러나와 [경주] 읍내 거주 지역과 바로 충돌한다. 이런 까닭에 고려 현종조[1010~1030]에 전라, 충청, 그리고 경상도의 군정들을 징발하여 돌로 제방을 쌓고 나무를 심어 가꾸어 수해를 방지하고자 하였다고 한다(민주면 1669: 15~16).
>
> 東川一云北川 一 云 閼川 在府東五里 出楸嶺入堀淵 俗傳川流自東北直衝邑居

故 高麗顯宗朝　發 全羅忠淸慶尙三道軍丁　築石爲堤盛植林藪 以 防水害云(『東京雜記』券 之一, 山川條).

　이 문헌의 기록에 의하면 고려시대 전체 영역의 거의 절반에 가까운 지역에 해당하는 삼도(三道)로부터 군정(軍丁)을 동원하여 제방을 축조하였다는 것이다. 그래서 만약 위에서 언급한『고려사』와『고려사절요』에 보이는 '城慶州'의 내용과 이것을 비교하여 보면 당시 경주에 두 개의 각각 다른 공사가 있었다는 것을 알 수 있다. 즉 '城慶州'는 글자 그대로 경주에 성을 쌓았다는 것으로 경주 읍성을 말하는 것이고, 반면『동경잡기』에 보이는 위의 기록은 남고루의 축조나 그것이 아니라면 적어도 북천의 제방이 아닌가 생각된다. 결국 이 두 가지 다른 문헌의 기사와 현재 남아 있는 경주 읍성과 남고루를 고려할 때 고려 현종 재위 시에 두 개의 대규모 토목공사가 있었던 것으로 보인다. 하나는 1012년에 건축된 경주읍성이고 다른 하나는 1010~1030년 사이에 축조된 남고루가 아닌가 사료된다(김태중 1992: 127). 만약 그렇지 않다면 삼도의 군정을 동원하여 먼저 경주읍성을 쌓고 이들을 다시 북천의 제방 혹은 남고루의 축조에 동원하였을 가능성도 배제할 수 없다(이근직 2000: 68~73).

　만약 이러한 추정이 맞다면『고려사절요』에 보이는 '城慶州'는 현재 경주 시내에 있는 읍성이고『동경잡기』에 등장하는 제방의 기사는 남고루와 관련된 것으로 사료된다. 그러므로 남고루는 어떤 형태로든간의 '城'이 아니고 경주의 수해를 방지하기 위한 '제방'이었을 가능성이 한층 높다고 볼 수 있겠다(박방룡 2001: 41; 우성훈 1996: 37; 이근직 2000: 68, 73).

　이러한 해석을 뒷받침할 수 있는 조선시대의 기록이 다소 있다. 이들은 조선시대에 편찬된 문집들인데 내용을 보면 고 신라시대 이래처럼 조선시대에 들어와서도 경주에 잦은 홍수가 발생하였다는 것을 전하고 있다(조철제 1996, 2000). 이들 문집들의 내용에 의하면 경주 사람들은 북천에 의한 홍수의 위험과 피해에 대해 잘 숙지하고 있었으며 지속적으로 북천의 제방에 관하여 지대한 관심을 보이고 있다는 것을 알 수 있다. 특히, 정극후(鄭克後, 1577~1658)의 시문집으로 후손 정상문(鄭相文)이 엮어낸『쌍봉집』(雙峯集)에 있는 대경주사민청금보문평개거소(代慶州士民請禁普門坪開渠疏, 경주 사민을 대표하여 보문들에 도랑을 뚫지 말아 줄 것을 청함'이라는 소)의 아래 내용은 경주 홍수의 이해를 위해서 아주 중요한 자료이다.

> …경주읍성은 매년 홍수 때면 어김없이 東川의 급류로부터 水災를 당하여 왔습니다. 그리하여 경주의 관민과 조정에서는 항상 동천 둑의 제방에 대해 각별히 대비하고 있었습니다. 그런데 근래 불행하게도 일부 무리들이 그 제방을 무너뜨리고 물길을 터서 보문들 가운데[데]에 水路를 뚫어[으]려 하니, 매우 통탄하고 위험한 일입니다…. 동천의 물이 두 산 사이로 흘러내려와 한지원 북쪽 자락을 치고 내달아 급류하고 있습니다. 큰 비가 올 때면 그 水勢를 꺾을 수가 없으며 경주읍성은 매우 위태로운 지경에 처하고 맙니다. 지금 읍성 가운데 아무 곳에서나 땅을 파 보아도 물에 씻기고 뒹군 둥근 자갈과 돌을 많이 볼 수 있는데 이는 예부터 경주 읍성 전체의 水災를 잘 말해 주고 있는 증거입니다. 新羅史를 살펴보면 阿達羅王 7년(A.D. 160)에 폭우가 쏟아져 동천이 범람하여 민가와 金城 북문이 침수하여 무너졌고, 眞平王 11년(589)에 역시 큰 비가 내려 3만 3백 60여 호의 수재민에 죽은 사람만 2백여 명에 이르러, 그 재해가 한두 번이 아니었습니다. 따라서 신라가 도읍을 만들 때 동천 둑을 돌로 쌓고 나무를 심어 그 제방을 견고히 하였으며, 本朝에 들어와 집경전을 세운 뒤 三道의 壯丁들을 불러와 한지원에서 州城 북쪽까지 석축으로 둑을 높게 쌓았습니다. 지금도 그 석축의 일부는 완연히 남아 있고 일부는 무너져 시급히 보수가 요구되는 바입니다(『雙峯集』권 2, 조철제 1996: 347~348에서 재인용-).

이 인용에 의하면 조선시대에도 북천의 홍수가 얼마나 위험한 것이었는가를

사진 9. 1929년 당시의 북천제방(藤島亥治郞 1930: 15)

잘 말해주고 있다. 이 기록에도 다시 '…본조에 들어와…삼도의 장정들을 불러와…석축으로 둑을 높게 쌓았습니다'라는 내용이 등장하는데 이것이 사실이라면 고려시대에 이어 조선시대에도 역시 북천을 따라 제방을 축조하였다는 것을 알 수 있다. 현재 이 제방은 모두 허물어져 그 존재 여부를 파악하기가 수월하지 않지만 이 제방은 1929년 후지시마가 신라 왕경 복원도를 작성할 때까지만 하여도 북천에 있었다는 사실을 그의 지도에 나타난 '旧堤防'이라는 표기를 보면 알 수 있고(그림 1 참조), 또 제방은 사진에도 나와 있다(사진 9).

여기에 더하여 경주 사람들이 북천의 제방을 수리하고 북천의 물 흐름을 원활하게 하기 위하여 하상에 쌓인 자갈과 모래를 치우는 청소를 한 다음 이 사실을 금학산의 끝자락 바위 면에 기록으로 남겨두었다. 이 금석문은 1980년 경주역사동호회 회원들에 의해서 발견되었으며 '알천수개기'(閼川修改記)라고 불려지고 있다(임원식 1983: 236; 조철제 1996: 349, 2000: 278). 이 알천수개기는 삼면의 바위 위에 대략 90자의 한자로 새겨진 것으로 그 내용은 'V장'에서 소개하였다.

이 수개기(修改記)의 내용에서 고려시대에도 북천의 홍수에 대비하여 제방을 쌓았다는 것을 어느 정도 짐작할 수 있다. 이 금석문에서 말하는 고려시대의 제방 축조가 아마 위에서 논한 바 있는 『동경잡기』의 내용과 상통하는 것이 아닐까 짐작하여 볼 수 있다. 그러나 위에서 언급하였듯이 북천 제방은 애당초 고려시대가 아니고 신라시대에 최초로 축조되었을 가능성이 아주 높다고 생각된다. 북천의 제방이 최초에 신라시대에 축조되었고 고려시대에도 이 제방을 보수·유지함과 동시에 부가적인 시설물(예를 들면, 남고루)을 설치함으로서 경주의 홍수를 통제하고자 했던 것으로 짐작할 수 있다. 바로 이러한 전후관계 때문에 필자는 남고루가 '성벽'이라기보다는 '제방'일 가능성이 더 높다고 보는 것이다.

한편, 후지시마(1930: 14)가 1929년 경주에서 세밀한 지표조사를 실시하면서 토루(즉, 남고루)를 발견하고 이것을 그의 신라 왕경 복원도 안에서는 '土城'으로 표기하여 두었다. 그러나 토루를 설명함에 있어 토루가 보통의 성곽처럼 그다지 견고하지 않다는 것으로 파악하였다. 그는 "위에서 언급한 돌담[石墻]과 동일한 형식의 돌제방[石堤]이 수십 정(町, 100m 조금 더 됨)이 연이어져 있다…."(藤島 1930: 15). 여기에 더하여, 후지시마는 남고루를 아래와 같이 설명하고 있다.

> …북은 봉황대로부터 남은 미추왕릉에 이르는 고분군은 대체로 열을 이루어서 나란히 있고, 그것을 감싸고 있는 것과 같은 모습으로 동에서 남으로, 혹은 서쪽으로 돌아가면서 이루어진 석장(石墻)은 후술하는 것과 같이 속칭 「성적」(城跡)이라고 불려지지만 사실 성적이라고 보기에는 의심이 간다…. 알천의 범람에 대비하기 위하여 이 석성(石城)을 축조하고 홍수를 방비하고자 한 事丁度 평양의 토성과 유사하다….
> (藤島 1930: 19).

후지시마의 위의 의견을 고려한다면 남고루는 성벽이라기보다는 제방으로 간주하는 것이 맞다는 생각이 든다. 그리하여 그의 지도에 비록 '土城'이라고 표현은 하였지만 진정한 의미에서의 토성은 아니라는 것을 알 수 있다. 그런데 중요한 것은 위에서 언급한 바와 같이 후지시마가 1929년 경주를 조사할 때 황룡사 인근에서 남고루와 비슷한 토루가 있다는 것을 확인하였다(그림 1 참조). 이 토루가 아마 황룡사의 홍수 피해를 예방하기 위하여 축조된 것이 아닌가 사료된다. 이런 견지에서도 남고루는 '성벽'이었다기 보다는 '제방'이었을 가능성이 더 높다는 것을 알 수 있다. 더욱이 후지시마(1930)가 이미 지적하였지만 남고루는 다른 군사시설물과 비교하였을 때 그렇게 견고하다거나 혹은 충분히 높지 않다. 『삼국사기』의 기록이나 고고학 자료를 검토하여 볼 때 이미 삼국시대에 이보다 훨씬 더 견고한 산성이 축조되었다. 예를 들면, 이미 고 신라 시대에 신라사람들은 백제, 왜, 혹은 기타 주변 제국으로부터의 침입에 대비하기 위하여 명활산성, 부산성, 서형산성, 남산성 등을 산 정상부에 축조하였던 것이다.

만약 우리들이 남고루가 6세기에 축조된 성이라고 간주한다고 하더라도 이것이 적을 방비하기에 중요한 역할을 하였다고 믿기에는 어려움이 따른다. 왜냐하면 남고루를 축조하는 데 사용된 돌의 크기가 대부분 작은 것들이고 또 토루의 규모가 왜소한 것에도 문제가 있다. 아울러 지형 상으로 보아 경주의 북쪽과 서쪽의 경우 북천과 형산강이 있기는 하지만 완전히 열려 있는 상황이어서 보병이나 기병들이 경주 시내로 쉽사리 쳐들어올 수 있기 때문이다. 예를 들어, 이 남고루가 해자가 딸린 성벽의 구실을 했다고 하더라도 적들이 이를 돌아서 경주의 중심부로 침투해 들어오는 데 10분도 채 안 걸리는 상황이다.

영남대학교 박물관에서 1973년 발굴을 실시하고 이 남고루의 성격이 '성벽'인지 '제방'인지에 관해서 명확한 결론을 내린 것은 아니다(김택규·이은창 1975: 44). 몇 년이 지난 후에 이 문제를 다시 다른 보고서에서 언급하였지만 여기에서도 '토루식 성벽으로 추정'만 하였고 확실하게 단정을 짓지는 않았다

(이은창 1980: 156).

경주문화재연구소(1995)에서 실시한 1993년도 발굴조사에 의해 남고루의 동편에서 물 웅덩이가 확인된 것은 위에서 언급하였다. 발굴보고자들은 이 물웅덩이에 대해 두 가지의 가능성을 제시하였다. 하나는 남고루가 성벽이라는 가정 하에 이것을 해자(垓子)로 보는 것이고, 다른 하나는 남고루가 제방이라는 가정 하에 이것을 홍수가 닥쳤을 때 물이 흘러가도록 하는 배수로로 간주하는 것이다. 해자일 가능성을 전적으로 배제할 수 없는 상황이기는 하지만 또 해자라고 간주할 만한 충분한 고고학적 현상이 노출된 것도 아니다. 예를 들어 이것이 해자였다면 더 깊어야 하고 또 성벽을 따라 이어져 있어야 한다. 그런데 1973년 영남대학교 박물관이 미추왕릉 지구에서 고분을 발굴하면서 노출시킨 남고루의 일부 유구 인근에서는 이 '물 웅덩이'가 전혀 확인되지 않았다는 점에 주의를 기울일 필요가 있다. 이것이 해자였다면 여기에도 해자가 있어야 하지 않을까 하는 의구심이 든다.

한 가지 더 언급하여야 할 것은 '물 웅덩이'의 정확한 실체를 규정하기가 힘든 상황이다. 왜냐하면 우선 사정상 남고루의 일부분만이 조사되었을 뿐 아니라 이 물 웅덩이조차도 일부분만이 발굴조사되어 그 성격을 제대로 파악하기 위해서는 좀 더 면밀한 고고학적 자료가 필요하다고 생각되기 때문이다. 또 발굴보고서에 의하면 이 물 웅덩이는 남고루의 벽체로부터 5.7~7m가량 떨어진 곳에 만들어져 있다고 하는데 이 간극도 해자가 아닐 가능성이 있는 것을 시사하는 것이 아닌가 생각된다. 어쨌든 경주문화재연구소 발굴보고서(1995)에서 보고자들은 남고루의 성격에 대해 명확한 결론을 내리지는 않았지만 이것이 '성벽'이었을 가능성이 높다는 것을 시사하고 있다. 그러나 남고루는 어떤 형태로든 간에 군사시설물로 보기는 어렵다.

금학산과 명활산의 협곡, 특히 북천의 북안에서 남쪽으로 돌출된 금학산의 지형과 우기(雨期)에 엄청나게 많은 양이 빨리 흐르는 물은 경주의 홍수 발생에 결정적인 영향을 미쳤다. 이러한 특성 때문에 신라시대와 고려·조선시대를 거쳐 근래에 이르기까지 경주에 많은 홍수가 발생하였다. 북천 상류에 1977년 덕동댐을 건설한 것도 바로 이러한 역사적인 현실 때문이었다. 덕동댐을 건설하기 전까지 북천 때문에 발생한 수 차례의 홍수와 관련된 역사적 사실 등을 고려할 때 남고루는 홍수에 대비하고자 고려시대 때 축조한 제방이었다고 생각된다.

5. 맺음말

이상에서 경주 남고루의 성격에 대하여 고찰하였다. 비록 많은 학자들이 논저에서 남고루의 성격 문제를 심도있게 다루지는 않았지만 일제시대 이래 몇 가지 논저에 실려 있는 글의 내용을 보면 대략 두 가지 설로, '성벽'이거나 혹은 '제방'이었던 것으로 축약된다. 이 논문에서는 역사 자료 및 고고학 자료를 종합하여 남고루가 북천에 의해 야기되는 홍수로부터 경주의 주거지역을 보호하기 위하여 고려시대에 축조한 '제방'으로 보는 것이 타당하다는 의견을 제시하였다.

남고루의 일부가 아직 남아 있다. 그리하여 만약 가까운 장래에 이를 발굴하고 또 일제시대 일본인 학자들에 의해 확인된 황룡사 인근의 소위 석장(石墻)을 아울러 발굴하게 되면 남고루의 성격을 보다 명확하게 규명할 수 있으리라 생각한다. 또 이 남고루가 '성벽'이었거나 외성(外城)이었다면 어딘가에 이 성을 드나들 수 있는 문지도 확인되어야 하는데 현재까지 알려진 바가 없다. 이런 여러가지 사항을 고려하여 현금까지 노정된 문제점들을 염두에 두고 과학적이고 체계적인 발굴조사와 연구가 이루어진다면 남고루가 '성벽'이 아니라 '제방'이었다는 사실이 명확하게 밝혀질 수 있을 것으로 생각한다. 나아가 남고루에 대한 적극적인 차원에서의 연구를 하루라도 빨리 수행하는 것이 사적으로 지정은 되어 있으나 얼마 남지 않은 남고루에 대한 더 이상의 파괴를 막고, 더 오랫동안 보존하기 위한 좋은 방안이 될 것으로 생각한다.

Ⅶ. '구어역'(仇於驛)의 위치에 관한 고찰 : 불국사 경내 출토 '仇於馹'(구어일) 명문기와와 관련하여

1. 머리말
2. 고고학적 배경과 문제의 제기
3. '구어일'(仇於馹)의 역사적 배경
4. '구어역'(仇於驛)의 위치에 관한 고찰
5. 맺음말

1. 머리말

경주대학교 박물관은 2004년 불국사 경내 성보박물관 건립 예정 부지에서 발굴조사를 실시한 바 있다. 이 발굴조사에서 건물지, 부도 기단, 축대, 옛 길, 등의 유구와 기와, 각종 토기 및 자기, 청동 및 철기 유물 등이 반출되었다. 이 조사에서 발굴조사자들 및 방문 학자들의 특별한 주목을 끈 것은 '仇於馹'(구어일)이라는 명문(銘文)이 있는, 고려시대로 편년되는 평기와였다. 이 명문기와에 보이는 '仇於馹'(구어일)은 '仇於驛'(구어역)을 의미하는 것인데 이 역의 위치가 어디였을 것인가에 대하여 학문적 관심이 제기되었다. 발굴조사 당시 현장을 방문한 일부 학자들이 '仇於馹'(구어일)이라는 명문기와가 불국사 경내에서 출토되었기 때문에 '구어역'은 이 유물과 건물지가 검출된 불국사 경내일 것이라는 견해를 제시하였다.

'仇於馹'(구어일)의 명문기와가 이곳에서 적지 않게 검출된 것은 부인할 수 없는 사실이다. 그러나 이 명문기와의 검출을 근거로 '구어역'이 이곳에 위치하였다고 간주하기가 용이하지 않다. 왜냐하면 다른 일부 학자들은 각종 문헌자료 및 고지도를 참고하여 '구어역'은 이곳이 아닌 현재의 경주시 외동읍 구어리 일대 어딘가에 위치하였을 가능성이 더 높다는 견해를 제시하고 있기 때문이다. 필자도 '구어역'이 불국사 경내에 존재하였을 가능성이 희박하다고 생각한다. 『고려사』, 『세종실록지리지』, 『신증동국여지승람』, 『여지도서』 등의 조선시대 문헌자료 및 여러 고지도에 표기되어 있는 '구어역'의 위치 등을 종합하여 고려하면 불국사 경내에 '구어역'이 있었을 가능성이 거의 없는 것으로 판단된다.

결과적으로 불국사 경내 발굴조사에서 수거된 '仇於馹' 명문기와를 근거로 하여 '구어역'의 위치 그리고 노출된 건물지의 전반적인 성격에 관해 견해의 일치를 보지 못하고 있다. 발굴된 유물이나 유구의 편년과 성격 등에 관해서 이견(異見)은 통상적으로 발생하는 것이어서 새삼스러운 일은 아니다. 본 논고에서 '仇於馹'명 명문기와와 관련된 역사적 배경과 고고학적 상황을 검토하여 '구어역'은 불국사 경내가 아니고 현재의 경주시 외동읍 구어 1리, 소위 '구역 마을' 일대 어딘가에 위치하였다고 보는 것이 타당하다는 것을 구명(究明)하여 보고자 한다.

2. 고고학적 배경과 문제의 제기

경주대학교 박물관은 2004년 2월부터 동년 12월까지 경주시 진현동 불국사 경내에서 발굴조사를 실시하였다. 이 발굴조사는 불국사가 경내에 성보박물관을 건축하고자 계획함에 따라 수행된 것이다. 이에 앞서 2003년 5월 동국대학교 경주캠퍼스 박물관이 지표조사를 실시하였고 경주대학교 박물관은 동년 9월부터 11월까지 시굴조사, 그리고 2004년에는 발굴조사를 각각 수행하였다.

이 유적지 발굴조사에서 9기의 건물지(일제 강점기 및 근래 건축되었던 불국사 관광호텔 건물지 제외)와 옛 길, 부도 기단, 건물 축대 등(그림 1)과 함께 엄청나게 많은 수량의 각종 유물들이 수거되었다. 유물의 주종을 이룬 것은 토기, 기와, 자기(고려, 조선, 중국자기)였다. 이들 유물 중에서 이 논고의 주요 대상은 '仇於馹'이라는 명문이 있는 평기와 편이다. 그러나 이 명문기와의 편년을 검토하는 차원에서 토기, 자기, 그리고 전반적인 기와에 대해 아래에서 간단하게 일별해 보고자 한다.

이곳에서 출토된 토기 편들과 토기들은 통일신라, 고려 및 조선시대에 제작된 것들이다. 그러나 통일신라시대로 편년되는 토기 편들의 출토 수량이 미미하여 고려 및 조선시대의 유물과 비교할 때 거의 무시해도 될 정도이다. 많은 수의 매납(埋納) 토기가 건물지에서 검출되었는데, 이들은 이곳의 건물을 축조하기 위해 기초를 다지는 과정에서 지신(地神)에 대한 제사나 의식을 거행하고 땅 밑에 매납하였던 지진구(地鎭具) 혹은 진단구(鎭壇具)였을 것으로 판단된다. 이들 토기들은 모두 고려시대로 편년되는 것들이다. 특히, 4개의

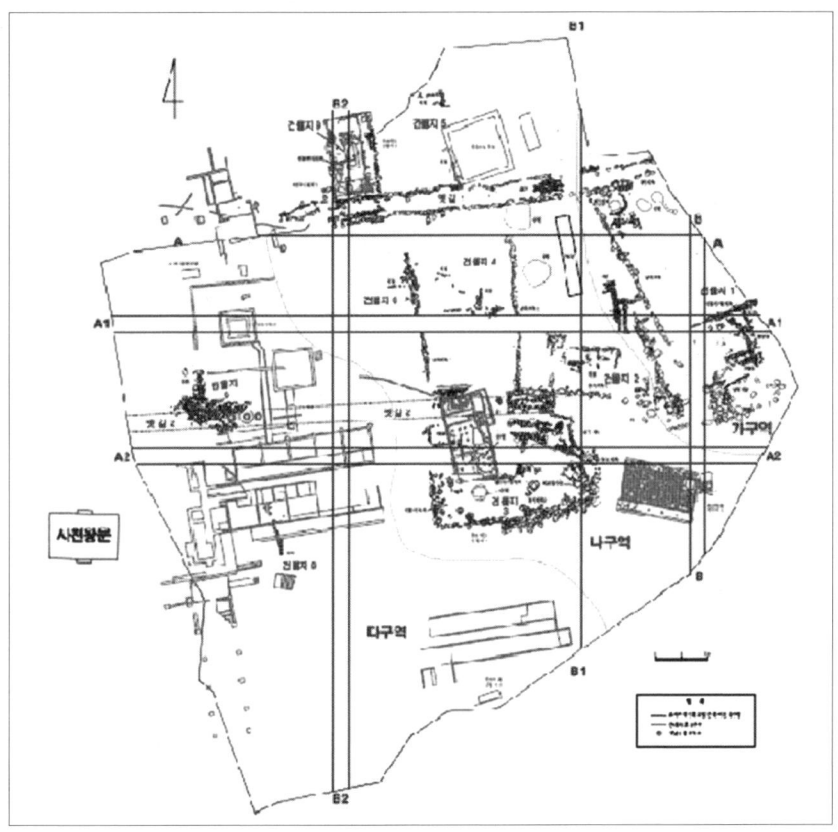

그림 1. 불국사 경내 발굴 유구 배치도(경주대학교 박물관 2006, 별첨 도면)

매납 토기 내부에 들어있던 목탄(木炭)을 수거하여 미국의 Beta Analytic에 C-14 연대 측정을 의뢰하였는데 그 결과는 A.D. 890~1040, A.D. 900~1190, 다른 두 개는 똑같이 A.D. 970~1160으로 나왔다(경주대학교 박물관 2006: 566~571).

이러한 역(曆) 연대 측정의 결과를 고려하면 시기가 비교적 이른 토기 2점은 통일신라시대의 것으로 편년될 수도 있다. 그러나 이 유적지에서 수거된 통일신라시대 토기편이 미량인 것을 감안하면 이 토기들은 고려시대로 편년되는 것이 더 합리적일 것으로 생각된다. 또 탄소연대 측정은 오차 범위와 관련하여 확률적인 의미를 가지고 있기 때문에(예를 들면, one sigma-68%

신뢰, two sigma-95% 신뢰), 이들 중에서 비교적 이른 연대, 예를 들면 890 A.D.와 900 A.D.를 액면 그대로 수용하면 오류를 범할 수도 있다. 아울러 역사적인 측면에서 고려하면 9세기 말이나 10세기 초는 신라 왕실의 힘이 나약해지고 국력이 급속하게 쇠퇴하는 시점인데 불국사 내에서 대규모의 건축사업이 이루어졌을 것으로 간주하기가 용이하지 않다. 이런 점들을 감안하면 지진구로서의 매납 토기를 묻고 그 위에 건축하였던 건물들은 대체로 고려시대의 것으로 편년하는 것이 무난할 것으로 생각된다.

　이 유적지에서는 엄청나게 많은 양의 시대를 달리하는 자기도 출토되었다. 완형은 2개의 고려청자 뿐이고 나머지는 모두 파손된 것들이다. 출토된 자기들의 종류는 고려청자(저부 2085점, 도상복원 가능 136점), 상감청자 및 분청사기(저부 238점, 도상복원 가능 28점), 조선백자(저부 239점, 도상복원 가능 10점), 시유도기, 그리고 중국자기(저부 94점, 도상복원 가능 39점)이다(경주대학교 박물관 2006: 205~206). 이들 자기편들을 무게와 수량으로 고려할 때 고려청자가 압도적으로 많은 부분을 차지하고 있다(78.5%). 절대 다수를 차지하고 있는 고려시대 자기편들은 이곳에서 노출된 건물지들의 중심 연대가 고려시대였다는 것을 시사하는 좋은 증거가 된다. 다른 한편 조선백자편도 어느 정도의 비중(9%)을 차지한다. 이 정도의 조선백자 파편이 이 유적지에서 출토되었다는 것은 이곳의 건물들이 조선시대 어느 시점(대략 16세기 말 정도)까지는 존속하였을 가능성이 높다는 것을 강하게 시사한다. 중국자기는 완형은 발견되지 않았으며 모두 133개(5%)의 파편이 검출되어 적지 않은 수량이 수거되었다.

　또 이 발굴조사에서 엄청나게 많은 양(2011 유물 상자)의 기와를 수거하였다(경주대학교 박물관 2006: 109). 이 기와들은 통일신라, 고려 및 조선시대로 편년되는 것들이다. 일부 완형의 평기와 및 막새가 출토되었고 이들 중의 일부는 통일신라시대로 편년될 수 있는 것들도 있지만 양이 많은 편은 아니다. 그 중에 통일신라시대로 편년되는 10점의 귀면와(鬼面瓦) 편(이들 중 1점은 완형에 가까움)과 9점의 치미(鴟尾) 파편이 검출되었는데 크기가 모두 10cm 내외의 아주 작은 것들이다(경주대학교 박물관 2006: 190~193). 귀면와와 치미

편이 이렇게 작은 파편으로 남아 있다는 것은 오래 전에 이곳에 귀면와와 치미가 올려져 있는 건물이 있었다는 것을 의미한다. 그 후 그 건물이 노후하였거나 화재가 났거나 하여 새 건물이 들어섰을 것으로 추정된다. 경주대학교 박물관 조사팀이 노출시킨 건물지는 바로 이 후대에 들어섰던 건물이었을 가능성이 높다.

이곳에서 검출된 기와는 다수의 연화문, 보상화문, 귀목문, 귀목연화문이 있는 수막새와 당초문, 귀목당초문, 기린문, 서조문 등이 있는 암막새, 그리고 엄청난 양의 평기와이다. 기와의 대부분은 고려시대로 편년되고 완형보다는 파편이 압도적으로 많다.

한국 고고학계에서 경주는 신라시대의 역사와 문화가 연구의 중심이 되어오고 있는 실정이다. 그런데 불국사 경내 발굴에서 수습된 기와 및 기타 유물들은 고려시대 이후의 역사와 문화를 연구하는 데 아주 중요한 단서를 제공할 수 있다고 생각한다. 그중에서 특기할 만한 사항은 명문이 새겨진 기와가 214점이 수거되었다는 점이다.

명문기와들 중에는 일부 판독이 불가능한 것들도 다수 있다. 판독할 수 있는 명문을 보면 …分施主尹山崔字李堅, 彌勒院造 □燔, 四天王寺, 春-, 소 □瓦□, 王, 工, 卍 등이 있다(경주대학교 박물관 2006: 89). 명문기와 중에서 가장 많은 수(184점)를 차지하고 있는 것이 '仇於馹'(구어일) 명문기와이다(사진 1).

이 '仇於馹'(구어일)이라는 명문기와가 불국사 경내 건물지에서 출토됨에 따라 일부의 학자들이 '구어역'의 위치가 이 유물들이 검출된 바로 그곳일 가능성이 있다는 견해를 제시하게 된 것이다.

'仇於馹'(구어일) 명문기와는 무려 184점(암키와 102, 수키와 82)이 출토되었다 (경주대학교 박물관 2006: 89, 표 2). 이 명문기와를 근거로 빠르면 통일신라시대 말 혹은 고려시대, 그리고 조선시대에 '구어역'이 바로 이곳에 위치하였다고 간주해버리면 더이상의 학문적인 논쟁은 필요하지 않다. 그러나 과거를 다루는 역사와 고고학 분야가 통상 그러하듯이 유물과 유적을 액면 그대로 수용할 수 없고, 달리 해석해 보아야 할 경우가 적지 않다는 점이 중요하다고 생각된다.

사진 1 '仇於馹' 명문기와(경주대학교 박물관 2006: 437, 도판 75).

3. '구어일'(仇於馹)의 역사적 배경

'仇於馹' 명문기와를 근거로 불국사 경내에서 발굴된 건물지들 중의 일부는 고려시대의 역(驛) 혹은 역과 관계가 있었을 가능성이 있다는 주장이 조사 현장을 방문한 일부 학자들에 의해서 제기되었다. 이러한 의문은 2005년 제27회 신라문화제 학술발표회에서 다시 제기되었다. 일찍이 박방룡(1995: 105)은 '구어역'이 경주시 외동읍 구어리 구역마을 일대에 위치한 것으로 간주하였다. 박방룡(2006: 85, 표 1)은 2005년도 학술대회에서도 '신라 왕경과 유통'이라는 제목의 논문에서 왕경 외곽의 교통시설을 논하면서 '구어단'(仇於旦)[구어차, 仇於且]역은 경주시 외동읍 구어리에 위치하는 것으로 파악하였다.

이에 대해 이영호(2006: 328)가 종합토론에서 "…구어단[구어차]역의 위치에 대해서 경주시 외동읍 구어리로 비정하셨는데, 2003년 11월 불국사 성보박물관 건립 부지에서 고려시대 것으로 추정되는 건물 터와 석축 3곳… 특히 건물 터 석축기단 주변에서 仇於馹이라고 새겨진 기와편 6개가 출토되었는데… 그렇다면 고려시대 구어단[구어차]역은 경주시 외동읍 구어리가 아니라 경주시 진현동 불국사 부근 지역으로 추정해야 하지 않을까요"라고 반론을 제기하였다.

이러한 이영호의 추정을 뒷받침할 수 있는 가장 중요한 물질적인 증거는 위에서 언급한 바와 같이 '仇於馹'(구어일)의 명문이 새겨진 기와편과 건물지이다. 이 명문기와와 고려시대로 편년되는 자기 등을 고려하면 이러한 추정이 전혀 근거가 없는 것은 아니다. 그러나 이러한 추정을 여러 가지 측면에서 좀 더 면밀하게 고찰해야 할 필요가 있다.

고고학적인 사례로서 '仇於馹'(구어일)과 성격이 유사한 명문기와가 1982년 충북 청주시 상당구 산성동에 있는 상당산성(上黨山城, 사적 제 212호)에서 충북대학교 박물관이 실시한 지표조사로부터 확인되었다(차용걸 외 1997: 74). 이 명문기와에 '屬長池馹 池馹升達 梁部屬 梁部一尺 主'라는 명문이 새겨진 기와가 지표채집된 바 있다(차용걸 외 1997: 74). 명문의 나머지 부분의 정확한 판독에는 다소 어려움과 논란의 여지가 있다. 하지만 여기에서 중요한 것은 '沙梁部屬長池馹'이라는, 판독이 비교적 분명한 명문이다. 발굴조사 보고자들은 장지(長池)는 청주 소속의 역으로 조선시대 성환도(成歡道) 소속의 장명역(長命驛)의 옛 이름이자 『세종실록지리지』의 청주목과 『신증동국여지승람』, 『여지도서』에 연혁이 기재되어 있다고 서술하고 있다(차용걸 외 1997: 74~75).

'長池馹'에서 '馹'은 '역마 일'로서 역참(驛站)에 비치한 역마(驛馬)를 의미하는 것이지만 역(驛)을 뜻하는 것이다. 그리하여 '仇於馹'(구어일)이라는 명문에서도 '일'(馹)은 곧 '역'(驛)을 의미하는 것으로 볼 수 있다. 조선시대에 제작된 지도를 보면 많은 역명 끝이 일(馹)로 표기되어 있으며 이를 '역'으로 발음하기도 한다. 따라서 '구어일'(仇於馹)의 명문이 '구어역'(仇於驛)을 의미한다는 것에 대해서는 재론의 여지가 없다.

경주대학교 박물관에서 발굴조사를 실시한 결과 이 명문기와와 건물지가 노출된 불국사 경내에 실제로 '구어역'이 존재하였을 가능성이 있는가가 문제이다. 역사 · 고고학적인 자료를 토대로 볼 때 과거 어딘가에는 '구어역'이 실제로 존재하였던 것이 사실(史實)이다. 그런데 조선시대에 편찬된 각종 문헌 및 당시 제작된 여러 지도에 표기되어 있는 것을 참조하면 '구어역'의 위치는 현재의 행정구역인 경주시 외동면 구어리 마을 인근 어딘가에 있었을 가능성이 높다. 그런데 불국사 경내에서 노출된 건물지에서 '仇於馹'(구어일)의 명문(銘文)이 새겨진 기와가 다량 검출되어 '구어역'의 정확한 위치 파악이 관련 학계 쟁점의 하나가 된 것이다.

불국사 유적지에서 엄청나게 많은 양의 기와가 출토되었고, 또 이들을 뒷받침할 수 있는 건물들의 기초도 9개소가 노출되었다. 따라서 이곳에서 노출된 건물지가 고려시대의 역원(驛院)이었거나, 역원에 역마를 제공하는 말을 관리하는 곳이었거나, 혹은 다른 어떤 식으로든간에 역(驛)과 관련되어 있었을 가능성을 전적으로 배제할 수 없다. 아래에서 '仇於馹'(구어일)의 명문 기와, 그리고 많은 양의 공반된 기와와 건물지의 기초 등의 고고학적인 자료와 문헌에 나타나 있는 여러 가지 자료들을 종합하여 '구어역'(仇於驛)의 위치에 관해 구체적으로 고찰하여 보겠다.

구어리는 현재 행정구역상 경주시 외동읍(外東邑) 구어 1리에 있다. 구어(仇於)라는 지명은 시간이 지나면서 다른 명칭과 다른 한자로 표기되었다. 과거에 '九魚', '九於驛', '九易', '舊驛' 혹은 '驛村' 등으로 불리다가 1996년 주민의 청원에 의해 '九魚'로 환원하게 되었다(경주시 · 경주문화원 2006: 475). 조선시대에 편찬된 각종 문헌기록과 고지도를 참고해보면 '구어역'이 현재의 구어리 일대, 좀 더 구체적으로는 울산과 경주를 잇는 7번 국도변 어딘가에 있었을 개연성이 높다.

현재 경주시 외동읍에 있는 구어 1리는 경주에서 울산 방향으로 7번 국도를 따라가다가 입실을 지나서 제2구어교에서 우회전하여 직선거리로 약 1.5km 정도 되는 곳에 위치하고 있다. 아래에서 좀 더 구체적으로 검토하겠지만 1910년대에 일본인들에 의해 제작된 지도를 보면 당시만 하더라도 7번 국도는 없었고 '구 도로'만이 지도에 표기되어 있다(그림 2). 지도에서 볼 수 있듯이 일제 강점기 초기에만 하더라도 구어리에서 불국사 방향으로 나 있는 길은 존재하지 않았고 소위 영남좌로(嶺南左路)는 영지(影池)의 서쪽 편에 길이 나 있었다는 것을 알 수 있다. 그런데 일제 강점기 조선총독부가 구어리와 방어리(防禦里)를 연결하는 구 도로(즉, 영남좌로)를 두고 새로 '신작로'(新作路)를 개설한 것이 지금의 7번 국도가 된 것이다(그림 3).

이 구어리는 경상도 동남부에서 서울로 올라가는 길목이고, 또 동해안 지역으로 통하는 길목의 교통 요지로서 삼국시대 전기 이래 중요한 지리적 요충지였다. 구어리 서남쪽에 놓여있는 치술령(鵄術嶺 765m)과 척과산(尺果山) 사이로 해서 울주군 범서면 방면으로도 연결이 가능하여 울산항과 연결될 수 있다. 또 구어리는 태화강 중유역을 지나 웅촌(熊村), 동래(東來), 양산(梁山) 방면과도 용이하게 연결되어 경주 동남부의 교통로의 요지에 위치하고 있기 때문에 지리적으로 중요한 곳이다. 구어리 서남쪽 인근의 지리적 환경을 보면 동쪽으로는 토함산-삼대봉-동대산이 놓여 있고 서쪽으로는 남산-치술령이 있다. 이 두 산악 지역의 중심을 형산강의 상류인 동천과 형산강의 지류인 남천이 흐르며 북으로는 경주 평야, 그리고 남으로도 비교적 평탄한 지역이어서 상당히 많은 논이 있다. 또 이 지역이 분지로서 평탄한 지역이기 때문에 현재 동해남부선의 철도와 그리고 7번 국도가 남북으로 이어지며 엄청나게 많은 교통량이 매일 이곳을 지나고 있다.

아울러 신라 왕경의 외곽으로 군사적으로도 요충지의 역할을 하였을 것으로 상정되는 바, 이것은 관문성(關門城)을 지나자마자 구어리가 위치하고 있는 것으로도 추정할 수 있다(영남문화재연구원 2002: 27). 구어리를 비롯한 현재의 7번 국도 인근에 선사시대 이래 많은 유적지가 분포하고 있는 것은 바로 이러한 이유 때문인 것으로 파악되고 있다.

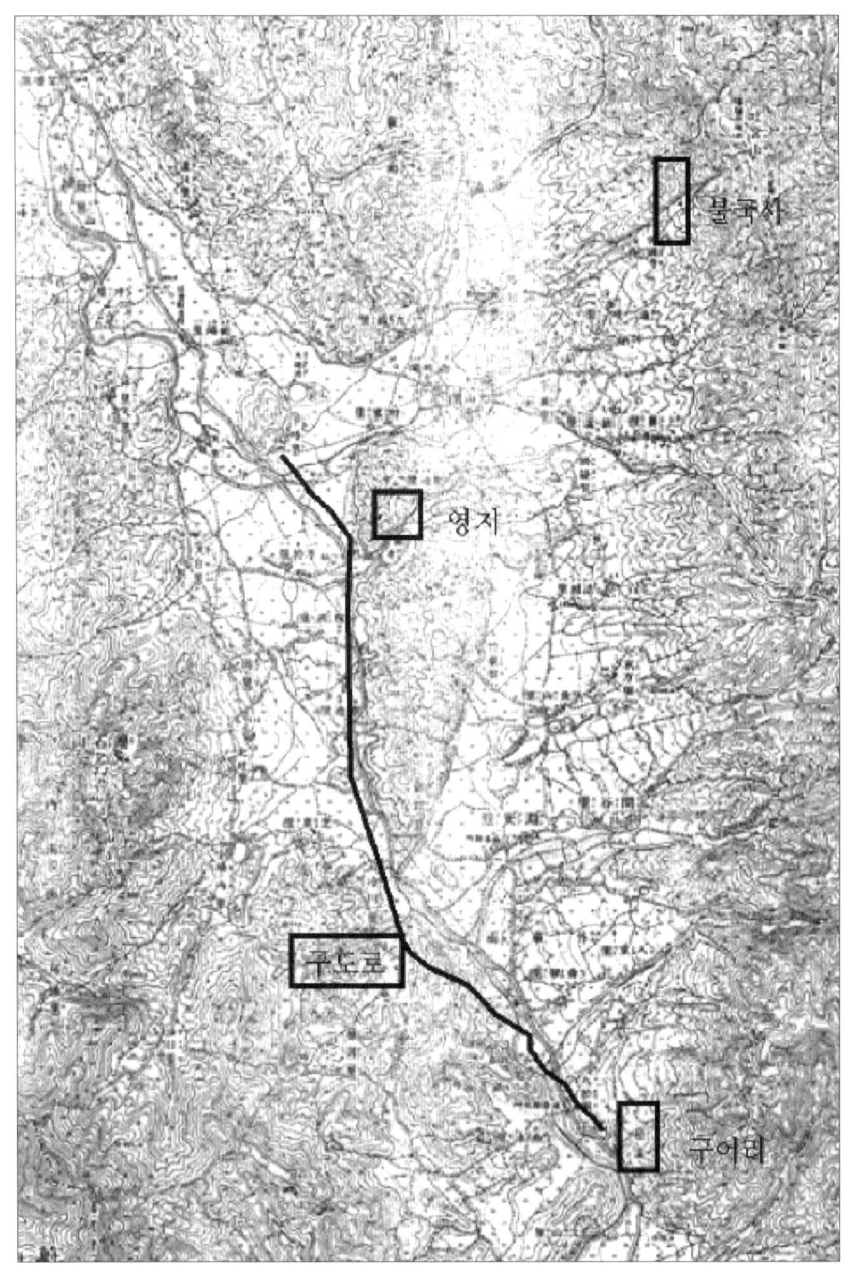

그림 2 근세 한국 1/50,000 지형도, 상(도엽번호 156, 조선총독부 1914)

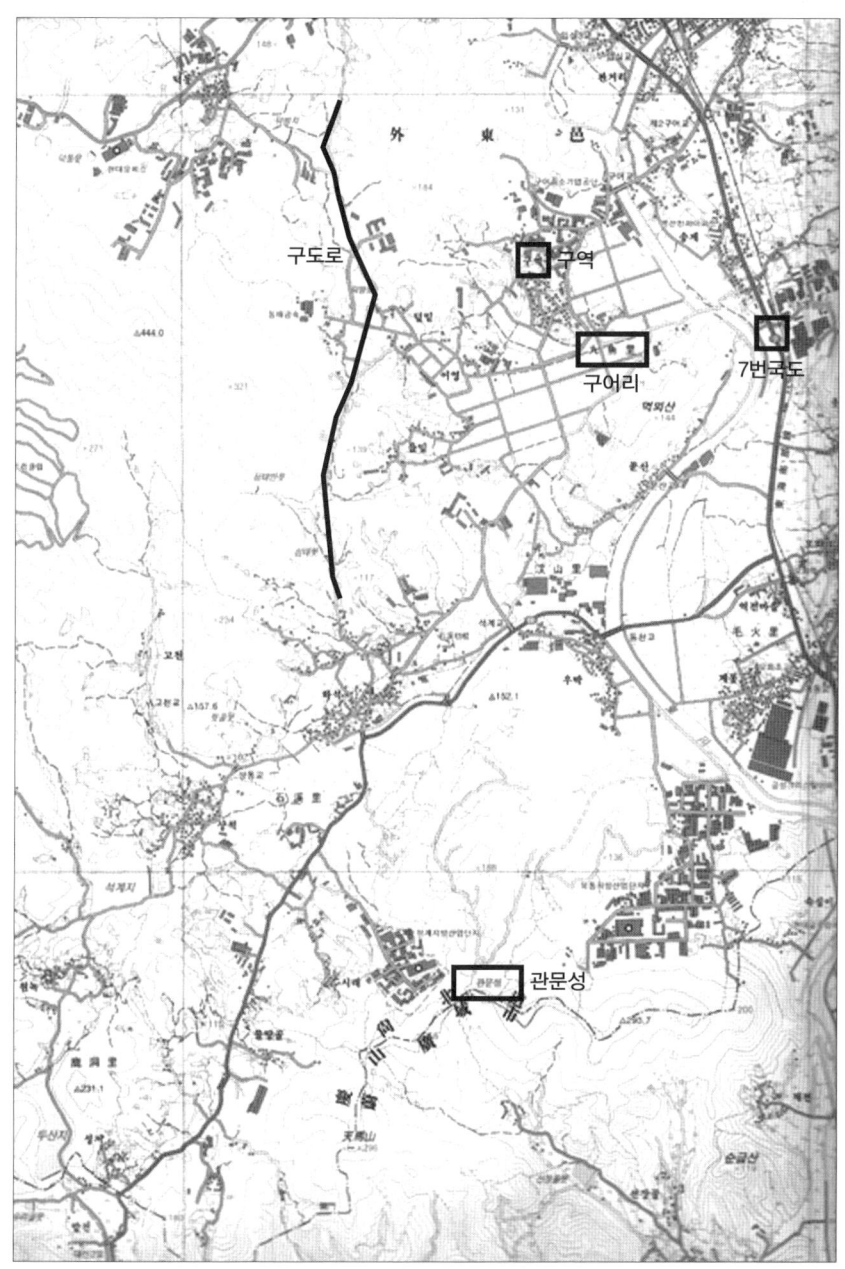

그림 3. 경주 외동읍 입실 1/25,000 지형도, 도엽번호 NI 52-2-14-1

삼국 및 통일신라시대에 이 지역은 신라 왕경인 경주로 들어오는 관문이기 때문에 인근에 관문성이 놓여 있는 것은 아주 자연스러운 현상이라고 볼 수 있겠다. 동해안에서 경주에 이르는 세 가지의 주요한 도로가 있는데, 하나는 감포에서 토함산을 넘어 현재의 덕동호와 보문호를 지나서 경주로 들어오는 길이다. 바로 이 길목에 명활산성(明活山城)이 위치하고 있어 신라시대에 이 길이 중요하였다는 것을 단적으로 말해 준다. 그 다음은 영일만에서 안강을 거쳐 경주에 이르는 도로이다. 이 길도 중요하여 이 길목에 북형산성(北兄山城)이 위치하고 있다. 마지막으로 울산에서 관문성을 통과하여 석계리(石溪里), 구어리(仇於里)와 냉천리(冷川里)를 거쳐 경주로 들어오는 길이다. 이 도로가 어쩌면 위에서 설명한 두 개의 길보다 인적, 물적, 그리고 대외 교류의 차원에서 훨씬 더 중요한 길이었다고 판단된다.

첫 번째의 감포-경주 길은 산악 지역으로 험하고 협소하다. 영일만-안강-경주 길은 경주에서 동해안 북부 지역과 연결되는 도로로, 신라가 북쪽으로 영토를 확장해가는 과정에서 아주 중요한 역할을 한 것은 사실이다. 그러나 아래에서 선사 및 역사시대의 유적지 분포에 관해 설명하듯이 울산-관문성-석계-구어-냉천-경주에 이르는 도로가 선사시대 이래 훨씬 더 중요한 것이었음을 알 수 있다. 어쩌면 바로 이러한 사실 때문에 신라시대는 물론이고 고려-조선시대에도 이 도로가 아주 중요하게 여겨졌던 것임을 알 수 있다.

한편, 울산-구어-경주에 이르는 길이 평소에 많은 사람들에게 교통로로 이용되기도 하였지만 왜구들이 경주로 침입하는 데도 자주 이용되었다. 이 교통의 요지는 바꾸어 생각하면 적들이 군사 이동을 쉽게 할 수 있는 편의를 제공하기도 하여 결국 전략적인 요충지였던 것이다. 그리하여 신라 성덕왕(702~736) 21년에 왜인들의 경주 침입을 방어하기 위하여 관문성(關門城)을 축조하였다. 이 관문성과 관련된 기사를 보면 아래와 같다.

    21년(721) 겨울 10월, 모벌군성(毛伐郡城)을 쌓아 왜적(倭賊)의 침입을
    막았다.

二十一年 冬十月 築毛伐郡城 以遮日本賊路[『三國史記』新羅本紀 聖德王].

임관군(臨關郡)은 본디 모화군(毛火郡[蚊伐, 문벌이라고도 함])으로 성덕왕(聖德王) 때 성을 쌓아 왜적(倭賊)의 통로를 차단한 곳이다. 경덕왕 때 고친 이름이다. 지금은 경주에 소속되었다. 2현을 거느렸다.
臨關郡 本毛火郡[一作 蚊伐] 聖德王 築城 以遮日本賊路 景德王改名 今合屬慶州[『三國史記』雜誌 第3, 地理1].

이 관문성은 장성(長城)과 신대리성(新垈里城)의 2개 성으로 이루어져 있다. 장성은 경주와 울산의 경계를 따라 경주시 외동읍 녹동리(鹿洞里)에서 모화리(毛火里)까지 약 12km정도 되는 석성(石城)이다. 신대리성은 장성의 동쪽 삼태봉 남쪽 해발 고도 590m의 산 정상에 위치하는 길이 약 1.8km 정도 되는 타원형 모양의 석성이다. 장성에는 외동읍 녹동리와 모화리에 두 개의 문지(門址)가 있으며 현재는 파괴되어 도로가 나 있으며 원형을 알 수 없다. 관문성과 그 주변 유적지에 관해서는 박방룡(1997: 34~38)이 상세하게 조사해 두었다.

울산방면[東海口]에서 경주로 들어가기 위해서는 반드시 관문성을 통과해야 한다. 이 관문성을 지나면 바로 '구어역'(仇於驛)에 이르게 되고 '조역'(朝驛)을 지나 경주로 들어오게 되는 것이다. 그리하여 이 도로는 선사시대는 물론이고 신라시대의 주요 대외 교통로로 중요시되었던 것이다(최헌섭 2002: 17~18). 이러한 맥락에서 구어리가 중요하다고 하겠다. 아래에서 '구어역'의 위치와 관련하여 고고학 자료와 문헌의 기록을 토대로 좀 더 상세하게 고찰하여 보기로 하겠다.

4. '구어역'(仇於驛)의 위치에 관한 고찰

경주와 그 주변 지역에서는 다수의 청동제 유물들이 발견된 바 있다. 7번 국도와 소위 이 신작로(新作路)가 나기 전에 있었던 '구 도로'(舊 道路)와 그 인근 지역에 청동기시대의 유물과 유적이 적지 않게 분포되어 있다. 이러한 사실로 보아 '구 도로'와 현재의 7번 국도 인근은 이미 청동기시대 주민들의 주요 교통로였던 것으로 인식되고 있다(김세기 2002: 380~384). 청동기시대에는 중부 지방(즉, 부여 송국리 지역)의 무문토기 문화가 보은-상주를 거쳐서 대구로 유입되고, 금호강을 거쳐서 경산-영천-경주-울산으로 파급되기도 하면서 상호 작용을 하였던 것으로 파악되고 있다(김세기 2002: 382).

영남 지방의 교통로 중의 하나인 울산-경주 간의 교통로는 이미 청동기 시대부터 나 있었을 것으로 추정하고 있다(김세기 2002: 382). 즉, "한강 유역과 부여 송국리 지역의 무문토기 문화가 보은-상주 간 도로를 통하여 대구 지역에 전해지고" 이것이 다시 "금호강 도로를 통하여 경산→영천→경주→울산으로 전파와 상호 작용을 통해 새로운 교통로의 형성을" 초래한 것이라고 추정하고 있다(김세기 2002: 382). 따라서 경주 지역에서 발생된 무문토기 문화는 이러한 상황에서 발생하였다는 것이고 이것이 울산 지역으로 전파되는 과정에서 경주-울산 간의 교통로가 자연스럽게 개설된 것으로 보고 있다. 물론 이 교통로는 울산과 경주의 해안가에 존재하고 있었던 신석기시대 문화가 시간이 지나면서 상호 교류를 통하여 변화·발전하는 과정에서 발생했을 가능성도 배제할 수 없다. 즉, 경주 및 인근의 무문토기 문화가 한강과 부여의 송국리 문화가 남하하면서 생성되었을 가능성이 높지만 경주와 울산 지역 신석기시대의 주민 문화가 변화·발전해서 형성되었을 가능성도 있을 수 있다는 것이다.

이렇게 형성된 경주-울산 간의 교통로는 시간이 지나면서 계속 이용되었고 또 이 도로를 중심으로 좌우 지역에 주민들이 거주하였다는 것을 발굴조사된 유적지를 통해서 알 수 있다. 즉, 울산에서 경주로 통하는 '구 도로'와 7번 국도를 따라 입실-죽동-구정동-조양동-사라리로 이어지는 곳에서 한국 고고학계의 주목을 끌 수 있는 많은 유적지와 유물들이 검출되었다. 이들 유적지에서 출토된 유물들은 소위 세형동검기 3기에 해당하는 것으로 대략 기원전 1세기 초에서 紀元年까지 혹은 기원후 2세기까지도 볼 수 있을 여지가 있는 것들이다(정인성 1998: 55~73). 이 시기 이후에 해당하는 유적들도 발굴조사된 바 있어 울산-경주를 잇는 교통로는 시간이 지나면서 그 중요성이 더해 간다.

한정훈(2002: 36, 65, 그림 2)은 『東國與地勝覽』과 청구도(靑邱圖) 등에 보이는 '구어역'의 표기를 참고하여 '구어역'은 현재 경주시 외동읍 구어리에 있었던 것으로 추정하고 있다. 이를 방증하기 위하여 『三國遺事』 권1, 기이(紀異) 내물왕(柰勿王) 김제상(金堤上)조(條)를 거론하였다(일반적으로 박제상이라고 하지만 원문에 충실하고자 여기서는 김제상이라고 함). 즉, 『삼국유사』에 왜(倭)에 볼모로 가 있던 미해(美海)가 김제상의 도움으로 신라로 돌아오게 됨에 따라 눌지왕이 "백관들에게 명하여 굴헐역(屈歇驛)에서 [미해를] 맞이하게 하고 왕도 친아우 보해(寶海)와 함께 남교(南郊)에 가서 미해를 맞이하였다" [命百官迎於屈歇驛 王與親弟寶海 迎於南郊]는 기사가 있다. 이것을 토대로 굴헐역은 구어역의 전신이었을 것으로 파악하기도 한다(한정훈 2002: 36, 65). 따라서 '구어역'은 울산항으로 이어지고 궁극적으로는 왜(倭)와 연결되지 않았을까 추정된다. 신라시대의 이 굴헐역이 고려 및 조선을 거치면서 '구어역'이 되었을 것으로 추정된다.

여기에 등장하는 굴헐역은 통일신라시대에 들어와서는 5통(五通) 중의 울주(蔚州)에 이르는 동해통(東海通)으로 그리고 오문(五門) 역 중에서 곤문역(坤門驛)에 해당하는 것으로 추정되고 있다(한정훈 2002: 64~66). 한편 이노우에(井上秀雄 1974: 401)가 제시한 지도를 보면 곤문역은 모화(毛火)에 있었던 것으로 표기되어 있다. 그러나 『고려사』와 조선시대에 편찬된 각종 문헌과 고지도에는 모화에 역이 있었다는 것을 언급한 것은 보이지 않고 있어 이 견해는 수용할 수 없다. 혹시 모화에 있는 관문성을 염두에 둔 것이 아닐까 짐작된다.

이 굴헐역은 고려시대에는 '구어차'(仇於且)로 역명이 바뀐 것으로 추정되고 있다(한정훈 2002: 85). 한편『삼국유사』권5, 피은(避隱) 제8, 낭지승운 보현수(朗智乘雲 普賢樹)조에 "삽량주(歃良州) 아곡현(阿曲縣)의 영취산(靈鷲山)-'삽량은 지금 양주(梁州)요 아곡의 曲은 일본(一本)에 서(西) 라고 되었고 또는 구불(求佛) 혹은 굴불(屈佛)이라 하였다. 지금 울주에 굴불역(屈弗驛)을 두었으니 아직도 그 이름이 있다'에 이승(異僧)이 있다"-라고 되어 있다. 어쩌면 이러한 것을 근거로 다나까(田中俊明 2003: 47)는 굴헐역은 굴아화(屈阿火)에 두었던, 屈弗·屈歇역으로 불리운 고려시대 울산 방면에 있었던 역이 틀림이 없다고 주장하는 것이 아닌가 짐작된다. 정요근(2001: 8~9)과 최헌섭(2002: 17, 주 41)도 이와 유사한 견해를 피력하고 있다.

따라서 구어리에 있던 '구어차' 역명의 명칭이 반드시 '굴헐'역이 아니었을 가능성도 배제할 수 없다. 위에서 본 바와 같이『삼국유사』에서 앞의 내물왕(奈勿王) 김제상(金堤上)조에는 '굴헐역'(屈歇驛)이라고 되어 있고 뒤에서는 유사하지만 다른 '굴불역'(屈弗驛)으로 되어 있다. 이 부분에 대해서는 향후 심도있는 연구가 이루어져야 할 것이라고 생각된다. 이 문제도 본고의 내용과 직접적인 관련은 있지만 최소한 '굴헐'역이 경주의 불국사 인근이 아닌 울산 방면, 좀 더 구체적으로는 울산과 언양 사이에 있는 것으로 간주되기 때문에 여기서는 지면 관계상 더 논하지 않겠다. 이러한 사정은 차치하고 최헌섭(2002: 17)도 경주의 '구어역'(仇於驛)은 경주시 외동읍 구어리(九魚里) 일대에 있었다는 것으로 비정하고 있다.

'구어역'의 위치를 파악하기 위해서 고려시대 경주 및 인근 지역의 역(驛)과 관련하여 문헌자료를 살펴보기로 하겠다.『고려사』병지(兵志) 참역조(站驛條)에 아래의 기사가 있다.

경주도(慶州道)는 23개[역]를 관장하였는데 활리(活里), 모량(牟良), 아불(阿弗), 지리(知里), 노곡(奴谷), 잉기(仍己), 구어차(仇於且, 慶州), 장수(長守, 新寧), 청통(淸通), 신역(新驛), 가화(加火, 永川), 범어(凡於,

壽城), 압량(押梁, 章山), 육질(六叱, 神光), 안강역(安康驛), 송라(松蘿, 淸河),
인비(仁比, 杞溪)…. 『고려사』 권 82, 지 36, 병 2 참역(站驛)(밑줄은 필자).

 이러한 전후관계를 고려하여 판단하면 신라시대에 이미 '굴헐역'이 현재의 구어 1리 일대 어딘가에 존재하였고, 통일신라시대에도 사용되다가 고려시대에 들어와서도 이 역을 계속 사용하면서 단지 명칭만 '구어차'(仇於且)로 바꾼 것이 아닌가 추정된다. 그런데 불국사에서 검출된 '구어일' 명문기와가 고려시대의 역명인 '구어차일'(仇於且馹)로 되어 있지 않은 것에는 다소 의문의 여지가 있다. 이 문제도 본고의 논지 전개상 중요한 것이 사실이지만 지면 관계상 문제 제기만을 하고 넘어가고자 한다.
 이 역은 조선시대에 들어와서도 계속 사용되었으며 명칭은 다시 '구어역'(仇於驛)이 되었고, 시간이 지나면서 구역(舊驛), 구어역(鉤魚驛), 구역(仇驛), 역촌(驛村) 등으로 이름을 달리하면서 불려졌다고 간주된다(경주군사편찬위원회 1989: 1118).
 위에서 본 바와 같이 현재의 7번 국도 변과 '구 도로'는 청동기시대 이래 삼한, 신라 및 통일신라, 고려를 거쳐서 조선, 그리고 근래까지 계속 존재하면서 주요 교통로로 오랫동안 이용되었던 것으로 간주된다. 따라서 '구어역'은 현재 경주시 외동읍 구어 1리의 소위 '구역(舊驛) 마을' 인근 어디에 위치하였을 가능성이 높다. 위에서 현재의 7번 국도와 '구 도로'의 위치를 알아보기 위하여 두 가지 다른 지형도를 제시하였다. 하나는 일제 강점기(1914년) 때 제작된 지도이고(그림 2 참조), 다른 하나는 현재의 지형도이다(그림 3 참조). 그림에서 볼 수 있듯이 현재의 7번 국도(동), 즉 신작로와 과거 선사시대부터 사용되던 길(서)은 직선거리로 2~2.5km 정도 떨어져 있다. 바로 이 구 도로가 선사시대 이래 조선시대까지 지속적으로 사용된 주요 도로였을 것으로 추정된다. 이 길은 조선시대에 제작된 대동여지도, 동여도, 청구도 등에 표기되어 있다. 근래 들어와서 이 옛 길은 곳에 따라 일부 확·포장되어 다소 변형되기는 했지만 현재도 그 자리에 있다. 도로 폭은 약 4m 내외이고 승용차 한 대가 다닐 수

사진 2. 경주시 외동읍 구어 1리에 있는 구 도로(남에서)

있으며 현지 주민들에 의해 빈번하게 사용되고 있다(사진 2).

한편, 경주시 외동읍 구어리 556번지 일대에서 1998년 4월부터 동년 8월까지 영남문화재연구원이 발굴조사를 실시하여 각종 분묘 43기 및 요지 2기를 조사한 바 있으나 건물지 등은 발견되지 않았다(영남문화재연구원 2002). 경주를 위요한 지역에 놓여있던 제 역들의 지리적인 위치를 감안하고 울산에서 구어역-조역-사리역(沙里驛)-아화-신녕 혹은 구어역-조역-사리역-흥해로 가는 도로, 혹은 경주에서 감포의 이견대(利見臺)로 가는 길 등을 고려하면 불국사와 인접한 곳에 역이 있기에는 지리적 여건 상 적당하지 않다. 우선 불국사로 접근하기 위해서는 외동읍 구어리에서 6km 정도 북쪽인 경주 쪽으로 가서 다시 불국사로 들어가야 한다. 불국사 경내에서 노출된 건물지들이 '구어역'의 역사(驛舍)였다면 현재의 7번 국도에서 불국사까지 최소한 1.5km 정도, 고려 및 조선시대의 주요 도로(일제강점기에 제작된 지도를

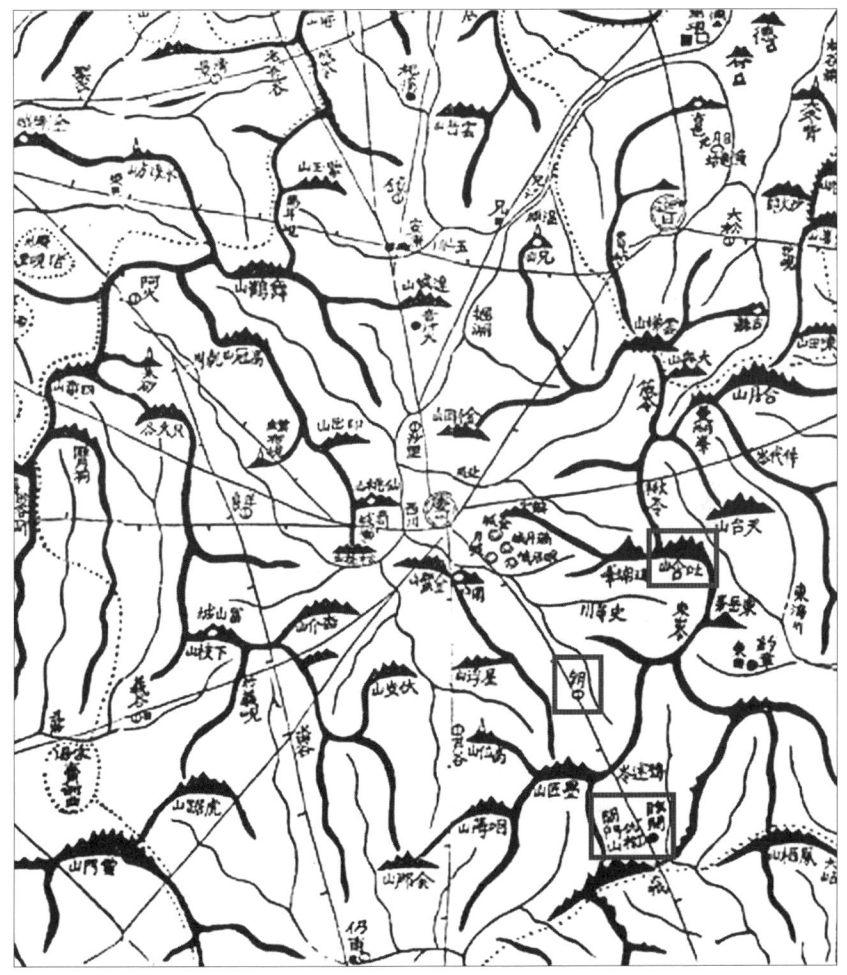

그림 4. 대동여지도(□ 안은 아래에서 관문산, 구어, 관문, 조[역], 토함산)

근거로)로부터는 그보다 훨씬 더 먼 거리를 들어갔다가 다시 큰 길로 나와야 하기 때문에 합리적이지 못하다.

그 뿐만 아니라 조선시대에는 '구어역'과 불국사 사이에 또 다른 역, 즉 조역(朝驛)까지도 있었다는 사실을 명심해야 한다(그림 4). 따라서 불국사 경내에 '구어역'이 위치하였다는 것은 이해하기 어렵다. 물론, 토함산을 넘어서 동해안으로 넘어가기 위해서는 불국사에 역이 있는 것도 일견 일리가 있어 보인다. 하지만 서울로 향하는 주요 간선도로와 동해안으로 가기 위한 도로에는 정치·경제·군사적인 측면에서 많은 차이가 있었을 것으로 판단된다. 따라서 불국사에 '구어역'이 위치하였을 가능성은 희박하다고 생각된다.

다른 측면에서 이 문제에 접근해볼 필요도 있다. '구어역'의 위치와 관련하여 『신증동국여지승람』권21과 『여지도서』(輿地圖書) 하(下) 경상도 경주부에 의하면 "仇於驛 在府東四十八里"라고 되어 있고 "朝驛 在府東 二十五里"로 되어있다. 『신증동국여지승람』에 의하면 "佛國寺 在吐含山中" 그리고 동 사서 산천조(山川條)에 "吐含山 在東三十里"라고 되어 있다. 이 거리를 환산하여 보면 '조역'과 '불국사'는 5리 내외에 있기 때문에 불국사 가까이에 있었던 역은 '구어역'이 아니라 '조역'이다. 따라서 '구어역'이 불국사에 있기는 어렵고 현재의 구어리 일대 구역 마을에 존재하였던 것으로 비정하는 것이 적절하다고 판단된다(아래 참조).

한편, 『여지도서』(輿地圖書)에 의하면 '구어역'은 중마(中馬) 2匹, 복마(卜馬) 7匹, 역리(驛吏) 14, 역노(驛奴) 8, 비(婢) 6명이 있었고, '조역'에는 중마(中馬) 2匹, 복마(卜馬) 7匹, 역리(驛吏) 11, 역노(驛奴) 9, 비(婢) 15명이 있었던 것으로 기록되어 있다. '구어역'과 조역의 규모는 말의 수로 보아서는 동일하나 인적 구성 측면에서 '구어역'은 '조역'에 비해서 역리의 수가 세 사람 더 많은 반면 '조역'에는 '구어역' 보다 노 1명, 비 9명 총 10명의 노비가 더 많았다고 기록되어 있다. 경주 인근에 위치하고 있는 역의 규모를 고려한다면 이 정도는 보통 수준의 역으로 볼 수 있다.

한편, 경주부의 남쪽 26리에 해당하는 내남면 노곡리(蘆谷里)에 있었던 노곡역(奴谷驛)의 경우에는 대마(大馬) 1匹, 중마(中馬) 2匹, 복마(卜馬) 6匹과 비(婢) 2명이 있었는데 역노(驛奴)는 40명 그리고 역리(驛吏)는 202명이 있었던 것으로 기록되어 있다. 그런데 울산시 두서면(斗西面) 인보리(仁甫里)에 있었던 잉보역(仍甫驛)의 경우에는 대마(大馬) 1匹, 중마(中馬) 2匹, 복마(卜馬) 8匹이 있었는데 역노(驛奴)는 111명, 그리고 역리(驛吏)는 무려 676명이 있었던 것으로 기록되어 있다. 경주 및 울산 지역과 그 사이에 있었던 이들 역들의 엄청난 인적 규모를 고려한다면 '구어역'은 그다지 크다고는 볼 수 없는 평범한 역들 중의 하나였던 것으로 생각된다.

그런 의미에서 경주대학교 박물관 조사단이 발굴하여 노출한 건물들은 모두 9동으로 역사 기록에 보이는 인적 구성원과 비교하여 볼 때 규모가 훨씬 더 크기 때문에 상정하기가 용이하지 않다. 또 한 가지 주의를 요하는 부분은 동 대학 박물관이 발굴조사한 동쪽편, 즉 토함산 위로 올라가는 방향으로 몇 개의 건물지가 더 있을 것을 시사하는 축대가 지표상에 다소 노출되어 있다는 점이다. 이 곳은 발굴조사 범위에서 벗어난 곳이어서 발굴을 실시하지는 못하였지만 주위를 지표조사하는 과정에서 발견한 것이다. 차후 이 부분에 대한 문화재 조사도 수행되기를 기대하여 본다. 어쨌든 이들 건물지까지를 고려하면 『여지도서』에 보이는 '구어역'의 인적 구성에 비해 노출된 건물지의 규모는 엄청나게 커서 상호 일치하지 않는다는 것을 알 수 있다.

그렇다면 '仇於馹' 명문기와는 왜 불국사 경내에 있었을까. '구어역' 명문기와가 그곳에서 검출되었다는 것이 고고학적으로 중요한 것은 사실이다. 그러나 보통 기와라는 것은 운반이 용이한 것이기 때문에 이곳저곳으로 옮겨질 수 있는 가능성이 아주 높은 유물이다. 이러한 이유 때문에 불국사 발굴 현장에서 '사천왕사'의 명문기와가 발견되기도 하는 것이다. 위에서 언급한 바와 같이 상당산성(上黨山城)에서 '長池馹'이라는 명문기와가 검출되었다. 이것을 토대로 통일신라시대의 '장지일'이 상당산성에 위치하였다고 간주하기는 지극히 어려운 실정이다. 이것은 '장지역'에서 '장지일'이라는 명문이 있는 기와를 생산하여 상당산성에 공급 혹은 공납하였을 가능성이 있다고 해석하는 편이 합리적일 것으로 판단된다(전덕재 2002: 44).

이러한 예로 미루어 볼 때 '仇於馹' 명문기와가 불국사에서 발견된 것은 '구어역'에서 기와를 제작하여 사찰로 바쳤거나, 아니면 어떤 식으로든 공급하였을 경우라고 추정하여 볼 수 있다. 이와 관련하여 고려시대 역원의 정치 · 경제적인 입지와 생산 활동에 대한 연구도 '구어역'의 위치 파악에 도움이 되겠으나 제한된 지면 관계상 본고에서는 더 이상 거론하지 않겠다.

이곳에서 발견된 9개 건물지의 기능이 무엇이었는지에 대해서는 지리적인 위치, 그리고 수습된 유물을 토대로 추정할 수밖에 없다. 이곳 건물들이 불국사와 직 · 간접적으로 관련되었으리라는 추정은 두 가지 고고학적인 측면에서 가능하다. 첫째, 이 유적지 내에서 발굴 수습된 기와 편들 중에는 …分施主尹山崔字李堅라는 명문이 새겨진 것이 20점 있다(경주대학교 박물관 2006: 89, 표 2). 일단 '시주(施主)'라는 단어는 '중이나 사찰에 물건이나 돈을 베풀어 주는 사람'을 일컫는 것으로 보통 공양주(供養主)라고도 한다. 또 '만' (卍)자 명문기와 편도 1점 발견되었는데, 이것은 부처의 가슴에 있는 길상의 표시로 불교와 직접적인 관련이 있는 것이다. 물론 이러한 류의 기와는 사찰과 직접 관련이 없는 곳에서 출토되는 경우도 있다. 또 기와[편]는 이곳저곳으로 쉽게 옮겨질 수 있는 것이어서 이들 명문기와조차도 다른 곳에서 반입되어 들어왔을 가능성도 배제할 수 없다. 그러나 이러한 불교 관련 명문기와들이 이 유적지에서 20점이나 발견되었다는 사실은 이 기와가 사용된 건물이 불교와 관련된 건물이었을 가능성을 시사하는 좋은 물질적인 증거라고 보여진다.

둘째, 이 건물지 부근에서 부도 기단 1기가 발견되었다는 사실이다(사진 3). 이 유구가 부도 기단인 것이 확실한 것은 발굴조사 결과 노출된 건물지 주위에 현재도 5기의 부도와 1기의 부도 탑비가 놓여있기 때문이다(사진 4). 특히 1970년대 초 경주시(1974: 30, 60 삽도)에서 이 주변을 정리하면서 원래 노출된 유구에 놓여있었던 석종형(石鐘形) 부도 2기를 현재의 위치로 이치(移置)하였다고 한다. 부도 기단의 발견과 5기의 부도와 1기의 탑비가 아직 이곳에 놓여있다는 사실은 이곳에서 발견된 건물지들이 사찰과 직접적인 관련이 있다는 것을 시사하는 좋은 물질적 증거이다. 이러한 고고학적인 맥락에서 판단하면 이곳의 건물지들이 역사(驛舍)가 아닌 사찰과 관련되었을 가능성이 한층 더 높아진다.

석종형 부도는 17세기 부도 형식을 따르고 있는 것으로 보고되었다(경주

사진 3. 불국사 경내에서 노출된 부도 기단 유구 (경주대학교 박물관 2006: 433)

사진 4. 불국사 경내에서 노출된 부도 기단 유구(경주대학교 박물관 2006: 434)

대학교 박물관 2006: 72). 혹시 고려시대에 '구어역'이 이곳에 있다가 후에 사찰 관련 건물이 들어섰을 가능성도 있다. 그러나 조선시대 전반에 걸쳐서 숭유억불(崇儒抑佛) 정책이 실시되었던 것을 감안하면 불국사 바로 옆에 다시 대형의 사찰 혹은 사찰 관련 건물을 축조하였을 가능성은 희박하다. 이 발굴 현장에서 검출된 전반적인 출토 유물의 상황과, 건물지에서 검출된 진단구로서의 매납 토기 및 그 안에서 채취된 시료로서 얻은 탄소연대 측정 등을 고려한다면 이르면 통일신라시대 말기 혹은 고려시대 초기에 이곳에 불국사와 직·간접적으로 관련된 건물들이 축조되었을 가능성이 높다고 생각된다.

마지막으로 고려시대 각 역간의 거리를 통해서 이 문제에 접근하여 보기로 하겠다. 개경~충주~안동~경주에 이르기까지의 거리는 약 970리인데 그 사이에 존재하였던 역은 모두 28개였다. 그리하여 역과 역 간의 평균 거리는 34.6리이다(970리/28역).

또 등주~명주~경주까지는 약 1,110리이고 39개의 역이 있어 역간의 평균 거리는 28.5리이다(1110리/39역). 『고려사』와 『신증동국여지승람』 등의 기록과 1857년에 제작된 동여도(東輿圖)와 1861년에 김정호에 의해 제작된 대동여지도(大東輿地圖), 그리고 『신증동국여지승람』과 『여지도서』 등을 참고하면 경주를 중심으로 한 주변 지역에는 모두 6개의 역이 있었다. 문헌을 토대로 역들간의 거리를 파악하고 그 평균을 계산하면 24.7리이다. 위에서 본 바와 같이 조역(朝驛)은 경주부의 동 25리에 있고 구어역(仇於驛)은 경주부의 동 48리에 있다고 되어 있어 위의 역간 평균 거리와 다소간의 차이가 있다. 그러나 지리적으로 고려해 보면 역이 위치해야 하는 지점에 실제로 있다는 것을 알 수 있다. 또 거리상으로 볼 때 조역이 있고 지근거리에 있는 불국사에 또 다른 역(즉, 구어역)이 있다는 것은 상정하기 어렵다.

역의 업무는 주로 긴급한 군무의 대비, 공문의 전달, 공무여행자에 대한 마필·숙식의 제공, 진상을 비롯한 관물의 수송, 조세·공물의 운송, 그리고 민간인들의 물자 수송 등 아주 광범위한 것으로 파악된다(정요근 2001: 1~5;

한정훈 2002: 43). 이러한 것들과 관련하여 또 한 가지 기본적으로 염두에 두어야 할 사항이 있다. 그것은 과거 도로의 개설에 따른 역의 위치 설정은 공공의 임무를 신속하고 합리적으로 수행하는 것이 가장 중요하다는 사실이다. 신속하게 공무를 수행하기 위해서 도로는 직선이어야 한다. 지리적인 거리와 시간과의 상관 관계는 동전의 양면과 같기 때문이다. 그리하여 선사시대 이래 조선시대에 이르기까지 구어리와 경주 사이에 지형상의 큰 변화가 있었던 흔적은 보이지 않기 때문에 곡선 대신 직선을 취했을 것으로 상정된다. 그런 의미에서 위에서 언급한 바와 같이 당시의 주요 간선도로에서 불국사까지(만약 '구어역'이 불국사에 위치하였다면) 들어갔다가 다시 나오게 되면 시간상 많은 지체를 하게 된다. 이와 같은 행태는 합리적이지 못하여 취하지 않았을 것으로 상정된다.

조선시대의 역원은 고려시대에 존재하던 것을 거의 그대로 계승하였다는 것을 문헌자료를 통해서 알 수 있다. 왜냐하면 선사시대 이래 삼국시대를 거쳐오는 동안 이 지역에 주의해야 할 만한 지형적 변화가 없었고, 또 지리적인 중요성에도 예나 지금이나 큰 변화가 있었던 것이 아니기 때문이다. 이와 관련하여 박방룡(1997)은 "…일부 구간을 제외한 도로의 대부분은 조선시대 역로(간선도로)를 그대로 이용한 것"이라고 볼 수 있고 또 이 역로에 신라시대부터 조선시대까지 약간의 변화는 있었겠지만 거의 그대로 사용되었을 것으로 추정한다. 필자도 이와 같은 견해에 전적으로 동감하며 '구어역'은 불국사 경내가 아닌 현재의 구어 1리 구역마을 인근에 위치하였다고 생각한다.

5. 맺음말

이상에서 불국사 경내 발굴조사에서 검출된 '仇於馹' 명문기와를 토대로 학계에 다소간의 논쟁이 유발된 사항에 대해서 역사 및 고고학적으로 검토하였다. 쟁점이 된 사항은 두 가지였다. 첫째, '仇於馹'이라는 명문기와가 불국사 경내의 건물지에서 출토되었으므로 통일신라시대 혹은 고려시대에 '구어역'은 유물이 출토된 곳으로 보아야 한다는 견해였다. 둘째, 각종 문헌자료 및 고지도 등을 참고할 때 '구어역'은 현재의 행정구역인 경주시 외동읍 구어리 일대로 보아야 한다는 견해였다.

이 상반된 견해를 검증하기 위해서 역사적인 측면에서『삼국유사』,『고려사』, 『신증동국여지승람』,『여지도서』등의 문헌자료와 조선시대에 제작된 대동여지도와 동여도 등에 표기되어 있는 '구어역'의 위치를 검토하여 보았다. 특히, 일제강점기 초기에 제작된 1/50,000 지형도를 검토하여 보면 당시 불국사 옆을 지나가는 7번 국도는 물론이고 어떠한 형태로든 지도에 표기될 만큼 중요한 도로는 존재하지 않았다. 이러한 사실로 미루어 볼 때 신라, 고려 및 조선에 이르기까지 불국사 쪽으로는 길이 나 있지 않았고 따라서 '역'도 존재하지 않았다는 것을 알 수 있다.

고고학적인 측면에서 비록 간접적인 자료이기는 하지만 충북 청주시 상당산성에서 발견된 '장지일'(長池馹)의 예로서 명문기와가 검출된 곳과 명문의 내용이 반드시 일치하지 않는다는 것을 알 수 있었다. 또 불국사 경내에서 노출된 건물지 인근에 사찰과 직접적인 관련이 있는 부도가 놓여 있었고 그것을 방증하는 부도 기단이 검출되었다는 점에서 이 건물지를 역사(驛舍)로 간주하기는 거의 불가능하다고 판단된다.

길은 근·현대는 물론이고 고대에도 신속하게 이동해야 하는 곳이었으므로 가능한 곧게 나 있어야 하고, 따라서 역의 위치도 합리적인 곳에 놓여 있어야 한다. 거리상으로 볼 때 '조역'이 있고 그 다음 역으로 '구 도로'에서 우회하기는 하지만 지근거리에 있는 불국사 경내에 다시 역이 위치하였다는 것은 수용하기 어렵다. 각종 문헌자료에서 본 바와 같이 경주에서 조역까지 25리, 그리고 조역에서 구어역까지 23리(경주에서 구어역까지 동 48리이므로)가 되어 합리적이라고 생각된다.

현지 답사를 통하여 7번 국도가 준설되기 전까지 고려시대와 조선시대는 물론이고 통일신라 및 삼국시대, 그리고 아마도 선사시대 사람들에 의해 사용되던 '구 도로'가 아직도 현존하고 있다는 것을 확인하였다. 따라서 '구어역'은 불국사 경내가 아닌 경주시 외동읍 구어 1리에 있는 소위 '구역마을' 인근에 존재하였을 가능성이 더 높다고 생각한다. 이 논고가 관련 학계의 쟁점을 해결하는 데 다소라도 기여하게 되고, 또 역의 위치에 관한 논쟁의 시발점이 되어 향후 좀 더 심도있는 연구가 이루어지게 되기를 기대하여 본다.

| 결론

　이상에서 신라와 관련된 몇 가지 주제에 대해서 역사 고고학적인 접근을 시도하였다. 본서의 I장에서 VII장까지 다룬 내용을 아래에서 간략하게 요약하는 것으로 결론을 대신하고자 한다.

　I장에서 위트포겔(Wittfogel)의 국가형성에 있어서 관개수리의 역할에 대해 반론을 제기하였다. 과거 위트포겔을 시작으로 다수의 학자들은 대규모 수리시설 축조하는 과정에서 집권화 된 정치체나 관료화 된 사회 구조가 등장하였다고 주장하였다. 필자는 국가 형성 이전의 사회에서는 지역사회 사람들이 중앙 정치 조직체의 개입 없이 비교적 소규모의 관개수리들을 독자적인 협동 체제로 축조하였고 대규모의 수리시설들은 중앙집권조직체가 형성된 '이후'에 축조되었다는 견해를 제시하였다.

　필자는 신라 청제의 축조를 위트포겔의 학설에 반론을 제기하는 사례로 제시하였다. 논지 전개를 위하여 신라의 영역이었던 영천에서 발견된 청제비의 '병진축제기' 및 '정원수치기'의 내용, 『삼국사기』에 신라 영역 내에서 이루어진 산성의 축조 기사, 그리고 고분 자료를 분석하였다. 그 결과 청제는 신라가 중앙집권체제를 갖춘 이후에 역역(力役)을 동원하여 축조하였다는 것을 알게 되었다. 따라서 한국 고대의 경우 대규모 관개수리 시설은 국가 형성의 '원인'이 아니고 '결과'로 간주하여야 한다는 결론을 도출하였다. 결국 위트포겔의 수리이론이 최소한 한국의 고대국가 형성을 설명하는 경우에는 맞지 않으며 결국 세계의 다른 지역에도 적용하기가 용이하지 않아 재고의 여지가 있다는 사례를 보여주도록 하였다.

　II장에서는 한강유역에서 발굴 조사된 횡혈식 석실분의 문화적 성격을 고찰한 것이다. 구체적으로 여주 지역 횡혈식 및 횡구식 석실분의 문화적인 성격과 축조 주체를 밝히는데 초점을 맞추었다. 서울을 위요하여 여주를 포함한 경기도 지역은 삼국시대에 백제, 고구려, 그리고 신라에 의하여 차례로 예속되었다. 그러다보니 여주 지역에서 발굴 조사된 고분의 성격에 대하여 일제 강점기 이래 상반된 견해들이 제시되었다. 그간에 발표되었던 일인 및 한국 학자들의 학설은 여주지역에서 발굴된 고분들이 '신라 문화의 소산물'이었다는 것이었다. 특히, 6세기 중엽 신라 진흥왕이 한강유역으로 진출하는 것과 연계시켜 해석하는 경향이 농후하였다. 그러나 필자는 이 학설에 재고의 여지가 있다고 생각하고 여주지역의 석실분은 '백제 문화의 소산물'일 가능성이 더 높다는 견해를 제시하였다.

여주 지역의 석실분 성격을 구명하는 데 있어서 기존의 연구 결과에 역사자료의 사실관계 검토 부족, 논리적인 모순과 일관성이 결여되어 있음에 초점을 맞추었다. 또 피상적이고 단편적인 고고학 자료를 지나치게 확대 해석하는 경우가 있음도 지적하였다. 고고학에서 분묘 문화는 전통성이 강하고 보수적이어서 쉽게 변하지 않는다는 일반적인 원칙이 있다. 그런데 고고학에서 보편적으로 수용되고 있는 이 원칙을 고려하지 않고 한 지역 분묘 문화의 성격을 역사적인 사건과 단순하게 결부시켜 고찰하면 심각한 오류를 범할 수 있다는 것을 지적하였다. 이러한 문제점들을 검토하고 필자가 직접 발굴 조사한 여주 하거리(下巨里) 석실분의 구조적인 측면과 석실분에서 출토된 유물을 분석하여 여주 하거리 방미기골 나아가서는 여주 지역의 석실분이 신라가 아니라 한성시대 백제의 매장문화에 영향을 받은 주민들에 의해서 축조되었을 것이라는 견해를 제시하였다.

Ⅲ장에서는 한국 최초의 향가인 서동요에 등장하는 서동이 백제의 무왕이 아닐 가능성이 높다는 것에 대해서 고찰한 것이다. 아울러 역사적 맥락을 고려하여 신라 진평왕의 딸 선화공주가 서동은 물론이고 백제의 무왕과의 결혼도 성립될 수 없었을 것이라는 데에 초점을 맞추었다. 이 가설을 검증하기 위하여 사료비판과 관련하여 『삼국유사』보다는 『삼국사기』에 서술되어 있는

내용을 취신하는 것이 당시 신라와 백제 간의 역사적 현실을 더 정확하게 반영하는 것이라는 견해를 제시하였다. 특히, 백제 무왕의 출자와 왕위 계승을 논함에 있어서 정사인『삼국사기』의 기록을 의식·무의식적으로 배제하고『삼국유사』에 보이는 기사를 근거로 논리를 전개하는 것으로는 설득력이 없다고 주장하였다. 특히, 신라의 진평왕과 백제의 무왕이 재위하고 있는 기간의『삼국사기』신라본기와 백제본기의 기사를 검토해 보면 양국 간에 유사 이래 가장 많은 수의 전쟁이 발발하였다는 것을 알 수 있다. 이러한 역사적 상황에서 양국 왕실 간의 혼인은 말할 것도 없고 '황금'과 '백공'을 적대국으로 보냈다는 기사는 현실성이 없기 때문에 액면 그대로 수용할 수 없다는 견해를 제시하였다. 따라서 서동요의 내용은 역사적인 사실과는 거리가 있는 것으로 일부 국문학자들이 주장하는 바와 같이 후대에 생성된 '향가'에 지나지 않는다는 결론을 도출하였다.

　사실 Ⅲ장의 경우는 고고학이라기보다는 역사적인 측면이 강하다. 그런데 필자가 이 원고를 발표하고 적지 않은 시간이 지난 2009년 무왕의 왕비는 신라 진평왕의 딸인 선화공주가 아니라 백제의 사택적덕(沙宅積德)의 딸이라는 내용의 명문사리기가 미륵사지 석탑에서 출토되었다. 이와 관련하여 많은 학술대회가 개최되었고 논고가 출간되기도 하였다. 역사고고학이라는 기치를 내세운 본서에서 이 결정적인 고고학 자료와 새로운 논문 내용을 근거로 논리를 보강하는 것이 마땅하다하겠다. 애당초 그렇게 하려고 마음을 먹었다. 하지만 그럴 경우 논문을 거의 다시 작성해야 되고 또 필자의 원래 논고의 내용이 변질 될 가능성이 높아서 과거 발표한 내용을 거의 그대로 싣기로 하였다. 필자의 입장에서 보면 그런 결정적인 고고학 자료가 필자가 도출한 결론을 적극적으로 보강해 준다고 자위를 할 수 있다.

　Ⅳ장에서는 통일신라시대 왕경(王京)에 거주하였던 인구수에 관해서 고찰한 것이다. 고려시대에 편찬된『삼국사기』와『삼국유사』에 기원후 9세기까지 신라 왕경의 지리적인 영역, 가호 수, 혹은/그리고 인구 수에 관한 정보가 다소 있다. 특히,『삼국유사』에 9세기 말엽에 왕경에만 178,936호(戶)가 있었다고

기록되어 있다. 다수의 학자들이 이 가호 수를 역사적인 사실로 수용하여 왕경의 인구수를 80만 혹은 그 이상으로 추정하고 있다.

그러나 필자는 이 기사를 액면 그대로 수용하기가 지극히 어렵고 이 수를 가호 수가 아닌 인구수로 보는 것이 합리적이라는 견해를 제시하였다. 왜냐하면 당시 왕경의 면적은 31.32km^2 정도에 지나지 않아 80만의 인구를 수용할 수 없다고 판단되기 때문이다. 신라 왕경 내의 인구수를 추정하기 위하여 왕경 내의 능원, 궁지, 강 (남천, 서천, 북천), 산, 각종 숲, 사찰, 그리고 도로는 주거지가 들어설 수 없는 곳이기 때문에 전체 면적에서 제외하고 방(坊) 수와 왕경의 크기를 재 측정하였다. 이들 모두의 자료들을 종합하고 고고학 조사에 의해서 노출된 주거지 면적과 도로 폭 등을 『삼국사기』 雜志 第二 屋舍의 기사와 연계하여 기술(記述) 통계학적인 차원에서 계량화하여 분석하였다. 그 결과 『삼국유사』에 보이는 9세기 대 신라 왕경의 호구 수라고 하는 178,936은 가호 수로 보기는 어렵다는 결론을 도출하였다. 이 수를 인구수로 간주하는 것이 합리적이며 따라서 왕경에 있었던 가호 수는 대략 45,000~60,000 정도 되었을 것이라는 견해를 제시하였다.

V장에서는 신라시대부터 조선시대에 이르기까지 경주에서 발생한 홍수에 대해서 고찰하였다. 논지 전개를 위해 『삼국사기』 신라본기에 기록되어 있는 홍수 관련기사와 고려·조선시대의 문헌 및 금석문인 알천수개기를 이용하였다. 이 글에서 과거 경주에서 발생한 대부분의 홍수는 경주시의 북쪽에 놓여있는 북천 혹은 알천 때문인 것으로 파악하였다. 특히, 경주의 홍수는 알천의 상류에 가운데로 돌출되어 있는 금학산의 산자락이 크게 작용하였다는 점을 알아보았다.

경주의 홍수를 방지하기 위하여 신라시대에 북천에 제방이나 천방을 축조하였다는 문헌의 기록이나 고고학적인 증거를 현재 확보하고 있는 것은 아니다. 그러나 6세기 중엽 이후 북천을 중심으로 남북 양쪽에 황룡사를 비롯한 많은 사찰과 건물지가 건축되었다는 점으로 미루어 보아 북천에 홍수 방지 제방을 축조하였을 가능성이 높다는 점을 거론하였다. 고려시대에도 이 홍수 방지 시설이 유지·관리되다가 조선시대 16세기 1/4분기 이후부터 북천의 홍수관리가 제대로 이루어지지 않아 문제점이 노정되기 시작하였다. 이러한 현상은 급격한 자연환경의 변화에 기인한 것이 아니고 당시의 일부 경주 사람들이 홍수 예방 보다는 식량 생산에 따른 경제적인 이득에 더 많은 관심을 두어 보문평에 알천의 물을 끌어대기 위하여 알천의 남안에 있는 제방을 뚫었기 때문이라는 견해를 제시하였다.

Ⅵ장에서는 경주 시내에 현존하고 있는 남고루(南古壘)의 성격에 관하여 고찰하였다. 남고루는 경주시내 성동동, 황오동, 인왕동, 황남동 등에 걸쳐져 놓여 있는 토루(土壘)로서 1930년 일인 건축학자였던 후지시마(藤島亥治郎)에 의해서 그 존재가 처음으로 학계에 보고되었다. 그후 1937년 남고루와 인접해 있는 전랑지를 발굴하였던 일인 학자들에 의해서도 이 토루가 확인되어 발굴 보고서에 간단하게 언급된 바 있다. 일제강점기 일인 학자가 남고루의 존재를 학계에 보고하면서 그 성격을 '성벽'이라기보다는 홍수에 대비한 '제방'이라는 견해를 제시하였다.

그러나 1970년대 들어와서 한국 학자들은 남고루를 '제방시설'이라기보다는 '성곽'으로 간주하여야 한다는 반론을 제기하였다. 그 이래 역사 및 고고학계에서 남고루의 성격에 관한 두 가지의 다른 견해에 대하여 다소의 논의가 이루어졌다. 영남대학교 박물관이 1973년 미추왕릉 앞 지구 고분을 발굴하면서 그쪽으로 지나가는 남고루의 일부를 발굴하고 이에 대한 다소의 견해를 제시하였다. 또 국립경주문화재연구소가 1993년 남고루의 일부를 발굴하고 보고서를 간행하였다. 기왕의 연구 결과와 두 개의 다른 조사단은 남고루가 경주 읍성의 외성(外城)으로는 남고루가 군사용 성곽이었다는 것에 무게를 두고 있다. 그러나 아직 남고루의 성격이 명백하게 규명되었다고 볼 수 없는 실정이다. 본고에서는 역사 및 고고학 자료를 토대로 남고루가 군사용 '성곽'이 아니라 알천의 큰 물이 경주 시내로 들어오는 것을 막기 위한 '제방'이었다는 견해를 제시하였다.

Ⅶ장에서는 현재 경주시의 동남쪽에 신라 및 고려시대 이래 조선시대까지

존재하였던 '구어역'의 위치에 관해서 고찰하였다. 경주대학교 박물관이 2004년 불국사 경내에서 발굴조사를 실시하여 다양한 종류의 유물을 다수 수거하였고 9기의 건물지 등을 비롯한 각종 유구를 노출시켰다. 유물들 중에 특히 '仇於馹'이라는 명문(銘文)이 있는 기와가 184점 수거되었는데 다수의 학자들이 이것을 근거로 '仇於驛'의 위치에 주의와 관심을 기울였다. 몇몇 학자들은 '仇於馹'이라는 명문기와편들이 불국사 경내에서 검출되었기 때문에 '구어역'은 이 유물이 출토된 바로 그곳에 위치하였을 것이라는 견해를 제시하였다.

그러나 본고에서『삼국유사』,『고려사』,『신증동국여지승람』,『여지도서』 등 고려 및 조선시대에 편찬된 문헌들과 고지도 및 근·현대지도를 토대로 분석하여 '구어역'은 불국사 경내가 아닌 현재 경주시 외동읍 구어 1리의 소위 '구역 마을'에 위치하였을 가능성이 더 높다는 것을 주장하였다. 아울러 고고학 발굴조사에 의해 건물지 주변에서 부도(浮屠)의 기단이 노출되었고 현재도 다섯 개의 부도가 조사 대상 유적지 내에 놓여져 있다는 점을 부각시켰다. 일반적으로 승려의 유골이 안치된 부도가 이곳에 있었다는 사실은 발굴조사 결과 노출된 건물지가 '역'(驛)건물이 아니라 불국사와 관련이 있는 사찰 건물의 일부라는 것을 강하게 시사한다는 점을 거론하였다. 아울러 현재 울산-경주-포항을 잇는 7번 국도인 '신작로'가 만들어지기 전에 있었던 옛 도로(즉, 영남좌로)를 대동여지도를 비롯한 고지도와 일제강점기에 제작된 지도 등을 참고하여 고찰하면 '구어역'이 불국사에 위치한다는 것은 합리적이지 못하고 현실성이 없다는 견해를 제시하였다.

신라의 역사가 유구하다 보니 다루어야 할 부분이 한정이 없다. 신라의 역사 및 고고학에 관하여 기왕에 엄청나게 많은 연구 성과가 도출된 것은 사실이다. 그러나 아직도 연구자의 손길을 기다리고 있는 미개척 분야와 주제가 도처에 산재해 있다. 본서에서 다룬 내용은 그 많은 주제들 중의 지극히 일부에 지나지 않는다. 필자가 본서에서 다룬 내용은 신라 역사와 고고학의 지극히 한정된 부분이며 전혀 새로운 것을 찾아내어 밝힌 것이 아니다. 본서에 수록된 내용이 일제강점기 이래 역사 및 고고학계에서 어떤 식으로든 다루어진 것이기는 하지만 기존의 학설과는 다른 반론을 제기하였다는 점에서 다르다는 점을 강조하고 싶다. 필자가 서론에서 밝힌 바와 같이 새롭거나, 다른 시각에서 한 연구 주제에 접근하거나, 그것이 아니라면 새로운 이론과 방법론을 적용하면 기존의 학설과는 다른 새로운 해석이 나올 수 있다는 점에 대해 실례를 제시하고자 하였다.

필자는 선학의 견해가 틀렸고 필자의 견해가 맞다는 것이 중요하지는 않다고 생각한다. 필자는 한 가지 연구 관심사에 접근하면서 어떻게 결론에 도달하는가에 대한 논리적인 과정을 체계적으로 보여주는 것에 초점을 맞춘다. 그렇게 했을 때 필자가 도출한 견해가 신빙성과 설득력이 있을 것이기 때문이다. 필자가 본서에서 제시한 견해가 잘못되었을 가능성도 배제할 수 없다. 여기에서 제시된 잘못된 견해 혹은 재고의 여지가 있다고 생각되는 결론에 대해서는 후학들이 새로운 자료를 발견하거나 더 좋은 이론과 방법론이나 논리적인 사유를 적용하여 재해석하거나 재반론을 제기하여 주기를 진심으로 기대하는 바이다. 그렇게 했을 때 학문의 발전을 기할 수 있기 때문이다.

다른 분야의 학문도 그러하지만 고고학을 잘 하기 위해서는 역사학, 인류학 뿐만 아니고 기후학, 사회학, 생물학, 지리학, 지질학, 통계학 등 열거할 수 없을 정도의 다양한 인접학문과 학제간의 연구가 이루어져야 하는 것이 현실이다. 아직도 걸음마 수준의 한국 고고학이 발전하기 위해서는 이들 학문과의 융합이 요구될 뿐만 아니라 선진 고고학을 수용하고자 하는 겸허한 자세가 절실히 필요하다고 생각한다. 그러한 차원에서 역사서의 기사를 토대로 다양한 가설을 수립하고 이를 고고학적으로 검증할 수 있는 역사 고고학만이라도 적극적으로 수행되기를 기원하는 바이다.

| Table of Contents

I. The Role of Irrigation in the State Formation in Ancient Korea: Focused on Cheong Je, Yeongcheon

II. An Examination of the Builders of Side-Entrance Stone Chamber Tombs Excavated Around the Han River: Focused on Yeoju Area

III. A Re-examination of the Relationship between King Mu of the Baekje Kingdom and Seodong(薯童): Focused on the Political and Military Conflict between the Silla and Baekje Kingdoms

IV. An Examination of the Number of Population in the Capital of Silla Dynasty: Historical and Archaeological Approaches

V. A Study of Success and Failure in Water Management of the Buk Cheon in Gyeongju: Historical and Archaeological Approaches

VI. Water Management of the North Stream in Gyeongju, Korea: Historical and Archaeological Approaches

VII. A Study on the Location of Post Station of Gu-eo in Gyeongju: Based on the Inscribed Roof-tiles Excavated at Bulguk Sa Temple

I. The Role of Irrigation in the State Formation in Ancient Korea: Focused on Cheong Je, Yeongcheon

The major objective of this paper is to examine whether the construction of large-scale reservoirs was a cause or result of centralized political organization. Karl Wittfogel argued that the construction of large-scale irrigation systems played a critical role for the emergence of state-level societies. This paper, however, by combining the historical record of the *Samguk sagi*, a couple of stele inscriptions, and some basic archaeological information, argues that large-scale reservoirs were a result of centralized political organization of Silla Kingdom in ancient Korea.

According to the epigraphic records inscribed on the monumental reservoir stele discovered beside Cheong reservoir located Yeongcheon, southeastern part of Korea, it turned out that many central- and a few local-governmental officials were delegated to the reservoir construction site to have supervised the entire project. This directly supports the interpretation that the construction of Cheong reservoir was an outcome of centralized political organization of Silla Kingdom some time between the fifth and sixth centuries A.D. In addition, according to the annals of the *Samguk sagi*, 18 fortresses and two large architectures were constructed in the territory of Silla Kingdom in the fifth century alone. It is of interest to point out that some of the fortresses were constructed in the remote area of Silla Kingdom. More importantly a great number of people did not voluntarily take part in the reservoir construction. Rather they were apparently drafted by Silla royal government for the civil work.

This indicates that Silla Kingdom already witnessed a state-level society to have mobilized people carry out large-scale civil works such as reservoir and fortress. In sum, the construction of large-scale irrigation systems was not a cause but result of the state formation at least in ancient Korea.

II. An Examination of the Builders of Side-Entrance Stone Chamber Tombs Excavated Around the Han River
: Focused on Yeoju Area

The major purpose of this paper is to identify the builders of side-entrance stone chamber tombs excavated in Yeoju, Gyunggi Province, Korea. Side-entrance stone chamber tombs are designed to be used for more than one occasion. They may have been used for members of an entire family. This rather unique burial type has been considered common during the early Three Kingdoms period both in Goguryo and Baekje regions. Some of the tombs located around Seoul and Yeoju began to be investigated by Japanese pre-historians from as early as 1916. One Japanese scholar, Imanish, suggested that Silla people may have built the side-entrance stone chamber tombs excavated in Yeoju, while Umehara, another Japanese pre-historian, considers Baekje people to be the builders of those tombs in Yeoju and the Han River region in general. The majority of Korean archaeologists, influenced by Umehara, accepted that the tombs were built by Baekje people. There is another good reason for Korean archaeologists to have assumed that Baekje people must have built the tombs around the study area. That is, according to the *Samguk sagi*, a Korean historical source, Yeoju and Gyunggi Province was part of the Baekje territory from the early first century to the end of the fifth century A.D. However, Won-yong Kim, a pioneer Korean archaeologist, argued that it was not Baekje but Silla people who built the side-entrance tombs in Yeoju and possibly in Seoul as well. He emphasized the structural similarities between the tombs excavated in Gyeongju, the capital of Silla and Yeoju in terms of plan-view. He also mentioned the existence of thick bronze-gilt earrings, especially the presence of stone beds, and stone pillows for corpses inside of the tomb chambers as diagnostic artifacts/structures to determine the ethnicity of the tomb builders. Since then, many Korean archaeologists have begun to adopt Kim's interpretation. In this paper, the archaeological evidences that W.Y. Kim presented are re-examined and his argument turns out to be unconvincing. More importantly, it was found that Kim gradually changed his original view-point and regarded Baekje people instead of Silla as the tomb builders. Moreover, many Korean archaeologists without noticing the fact that Kim has switched his explanations are still following Kim's old interpretation concerning the character of the tombs. In this paper, I emphasize the importance of the basic archaeological principle: generally mortuary behavior is not subject to change in a short time period, on account of its conservativeness and strong tradition. Based on the result of the analysis of the archaeological features and artifacts excavated at Haguhri, in Yeoju, I argue that it was Baekje people who built the side-entrance stone chamber tombs at the site and at other areas in Yeoju as well.

III. A Re-examination of the Relationship between King Mu of the Baekje Kingdom and Seodong (薯童)
: Focused on the Political and Military Conflict between the Silla and Baekje Kingdoms

A great amount of research has been done on the native song [hyangga, 鄕歌] of 'Seodong' presumed to have been written sometime at the end of the Three Kingdoms period (approximately 600 A.D.) in ancient Korea. This native song consists of 25 Chinese characters and illustrates a romantic story between the then commoner of the Baekje Kingdom and the third princess of King Jinpyung of the Silla Kingdom.

This simple poetic song has been a tempting research topic from many different perspectives: linguistics, literature, history, Buddhist history, art history, and archaeology. A wide variety of papers ranging from the interpretation of each word to historical and archaeological contexts of the native song have continued to be published. This paper emphasizes the importance of the historical context, the affairs taking place between the Baekje and Silla Kingdoms. A limited number of Korean historians have accepted the native song as historical fact, and they have tried to justify the story of the song through historical sources as well as archaeological evidence. In particular, considering the historical document of the *Samguk yusa* as historical fact, they argue that there was a national wedding between the Silla and Baekje Kingdoms. Moreover, they suggested that King Mu of Baekje (i.e., son-in-law of the king of Silla) sent a great deal of gold to Silla; when Baekje was constructing one of the biggest Buddhist Temples (彌勒寺)

in Korea. King Jinpyung of Silla (i.e., father-in-law of the king of Baekje) sent one hundred masons: to help Baekje on the one hand, and to make these artisans learn good architectural skills of Baekje on the other hand.

In this paper, however, I argue that that is not the case, and there is no convincing evidence of the wedding and of friendly interactions between the two countries. On the contrary, according to the historical record of the *Samguk sagi*, the relationship between the two kingdoms began to deteriorate from the middle of the sixth century A.D. onward and culminated during the first-half of the seventh century A.D. As a matter of fact, the most frequent military collisions and warfare took place during the first-half of the seventh century between the two countries (i.e., allegedly between father-in-law and son-in-law). On the basis of the intense political circumstances of the two kingdoms that appear in historical documents of the *Samguk sagi*, I come to the conclusion that 'Seodong' of the native song is not related with King Mu of Baekje and there was no national wedding between the Silla and Baekje Kingdoms. I also suggest that historians must treat the native song of 'Seodong' not as a historical fact but just a mythical story.

IV. An Examination of the Number of Population in the Capital of Silla Dynasty : Historical and Archaeological Approaches

This paper examines the number of population in the modern city of Gyeongju, the capital of Silla Dynasty for nearly one thousand years from the middle of the first century B.C. till the middle of the ninth century A.D. The *Samguk sagi* (History of the Three Kingdoms) and the *Samguk yusa* (Memorabilia of the Three Kingdoms), two old Korean historical documents compiled during the Goryeo Dynasty, carry the information concerning the geographical scope of the capital and the number of households or population within the city during the late 9th century A.D.

According to the *Samguk yusa*, there were 178,936 households in the capital city alone in the ninth century A.D. However, it is almost impossible to accept this account without a caution, because the entire size of the city was only approximately 31.32 km^2. This account has been one of the major debating issues for the study of Silla history in general. This historical account was tested against the archaeological data of roads and residential houses excavated in and in the vicinity of Gyeongju.

After eliminating various factors such as tumuli park, palace, rivers, mountains, groves, Buddhist temples, and especially roads where no residential houses were built, the city size was reestimated according to the number of grid. The archaeological data were quantified in terms of descriptive statistics to calculate the possible number of population in the city.

Taken all this together, this paper argues that the number that appears in the historical document is too big to be that of household and that it should be regarded as the number of population in the city at the end of the ninth century A.D. In addition, archaeological data analysis suggests that quadrant method in urban planning may not generally be adopted in the capital of Silla Dynasty.

V. A Study of Success and Failure in Water Management of the Buk Cheon (North Stream) in Gyeongju
: Historical and Archaeological Approaches

This paper examines the success and failure of water management on Gyeongju, once the capital of the Silla Kingdom (presumably 57 B.C. – 936 A.D.) in ancient Korea. Many serious floods took place in the city over a long period of time. By combining documentary sources, epigraphic records, and some of archaeological information, this paper discusses a unique physical environment of Gyeongju that repeatedly caused floods in Gyeongju. I argued that the rulers of Silla probably constructed a levee along the Buk Cheon[North Stream], which flows from the east to the west in the northern part of Gyeongju city, sometime between the fifth and sixth centuries A.D. Furthermore, this paper examines how successfully the Silla Kingdom dealt with the flood problem and why water management in the later time period failed. This paper will provide a case study on success and failure of water management from the proto-historic to historic time period in Gyeongju, Korea.

VI. Water Management of the North Stream in Gyeongju, Korea : Historical and Archaeological Approaches

This paper examines an earthen mound constructed during the Goryeo Dynasty (936-1392 A.D.), in the modern city of Gyeongju, located in the southeastern part of Korea. Numerous serious floods had taken place in the city, once the capital of the Silla Dynasty (ca. 57 B.C. 936 A.D.). This flood problem persisted until 1977, when a dam was constructed in the upper tributary of the North Stream. According to documentary sources and archaeological information, in order to avoid chronic floods the rulers of the Silla Kingdom may have constructed a long levee and planted a great number of trees along the stream some time between the fifth and sixth centuries A.D. Thus they were able to reduce the risk of flooding in the capital of the kingdom. This effort apparently had continued on in the following dynasty. That is, during the Goryeo Dynasty an earthen mound was constructed perpendicularly against the levee already existing along the North Stream. While some Korean scholars have considered the structure a defensive military facility (i.e., fortress wall), by combining historical accounts and archaeological data, it is argued that the mound was built for the purpose of preventing the city from flooding.

VII. A Study on the Location of Post Station of Gu-eo in Gyeongju : Based on the Inscribed Roof-tiles Excavated at Bulguk Sa Temple

This paper concerns with the geographic location of the post station of Gu-eo in the southeastern part of modern Gyeongju City sometime during the Goryeo Dynasty. Gyeongju University Museum conducted an archaeological expedition in the territory of Bulguksa temple in 2004. The archaeological excavation witnessed a great deal of artifacts such as pottery, porcelains, imported Chinese porcelains, various kinds of roof tiles, and a bronze seal, and of features including a total of nine architectural remains.

Among these artifacts, 184 roof tiles on which three Chinese characters (i.e., 仇於馹) are inscribed have drawn a lot of scholarly attention in conjunction with the location of the post station of Gu-eo. Based on the roof tiles, some scholars argued that Gu-eo post station may have been located at the archaeological site of the Bulguksa temple since the roof tiles of Gu-eo were recovered at the site.

This paper utilizing some documentary sources such as the *Samguk yusa* (Memorabilia of the Three Kingdoms), *Goryeosa* [History of Goryeo], and *Sinjeung Dongguk Yeoji seunglam* [New Augmented Survey of the Geography of Korea], and old maps compiled during Goryeo Dynasty and the 18th century attempted to vindicates that the post station of Gu-eo was located at Gu-yeok village[Old station village] of Gyeongju.

In the mean time, the archaeological excavation exposed a foundation of Bu-do (Memorial stupa) around the architectural remains. Especially it is critical to point out that five Memorial stupas are still standing near the site.

Memorial stupas were erected as tomb in which to preserve the ashes of cremated honored Buddhist monks. This strongly indicates that the site and the architectural foundations were not related to post station but to Buddhist temple of Bulguksa. In addition, it turns out that the old road still exists as it has been and is being used by local people.

Taken all this together, this paper argues that it is probable that Gu-eo post station was not located inside of Bulguksa temple but located somewhere near the old road as it appears in the old maps.

| 참고문헌

강봉룡, 1994, 『신라 지방통치체제연구』, 서울대학교 대학원 사학과 박사학위 논문, 서울대학교.
강봉원, 2003a, 「한국 고대 국가형성에 있어서 관개수리의 역할: 위트포겔(Wittfogel)의 수리이론과 관련하여」, 『한국상고사학보』 39: 51~80.
_____, 2003b, 「인구와 전쟁의 상관관계」, 『신라문화』 21: 301~324.
_____, 2005, 「신라시대 경주 북천의 수리에 관한 역사 및 고고학적 고찰」, 『신라문화』 25: 337~360.
_____, 2006, 「경주 남고루에 관한 일 고찰」, 『신라문화』 27: 275~299.
_____, 2008, 『한국 고고학의 일 방향』, 학연문화사, 서울.
강인구, 1976, 「고분(회고와 전망)」, 『역사학보』 72: 159~171.
_____, 1981, 「여주 보통리의 석실고분: 말각조정식 석실묘의 일례」, 『한우근 박사 정년 기념 사학논총』, 한우근 박사 정년 기념 사학논총간행준비위원회 편, 지식산업사, pp. 35~50, 지식산업사, 서울.
_____, 1989, 「한강유역 백제고분의 재검토」, 『한국고고학보』 22: 23~71.
강종원, 1992, 「신라왕경의 형성과정」, 『백제연구』 23: 203~242.
강현숙, 1996, 「백제 횡혈식석실분의 전개과정에 대하여」, 『한국고고학보』 34: 83~134.
경북대학교박물관, 2000, 『경주 황성동 유적 Ⅲ』, 애드웨이, 대구.
경상북도, 2003, 『문화재대관 Ⅱ』, 홍일출판사, 서울.
경주군사편찬위원회, 1989, 『경주군사』, 구일출판사, 대구.
경주대학교박물관, 2006, 『경주 불국사 경내 성보박물관 건립 예정부지 발굴조사

보고서』, 경주대학교박물관.

경주문화재연구소, 1995,『전랑지 · 남고루』, 매일원색정판사, 대구.

경주수리지편찬위원회, 1983,『경주수리지』, 매일원색정판사, 대구.

경주시, 1974,『불국사 관광호텔 철거 지구 및 주변 조경 계획』, 경주시.

＿＿＿, 1991,『덕동댐 · 보문호 안전진단 : 수리 · 수문학적 조사연구』, 경주시.

＿＿＿, 1998,『덕동댐 정밀안전진단 보고서』, 경주시.

경주시 · 경주문화원, 2006,『경주풍물지리지』, 경주시 · 경주문화원.

국립경주문화재연구소, 1996,『왕경지구 내 가스관 매설지 발굴조사보고서』, 대한인쇄, 경주.

＿＿＿＿＿＿＿＿＿, 2002,『신라왕경: 발굴조사보고서 I (본문)』, 파피루스, 전주.

＿＿＿＿＿＿＿＿＿, 2003,『경주 인왕동 556 · 566번지 유적발굴조사보고서』, 서재문화사, 대구.

국립경주문화재연구소 · 경상북도산림환경연구소, 2008,『경주 구황동 신라왕경숲 조성사업 부지내 유적 발굴조사보고서』, (주)아이컴, 대구.

국립경주문화재연구소 · 경주시, 2005,『춘양교지 발굴조사 보고서』, 서재문화사, 대구.

＿＿＿＿＿＿＿＿＿＿＿＿, 2008a,『경주 구황동 황룡사지 전시관 건립부지 내 유적발굴조사 보고서』, 태양상사, 서울.

＿＿＿＿＿＿＿＿＿＿＿＿, 2008b,『경주 구황동 황룡사지 전시관 건립부지 내 유적 복원 정비 기초자료집』, 태양상사, 서울.

국립경주박물관, 2000,『경주 황성동 유적 I』, 애드웨이, 대구.

＿＿＿＿＿＿, 2002,『국립경주박물관 부지 내 발굴조사보고서: 미술관 부지 및 연결 통로 부지』, 서재문화사, 대구.

국립부여문화재연구소, 1996,『미륵사 유적발굴조사보고서』II, 국립부여문화재연구소, 현대옵셋인쇄사, 대전.

국립중앙박물관, 1998,『여주 연양리유적』, 삼정인쇄, 서울.

권병탁, 1987, 「신라 관개제도연구: 영천 청제를 중심으로」,『신라문화제 학술

발표회 논문집』 8: 161~174.

김광억, 1985, 「국가형성에 관한 인류학적 이론과 한국고대사」, 『문화인류학』 17: 17~33.

김교년, 2003, 「신라 왕경의 발굴조사와 성과」, 『신라 왕경 조사의 성과와 의의』, pp. 11~27. 국립문화재연구소·국립경주문화재연구소.

김병모, 1977, 「방이동 고분군」, 『고고학』 4: 1~35.

_____, 1984, 「도시계획」, 『역사도시 경주』, 김원룡 편, pp. 120~145, 열화당, 서울.

김병욱, 1976, 「서동요고」, 『백제연구』 7: 51~66.

김수태, 1999, 「백제 무왕대의 정치세력」, 『마한·백제문화』 14: 121~142.

_____, 2000, 「백제 법왕대의 불교」, 『선사와 고대』 15: 5~25.

김세기, 2002, 「진·변한의 교통로」, 『진·변한사 연구』, 경상북도·계명대학교 한국학연구원 편, pp. 380~384. 정완문예사, 대구.

김용성, 1997, 『대구·경산지역 고총고분의 연구』, 영남대학교 대학원 문화인류학과 박사학위 논문.

_____, 2006, 「신라 왕도의 범위에 대하여」, 『신라문화』 28: 7~33.

김원룡, 1967, 「삼국시대의 개시에 관한 일 고찰: 『삼국사기』와 낙랑군에 대한 재검토」, 『동아문화』 7: 1~33.

_____, 1973, 「원성군 법천리 석곽묘와 출토유물」, 『고고미술』 120: 2~10.

_____, 1974a, 「백제초기 고분에 대한 재고」, 『역사학보』 62: 1~18.

_____, 1974b, 『한국의 고분』. 세종대왕 기념사업회, 서울.

_____, 1975, 「백제 건국지로서의 한강하류지역」, 『백제문화』 7·8: 31~38.

_____, 1981, 「춘성군 방동리의 고구려식석실분 2기」, 『고고미술』 149: 1~5.

_____, 1982, 「백제고분에 대한 몇 가지 관찰」, 『백제연구』 13: 149~157.

_____, 1986, 『한국고고학개설』 3판, 일지사, 서울.

_____, 1987, 『한국고고학연구』, 일지사, 서울.

김정배, 1983, 『한국 민족문화의 기원』, 고려대학교출판부, 서울.

_____, 2000, 『한국 고대사와 고고학』, 신서원, 서울.

김종우, 1982,「서동요 연구」,『삼국유사와 문예적 가치해명』, 신동욱 편, pp. 60~73. 새문사, 서울.

김주성, 1992,「백제 무왕의 사찰건립과 권력강화」,『한국고대사연구』6: 255~282.

_____, 2000,「성왕의 한강유역 점령과 상실」,『백제사 상의 전쟁』, 충남대학교 백제연구소 편. pp. 295~318. 서경문화사, 서울.

_____, 2001a,「백제 사비시대의 익산」,『마한·백제문화』15: 43~54.

_____, 2001b,「백제 법왕과 무왕의 불교정책」,『한국고대사연구』21: 215~245.

김주성·유원재, 1996,「백제의 멸망」,『백제의 역사와 문화』, 유원재 편, pp. 437~483, 학연문화사, 서울.

김재현, 1991,「가야 고지 출토 단각고배에 관한 연구」,『한국상고사학보』7: 93~134.

김창호, 1983,「영천 청제비 정원 14년 명의 연구」,『한국사연구』43: 115~130.

_____, 1998,「영천 청제비 병진명의 축조연대」,『경주대학교 논문집』10: 643~655.

김철준, 1953,「신라 상대사회의 Dual Organization (上)」,『역사학보』1: 23~47.

김태중, 1992,「경주읍성」,『경주사학』11: 125~159.

김택규·이은창, 1975,『황남동 고분발굴조사개보: 고적조사보고 제 1책』, 영남대학교 박물관.

김호상, 1997,『신라 왕경의 궁성지 연구: 금성을 중심으로』, 가톨릭대학교 대학원 사학과, 석사학위 논문, 대구.

_____, 2001,「신라 왕경 연구 I:『삼국사기』에 표현된 삼국의 왕경 명칭 고찰」,『경주사학』20: 141~143.

나경수, 1995,『향가문학론과 작품연구』, 집문당.

남동신, 2001,「신라 중고기 불교치국책과 황룡사」,『신라문화제학술논문집』22: 7~31.

노중국, 1986,「『삼국유사』무왕조의 재검토: 사비시대 후기 백제 지배체제와 관련하여」,『한국전통문화연구』2: 1~24.

_____, 1988,『백제 정치사연구: 국가형성과 지배체제의 변천을 중심으로』, 일조각,

서울.

_____, 1998, 「신라와 고구려·백제의 인재양성과 선발」, 『신라의 인재양성과 선발 : 신라 문화제 학술발표회 논문집』 19: 35~97.

_____, 1999, 「백제 무왕과 지명법사」, 『한국사연구』 107: 3~31.

_____, 2000, 「신라와 백제의 교섭과 교류: 6~7세기를 중심으로」, 『신라문화』 17·18: 129~162.

_____, 2001, 「익산지역 정치체의 사적 전개와 백제사상의 익산세력」, 『마한·백제문화』 15: 5~42.

동국대학교 경주캠퍼스 박물관, 2004, 『왕경유적 (II): 황오동 소방도로 개설구간』, 느티나무, 대구.

_____, 2006, 『왕경유적 III: 경주시 동천동 791·7 B/L 유적』, 아이앤피, 대구.

동아대학교박물관, 1993, 『밀양 수산제 수문지 기초조사보고서』, 동아대학교 박물관.

마한·백제문화연구소, 1975, 「익산미륵사지 동탑지 및 서탑 조사보고서」, 『마한·백제문화』 1, 부록: 1~103.

문화재관리국 문화재연구소, 1984, 『황룡사 유적발굴조사보고서 I』, 문화재관리국 문화재연구소, 고려서적주식회사, 서울.

_____, 1989, 『미륵사 유적발굴조사보고서 I』, 문화재관리국 문화재연구소, 고려서적주식회사, 서울.

문화재연구소 경주고적발굴조사단, 1988, 『월정교지 남편 수습조사 결과보고』, 문화재연구소.

문화재연구소 경주고적발굴조사단, 1990, 『월성해자 발굴조사보고서 I』, 대한인쇄, 경주.

민덕식, 1986, 「신라 왕경의 도시설계와 운영에 관한 고찰」, 『백산학보』 33: 9~62.

_____, 1987, 「신라 왕경과 한·중·일 고대 도성과의 비교 고찰」, 『최영희 선생 화갑기념 한국사학 논총』, 최영희 선생 화갑기념 한국사학 논총간행위원회 편, pp. 51~90, 탐구당, 서울.

_____, 1989a, 「신라 왕경의 도시계획에 관한 시고(상)」, 『사총』 35: 31~74.
_____, 1989b, 「신라 왕경의 도시계획에 관한 시고(하)」, 『사총』 36: 1~57.
민주면, 1995[1669], 『동경잡기』, 민속원, 서울.
박광렬, 2007, 「신라 적석목곽분 출토 황금유물과 초전불교」, 『문화사학』 27: 203~228.
박노준, 1982, 『신라가요의 연구』, 열화당, 서울.
박민경, 2000, 「무왕·의자왕대 정국운영의 연구」, 『한국고대사연구』 20: 569~596.
박방룡, 1992, 「도성·성지」, 『신라고고학 I』, 민족문화사 편집부 편, pp. 59~112. 민족문화사, 서울.
_____, 1995, 「신라 왕도의 교통로: 驛·院을 중심으로」, 『신라 왕경연구: 신라문화제 학술발표회논문집』 16: 99~118.
_____, 1997, 『신라 도성연구』, 동아대학교 대학원 사학과 박사학위 논문.
_____, 1999, 「성덕대왕 신종의 내력」, 『성덕대왕 신종: 종합논고집』, 국립경주박물관 편, pp. 105~128, 한기정판사, 대구.
_____, 2001, 「황룡사와 신라 왕경의 조성」, 『신라문화제학술논문집』 22: 33~53.
_____, 2006, 「신라 왕경과 유통」, 『신라 왕경의 구조와 체계: 신라 문화제학술발표회논문집』 27: 63~104.
박영복, 1989, 「백제 장신구」, 『한국고고학보』 22: 73~139.
박영철·이상길·서영남, 2000, 「경남 울산 무거동 옥현 유적의 구석기시대 유물 검토」, 『영남고고학』 26: 25~40.
박정화, 2006, 「상주 공검지의 축조과정과 그 성격」, 『한국 고대의 국가권력과 수리시설(계명대학교 사학과 쉰돌기념 국제학술대회, 한·중·일의 고대 수리시설 비교 연구 발표 요지)』, pp. 43~55, 계명대학교 한국학연구원.
부산대학교 박물관, 1995, 『울산 검단리 마을 유적』, 부산대학교 박물관.
배덕환, 2000, 『한반도 동남부지역 청동기시대 마을 연구』, 동아대학교 고고미술사학과 석사논문.
사재동, 1971, 「서동설화연구」, 『장암 지헌영선생 화갑기념논총』, 장암 지헌영선생 화갑기념논총 간행위원회 편, pp. 896~904.

_____, 1974,「무강왕전설의 연구」,『백제연구』 5: 87~114.

_____, 1975,「무강왕전설의 연구 (속)」,『백제연구』 6: 43~67.

_____, 1985,「서동설화연구」,『향가여요연구』, 황패강 · 박노준 · 임기중 편, pp. 221~271, 이우출판사, 서울.

성정용, 2006,「김제 벽골제의 성격과 축조시기 재론」,『한국 고대의 국가권력과 수리시설(계명대학교 사학과 쉰 돌 기념 국제학술대회, 한 · 중 · 일의 고대 수리시설 비교 연구 발표 요지』, pp. 25~42, 계명대학교 한국학연구원.

신경철, 1985,「고식등자고」,『부대사학』 9: 57~99.

신용철 · 강봉원, 1999,『여주 하거리 방미기골 고분』, 한국체육진흥 (주)경희대학교 박물관.

신용하 엮음, 1986,『아시아적 생산양식론』, 까치출판사, 서울.

신종원, 1992,『신라초기불교사연구』, 민족사, 서울.

안승주, 1973,「백제분묘의 구조」,『백제문화』 6: 155~165.

_____, 1975,「백제고분의 연구」,『백제문화』 7 · 8: 81~176.

_____, 1979,「백제토기의 연구」,『백제문화』 12: 5~40.

_____, 1986,「백제석실분과 그 묘제의 일본전파에 관한 연구」,『백제연구』 17: 91~96.

안승주 · 전영래, 1981,「백제석실분의 연구」,『한국고고학보』 10 · 11: 109~136.

오성, 1978,「영천 청제비 병진명에 대한 재검토」,『역사학보』 79: 173~185.

오영훈, 1992,「신라 왕경에 대한 고찰: 성립과 발전을 중심으로」,『경주사학』 11: 1~39.

영남문화재연구원, 2002,『경주 구어리 고분군 I: 적석목곽분 · 석실분』, 애드웨이, 대구.

영천시, 2002,『영천시 통계연보』, 한진출판사.

우성훈, 1996,『신라왕경 경주의 도시계획에 관한 연구』, 성균관대학교 대학원 건축 공학과 석사학위 논문.

유석우, 1971, 『경주시지』, 서울인쇄.

윤무병, 1972, 「역사도시 경주의 보존에 대한 조사」, 『문화재의 과학적 보존에 관한 연구 (I): 유형문화재의 과학적 보존을 위한 기초연구』, pp. 114~134, 과학기술처.

_____, 1976, 「벽골제 발굴보고」, 『백제연구』 7: 67~90.

_____, 1987, 「신라 왕경의 방제」, 『두계 이병도 박사 구순기념 한국사학논총』, 두계 이병도 박사 구순기념 한국사학논총 간행위원회 편, pp. 41~55, 지식산업사, 서울.

_____, 1998, 「벽골제의 제방과 수문」, 『김제 벽골제 수리민속 유물전시관 개관 기념 국제학술 토론회 발표논문집』, 김제벽골제개발위원회·김제시 편, pp. 9~15, 신아출판사.

윤선태, 2010, 「무왕과 미륵사: 익산의 역사지리적 환경과 관련하여」, 『백제 불교문화의 보고 미륵사: 학술심포지엄 논문집』, 국립문화재연구소 주최 국제학술심포지움, pp. 60~72, 예맥.

윤세영, 1974, 「가락동 백제고분 제1호·제2호분 발굴 조사 약보」, 『고고학』 3: 131~146.

이근직, 1997, 「사로국 유적에 관한 관견」, 『경주문화』 3: 20-49.

_____, 2000, 「북천 유역의 역사·문화 유적」, 『경주 북천 문화·환경 생태보전 자연 학습단지 조성사업 기본계획』, 경주시·서라벌대학 편, pp. 46~102.

이기동, 1980, 『신라 골품제 사회와 화랑도』, 일조각, 서울.

_____, 1984, 「왕경의 변영과 사회생활」, 『역사도시 경주』, 김원룡 편, pp. 142~153, 열화당, 서울.

_____, 1997, 『백제사연구』, 일조각, 서울.

_____, 2006, 「한국 고대의 국가권력과 수리시설」, 『한국 고대의 국가권력과 수리시설(계명대학교 사학과 쉰 돌 기념 국제학술대회, 한·중·일의 고대 수리시설 비교 연구 발표요지)』, pp. 1~8, 계명대학교 한국학연구원.

이기봉, 2002, 『신라 왕경의 범위와 구역에 대한 지리적 연구』, 서울대학교 대학원 지리학과 박사학위논문.

_____, 2003,「신라 왕경의 공간적 규모와 내부 체계에 대한 일고찰」,『신라 왕경 조사의 성과와 의의』, pp. 89~104, 국립문화재연구소 · 국립경주문화재연구소.

_____, 2007,『고대도시 경주의 탄생』, 푸른역사, 서울.

이기백, 1959,「백제왕위계승고」,『역사학보』11: 1~585.

_____, 1978,『한국사학의 방향』, 일조각, 서울.

_____, 1984,『신라정치사회사연구』, 일조각, 서울.

이기백 · 이기동, 1984,『한국사강좌: 고대편』, 일조각, 서울.

이남석, 1992,「백제초기 횡혈식석실분과 그 연원」,『선사와 고대』3: 75~113.

_____, 1995,『백제석실분 연구』, 학연문화사, 서울.

_____, 2001,「백제 고분과 익산 쌍릉」,『마한 · 백제문화』15: 55~75.

이병도, 1952,「서동설화의 신 고찰」,『역사학보』1: 49~68.

_____, 1975a,『譯註 三國遺事: 幷原文』, 광조출판사, 서울.

_____, 1975b,「백제 미륵사의 창건연대에 대하여」,『마한 · 백제문화』1: 159~162.

_____, 1981,『한국고대사연구』, 박영사, 서울.

이병도 · 김재원, 1959,『한국사: 고대편』, 을유문화사, 서울.

이병호, 2008,「사비 도성과 경주 왕경의 비교연구 시론」,『동아시아 도성과 신라 왕경의 비교연구: 신라문화제학술논문집』29:1~45.

이상길 · 김미영, 2003,「밀양 금천리 유적」,『고구려 고고학의 제문제: 제27회 한국고고학 전국대회 발표 논문집』, pp. 159~184, 한국 고고학회.

이영호, 2006,「종합토론」,『신라 문화제 학술발표회논문집』27: 301~351.

이우태, 1984,「한국 고대의 척도」,『태동고전연구』1: 7~33.

_____, 1985,「영천 청제비를 통해 본 청제의 축조와 수치」,『변태섭 박사 화갑기념 사학 논총』, 변태섭 박사 화갑기념 사학 논총간행위원회 편, pp. 101~124, 삼영사, 서울.

_____, 1992,「신라의 수리기술」,『신라문화제 학술발표회 논문집』13: 35~50.

이은석, 2004,「왕경의 성립과 발전」,『제 28회 한국 고고학 전국대회: 통일신라시대 고고학』, pp. 9~25, 한국고고학회.

이은창, 1980,「미추왕릉지구 제 4지역 고분군: 황남동 미추왕릉 전지역 A지구 고분발굴조사보고」,『경주지구 고분발굴조사보고서 제2집』, 문화재관리국·경주사적관리사무소 편, pp. 131~340, 한밤의 소리사, 대구.

이종욱, 1982,『신라 국가 형성사 연구』. 일조각, 서울.

_____, 1989,「미륵사의 창건연기」,『미륵사 유적발굴조사보고서 I』, 문화재관리국 문화재연구소 편, pp. 23~29, 문화재관리국 문화재연구소.

이홍종·박성희·이희진, 2004,『마전리 유적』, 고려대학교 매장문화재연구소.

이희준, 2007,『신라고고학연구』, 사회평론, 서울.

임기중, 1998,「서동요: 인본형 구조적 사회통합의 노래와 이야기」,『새로 읽는 향가 문학』, 임기중 외편, pp. 1~23, 아세아 문화사, 서울.

임영진, 1987,「석촌동일대 적석총계와 토광묘계 묘제의 성격」,『삼불 김원룡교수 정년퇴임기념논총 I』, 삼불 김원룡교수 정년퇴임기념논총 간행위원회 편, pp. 475~500, 일지사, 서울.

_____, 1996,「백제시기 한성시대 토기연구」,『호남고고학보』4: 69~113.

임창순, 1958,「대구에서 신발견된 무술오작비소고」,『사학연구』1: 1~17.

잠실지구유적발굴 조사단, 1977,「잠실 지구 유적 발굴 조사보고」,『한국고고학보 3: 17~80.

_____, 1978,「잠실 지구 유적 발굴 조사보고,『한국고고학보 4: 7~51.

장경호, 2007,「경주 월성의 조사연구와 역사적 의의」,『경주 월성의 어제와 오늘, 그리고 미래』, pp. 5~19, 국립경주문화재연구소.

장성진, 1986,「서동요의 형성과정」,『한국 전통문화연구』2: 225~244.

장순용, 1976,『신라 왕경의 도시계획에 관한 연구』, 서울대학교 환경대학원 환경계획학과 석사학위논문.

장진호, 1994,『신라 향가의 연구』, 형설출판사, 서울.

전덕재, 2002, 「신라 소경의 설치와 그 기능」, 『진단학보』 93: 29~55.
_____, 2005a, 「신라 리방제의 시행과 그 성격」, 『신라 왕경의 구조와 체계: 신라문화제학술논문집』 26: 83~131.
_____, 2005b, 「신라 왕경의 공간 구성과 그 변천에 관한 연구」, 『역사와 현실』 57: 175~207.
_____, 2007, 「신라의 왕경과 왕궁」, 『경주 월성의 어제와 오늘, 그리고 미래』, pp. 25~60, 국립경주문화재연구소.
정렬모, 1965[1999], 『향가연구』. 사회과학원 출판사, 평양, 영인본, 한국문화사.
정요근, 2001, 「고려 전기 역제의 정비와 22 역도」, 『한국사론』 45: 1~70.
정인성, 1998, 「낙동강 유역권의 세형동검 문화」, 『영남고고학』 22: 55~73.
조근우, 1994, 『전남지방의 석실분 연구. 석사학위 논문』, 영남대학교대학원 문화인류학과, 경산.
조명렬, 1979, 「익산지역의 백제설화: 서동설화를 중심으로」, 『마한·백제 문화』 3: 37~48.
조영현, 1990, 『삼국시대 횡혈식석실분의 계보와 편년연구: 한강 이남 지역을 중심으로』, 충남대학교대학원 사학과 석사학위 논문.
조철제, 1996, 「경주문집 해제(2)」, 『경주문화』 2: 340~368.
_____, 2000, 「조선시대 경주의 오리수와 보문평 소고」, 『신라학 연구』 4: 253~285.
조평환, 1990, 『향가의 배경론적 연구: 불교와의 상관관계를 중심으로』, 건국대학교 대학원 국어국문학과 박사학위 논문.
주보돈, 1992, 「영천 청제비」, 『역주 한국고대사금석문, 제 2권 (신라 1·가야편)』, 한국고대사회연구소 편, pp. 24~29, 오정인쇄, 대구.
_____, 2002, 『금석문과 신라사』. 지식산업사, 서울.
차용걸·노병식·박중균·한병길, 1997, 『상당산성: 서장대 및 남문외 유적지 조사보고』, 충북대학교 호서문화연구소·청주시.
최광식, 1987, 「고대 국가형성에 대한 이론적 검토」, 『신라문화』 3·4: 73~86.
최맹식, 1999, 『백제 평기와 신연구』, 학연문화사, 서울.

최병헌, 1992,『신라고분연구』, 일지사, 서울.

최완규, 1997,『금강유역 백제고분의 연구』, 숭실대학교 대학원 사학과 박사학위 논문.

_____, 2001,「익산지역의 백제고분과 무왕릉」,『마한·백제문화』15: 77~100.

최영희·김정기·송기호, 1988,『여주 매룡리 용강골 고분군 발굴보고서』한림대학 박물관연구총서2, 한림대학박물관, 춘천.

_____, 1989,『여주 매룡리 용강골 고분군 II 발굴보고서』한림대학 박물관연구총서 3, 한림대학박물관, 춘천.

최종규, 1983,「중기고분의 성격에 대한 약간의 고찰」,『부대사학』7: 1~45.

최헌섭, 2002,「경남의 역과 그 길」,『부대사학』30: 57~77.

하일식, 2006,「영천 청제비 병진명과 정원명: 지금까지 연구와 앞으로의 과제」, 『한국 고대의 국가권력과 수리시설(계명대학교 사학과 쉰 돌 기념 국제학술대회, 한·중·일의 고대 수리시설 비교 연구 발표요지)』, 계명대학교 한국학연구원 편, pp. 82~90, 계명대학교.

한림대학교박물관, 2001,『여주 상리 고분: 94·97년도 발굴조사 보고서』, 한림대학교 박물관 연구총서 19, 한림대학 박물관.

한정훈, 2002,「고려 전기 역도의 형성과 기능」,『한국중세사연구』12: 41~93.

홍보식, 1993,「백제 횡혈식석실분의 형식분류와 대외전파에 관한 연구」,『부산직할 시립박물관연구논집』2: 79~147.

_____, 2002,『신라 후기 고분문화 연구』, 춘추각, 서울.

황상일·윤순옥, 2005,「경주 선상지의 지형발달」,『신라문화제 학술논문집』26: 227~250.

황인호, 2004,『경주 왕경도로를 통해 본 신라 도시계획 연구』, 동아대학교대학원 사학과 석사학위 논문.

황패강, 1987,「서동요 연구: 설화적 재구를 통한 해석에의 접근」,『신라문화』3·4: 5~13.

金基雄, 1976a, 『百濟の古墳』, 學生社, 東京.

_____, 1976b, 『新羅の古墳』, 學生社, 東京.

東潮・田中俊明, 1988, 『韓國の古代遺跡 I: 新羅篇 (慶州)』(東京: 中央公論社, 1988), p. 258.

藤島亥治郎, 1980, 「朝鮮三國時代の都市」, 『東アジア世界における日本古代史講座 4: 朝鮮三國と倭國』, pp. 197~241, 學生社, 東京.

藤島亥治郎, 1982[1930], 『朝鮮建築史論』, 영인본, 경인문화사, 서울.

武末順一, 1980, 「百濟初期の古墳-石村洞・可樂洞古墳群お中心に」, 『鏡山孟先生古稀記念 古文化論攷』, 鏡山孟先生古稀記念論文集刊行會編, pp. 437~464, 瞬報社寫眞印刷, 福岡, 日本.

梅原末治, 1972[1947], 『朝鮮古代の墓制』, 光洋社, 東京.

石上英一, 1974, 「古代における日本の税制と新羅の税制」, 『古代朝鮮と日本』, 朝鮮史研究會編 旗田巍監修, pp. 227~264, 龍溪書舍.

尹煥, 1989, 「漢江下流域における百濟横穴式石室」, 『古文化談叢』第20集 發刊記念論集(中), 小田富士雄編, pp. 155~184, 九州古文化研究會, 北九州.

李恩碩, 2006, 「新羅 王京の都市計劃」, 『東アジアの古代都城』, 吉川弘文館, 東京.

田中俊明, 2003, 「新羅の交通體系に 對する 豫備的考察」, 『朝鮮古代史研究』12: 43~60.

井上秀雄, 1974, 『新羅史基礎研究』, 東出版株式會社, 東京.

朝鮮總督府, 1916, 『朝鮮古蹟調査報告 大正五年度』, 朝鮮總督府編, 彰文閣.

_____, 1917, 『大正六年度古蹟調査報告』, 朝鮮總督府編, 彰文閣.

_____, 1927, 『公州宋山里古墳調査報告』, 召和二年度古蹟調査報告 第二册, 朝鮮印刷株式會社, 京城.

朝鮮古蹟研究會, 1938, 『昭和十二年度 古蹟調査報告』, 內外出版印刷, 京都.

Adams, Robert McC

1966 *The Evolution of Urban Society*. Aldine, Chicago.

Butzer, Karl W.

1976 *Early Hydraulic Civilization in Egypt: A Study in Cultural Ecology* University of Chicago Press, Chicago.

Carneiro, Robert L.

1970 A Theory of the Origin of the State. *Science* 169: 733~738.

Downing, Theodore E. and McGuire Gibson. Editors

1974 Irrigation's Impact on Society. *Anthropological Papers of the University of Arizona* No. 25. The University of Arizona Press, Tucson.

Earle, Timothy K.

1978 Economic and Social Organization of a Complex Chiefdom: The Kalelea District, Kaua'i, Hawaii. *Anthropological Papers of the University of Michigan* No. 63. The University of Michigan, Ann Arbor.

1980 Prehistoric Irrigation in the Hawaiian Islands: An Evaluation of Evolutionary Significance. *Archaeology and Physical Anthropology in Oceania* 15: 1~28.

Fagan, Brian M.

1992 *People of the Earth: An Introduction to World Prehistory*. 7th ed. Harper Collins Publishers, New York.

Herodotus

1959[B.C. 5C] *The Histories*. Translated by Aubrey De Sélincourt. The Penguin Classics, Edinburgh.

Hunt, Robert C.

1988 Size and the Structure of Authority in Canal Irrigation Systems. *Journal of Anthropological Research* 44: 335~355.

1989 Appropriate Social Organization? Water User Associations in

Bureaucratic Canal Irrigation Systems. *Human Organization* 48: 79~90.

Hunt, Robert C. and Eva Hunt

1976 Canal Irrigation and Local Social Organization. *Current Anthropology* 17: 389~411.

Hunt, Robert C., David Guillet, David R. Abbott, James Bayman, Paul Fish, Suzanne Fish, Keith Kintigh, and James A. Neely

2005 Plausible Ethnographic Analogies for the Social Organization of Hohokam Canal Irrigation. *American Antiquity* 70: 433~456.

Kang, Bong Won

1995 *The Role of Warfare in the Formation of the State in Korea: Archaeological and Historical Approaches*. Ph.D. Dissertation, Department of Anthropology, University of Oregon. Eugene, Oregon.

2006 Large-Scale Reservoir Construction and Political Centralization: A Case Study from Ancient Korea. *Journal of Anthropological Research* 62: 193~216.

Lanning, Edward P.

1967 *Peru before the Incas*. Prentice-Hall Press, Englewood Cliffs.

Leach, Edmund R.

1959 Hydraulic Society in Ceylon. *Past and Present* 15: 2~26.

1961 *Pul Eliya: A Village in Ceylon*. Cambridge University Press, New York.

Lees, Susan H.

1973 Sociopolitical Aspects of Canal Irrigation in the Valley of Oaxaca. *Memoirs of the Museum of Anthropology*, University of Michigan No. 6. The University of Michigan, Ann Arbor.

Millon, Ren

1962 Variations in Social Response to the Practice of Irrigation Agriculture. *Civilization in Arid Lands*, edited by R. Woodbury, pp. 56~88. University of Utah Anthropological Papers, No. 62. The University of Utah Press, Salt Lake City.

Mitchell, William P.

1973 The Hydraulic Hypothesis: A Reappraisal. *Current Anthropology* 14: 532~534.

Netting, Robert McC

1974 The System Nobody Knows: Village Irrigation in the Swiss Alps. *Irrigation's Impact on Society*, edited by Theodore E. Downing, and McGuire Gibson, pp. 67~75. Anthropological Papers of the University of Arizona No. 25. The University of Arizona Press, Tucson.

Nicholas, Linda and Jill Neitzel

1984 Canal Irrigation and Sociopolitical Organization in the Lower Salt River Valley: A Diachronic Analysis. *Prehistoric Agricultural Strategies in the Southwest*, edited by Suzanne Fish and Paul Fish, pp. 161~178. Arizona State University Anthropological Research Papers No. 33. Arizona State University, Tempe.

Pak, Chan-kirl and Kyung-rin Yang

1974 KAERI Radiocarbon Measurements III. *Radiocarbon* 16: 162~197.

Pearson, Richard, Jong-wook Lee, Wonyoung Koh, and Anne Underhill

1989 Social Ranking in the Kingdom of Old Silla, Korea: Analysis of Burials. *Journal of Anthropological Archaeology* 8: 1~50.

Pfaffenberger, Bryan

1989 Fetishised Objects and Humanised Nature towards and Anthropology of Technology. *Man* 23: 236~252.

Price, Barbara

1971 Pre-Hispanic Irrigation Agriculture in Nuclear America. *Latin American Research Review* 6: 3~60.

1977 Shifts in Production and Organization: A Cluster-Interaction Model. *Current Anthropology* 18: 209~233.

Price, David

1994 Wittfogel's Neglected Hydraulic/Hydro agricultural Distinction. *Journal of Anthropological Research* 50: 187~204.

Renfrew, Colin and Paul Bahn

1991 *Archaeology: Theories, Methods, and Practice*. Thames and Hudson, London.

2000 *Archaeology: Theories Methods and Practice*. 3rd ed. Thames and Hudson, London.

Sanders, William T. and Barbara J. Price

1968 *Mesoamerica: The Evolution of a Civilization*. Random House, New York.

Service, Elman R.

1975 *Origins of the State and Civilization: The Process of Cultural Evolution*. W. W. Norton and Company, New York.

Stanish, Charles

1994 The Hydraulic Hypothesis Revisited: Lake Titicaca Basin Raised Fields in Theoretical Perspective. *Latin American Antiquity* 5: 312~332.

Scarborough, Vernon L.

1991 Water Management Adaptations in Nonindustrial Complex Societies: An Archaeological Perspective. *Archaeological Method and Theory* vol. 3, edited by Michael B. Schiffer, pp. 101~154. The University of Arizona Press, Tucson.

Wittfogel, Karl A.

1957 *Oriental Despotism: A Comparative Study of Total Power*. Yale University Press, New Haven.

Woodbury, Richard B.

1961 A Reappraisal of Hohokam Irrigation. *American Anthropologist* 63: 550~560.

찾아보기

「성적」(城跡) 234
『경주시지』(慶州市誌) 213, 215
『고려사』 19, 201, 226, 241, 255~257, 264, 266
『고려사절요』 201, 226, 230, 231
『남제서』 122
『동경잡기』(東京雜記) 190, 230, 231, 234
『東國與地勝覽』 255
『동양적 전제주의』(Oriental Despotism) 23
『백제기』 12
『백제본기』 12, 57, 119~145, 271
『백제신찬』 12, 123
『백제연구』 83
『북사』 137
『삼국지』 위서 동이전 31
『서기』 12
『세종실록지리지』 73, 241, 247
『수서』 137
『신증동국여지승람』 18, 241, 260~266
『신집』 12
『쌍봉집』(雙峯集) 200, 233
『여지도서』 241, 246, 260
『역사』(Histories) 12, 15
『역사학보』 82
『유기』 12
『일본서기』 123
『정헌집』 195
『朝鮮古代의 墓制』 70, 73
『한국고고학개설』 80~85

『한국의 고분』 74, 80, 82
1,360방 153~162, 172~177
35리 155~162, 172~177
360방 157~162, 172~177
36방설 157
4두품 171
5통(伍通) 255
6부 44, 153, 155
7번 국도 187, 248~249, 244~266
Adams 24
archaeological data 284~287
archaeologist 280~281
archaeology 282
art history 282
Baekje 280~283
Baekje Kingdom 282~283
Beta Analytic 243
bronze seal, 288
bronze-gilt earrings 281
Buddhist history 282
Buddhist monks 289
Buddhist temples 282, 284
Bu-do 288
Bulguksa temple 288~289
Butzer 24
C-14 연대 측정 243
capital 280, 284~287
centralized political organization 278
Cheong reservoir 278
Chinese characters 282, 288
Chinese porcelains 288
documentary sources 286~288

Downing 24
Earle 24, 26
earthen mound 287
epigraphic records 278, 286
ethnicity 281
Fagan 151
flood 286~287
fortresses 278
Gibson 24
Goguryo 280
Goryeo Dynasty 284, 287~288
Goryeosa 288
governmental officials 278
grid 284
groves 284
Gu-eo 288~289
Gu-yeok village 288
Gyeongju 280, 284, 286~288
Gyeongju University Museum 288
Gyunggi Province 280
Haguhri 281
Han River 280
historical accounts 287
history 282
History of Goryeo 288
History of the Three Kingdoms 284
household 284~285
Hunt 24, 29, 36
Hunt and Hunt 24, 28
hyangga 282
Imanish 280
irrigation 278~279

Japanese pre-historians 280
Kang 193~194
King Jinpyung 282~283
King Mu 282~283
Korea 278~289
Leach 24, 27~28
Lees 24, 28
levee 286~287
linguistics 282
literature 282
masons 283
Memorabilia of the Three King-doms 284, 288
Memorial stupa 288~289
method 285
Mitchell 24, 28~29
New Augmented Survey of the Geography of Korea 288
Nicholas and Neitzel 29
nonstate societies 36
North Stream 286, 287
one sigma 243
Pak and Yang 31
palace 284
Pearson et al 45
Pfaffenberger 24
population 150, 284~285
porcelains 288
post station 288~289
pottery 288
Price 24, 28~29
quadrant 285
Renfrew and Bahn 97, 151
reservoirs 278
roof tiles 288

S1E1 165~171
Samguk sagi 278~284
Samguk yusa 282~288
Sanders and Price 24, 28
Scaborough 24
Seodong 282~283
Seoul 280
Service 24, 27
side-entrance stone chamber tombs 280~281
Silla 280~287
Silla Dynasty 284~287
Silla Kingdom 282~289
Sinjeung Dongguk Yeoji seunglam 288
Stanish 24
State Formation 278~279
state-level societies 278
states 36
statistics 284
stele 278
stone pillows 281
Three Kingdoms 280, 282, 284, 288
tumuli park 284
two sigma 244
Umehara 280
water management 286~287
Wittfogel 16, 23~31, 49, 51, 268, 278
Won-yong Kim 280
Woodbury 24, 27
Yeoju 280~281
Yeongcheon 278
가는 고리 귀걸이[細環式 耳飾] 97

가락국기 159
가락동 65~80, 103~105
가량 127
가불성 62
가설 14~17, 23, 27, 51, 123, 158, 270, 275
가설의 자원(sources of hypotheses) 14
가야 92, 102~105
가잠성 140~141
가태수(加太守) 48
가평 64
가호(家戶) 17, 149~152, 169~177
가화(加火) 256
간지(干支) 25, 32, 39, 48
감포 252, 258
갑술년 132
갑자년 155
강릉 43
강변로 164
강봉원 23~24, 32, 39, 45, 51~58, 87, 125, 150~152, 160, 218, 226~227
강우량 202, 204
강원도 125
강원도 춘성군 방동리 80
강인구 58, 62, 68, 84
강현숙 66~68, 88~90, 100~101, 107~108
康熙 25, 34
개경 264
개로왕 57, 123, 126
개황(開皇) 134
결혼동맹 122

경기도 16, 57~61, 70~86, 125, 270
경기도 광주군 중대면 석촌리 69, 86
경남 밀양 수산제 31
경도(京都) 151~154
경문왕 189
경부고속도로 207
경북대학교 박물관 32
경사(京師) 152
경산 48, 52, 254
경상도 190~192, 230, 249
경상도 경주부 213, 260, 264
경상북도 155, 211~212, 221
경상북도 산림환경연구소 227
경성(京城) 152, 154
경신 134
경위(京位) 38~39, 46, 53
경주 17~18, 34, 43, 45, 51~52, 63~97, 108, 211~237, 245~267, 272~274
경주 노서동 쌍상총 72, 74, 82, 95
경주 문화유산회 192
경주 분지 155~158, 176, 182
경주 충효리 65, 72, 74
경주 평야 26, 160, 249
경주고등학교 190, 213
경주군사편찬위원회 257
경주대학교 박물관 18, 241~263, 274
경주도(慶州道) 256
경주문화원 248
경주부 213, 260, 264
경중(京中) 149~158
경희대학교 박물관 58, 105
계량화 17, 272

계림 186, 195
계림로 190, 211
계명 132
고 신라 181, 187, 213~216, 224~225, 231, 235, 253
고간 127
고구려 12, 16, 24, 51, 57~107, 123~127, 143, 146, 270
고구려군의 남정 60
고국원왕 125
고대 저수지 16, 25, 31~33
고대국가 15, 23, 46, 269
고래 101~102
고려 11, 13, 17, 18, 156, 160, 181~183, 190~197, 201, 205, 271~274
고려읍성 191
고려청자 244
고미술사 12
고배 65, 78, 98
고산역 68, 73
고신라 69, 170
고양군 독도면 중곡리 69, 83
고양수 195
고적조사보고 69
고지도 18, 241, 248, 255, 266, 274
고총고분 44, 213
谷井濟一 119
곤문역(坤門驛) 255
골벌국(骨伐國, 영천) 52
골품 53, 170
공수동맹(攻守同盟) 126
공양주(供養主) 262
공주 71, 73, 76, 79, 86, 90, 108,

126
공주 송산리고분군 108
공주군 계룡면 신기리 70, 86
관개수리 15, 24~37, 269
관대(棺臺) 74~76, 79, 80, 91, 95, 96, 110, 113
관등(官等) 25, 35~39, 45, 49, 53
관문성(關門城) 249, 252~255
관산성(管山城) 127~129, 144
광개토대왕 125
광구호 98
광석 42
교서 194
교통 요지 249
교통로 125, 182, 249, 252~257
구 도로(舊 道路) 249, 254~258, 266~267
九干 159
구례 42
구불(求佛) 256
구석기 11, 13
九魚 248
구어단(仇於旦) 246
구어리(仇於里) 252
九於驛 248
仇於驛 241, 248, 253~264, 274
구어역(鉤魚驛) 257
仇於馹 241~248, 261, 265
구어차(仇於且) 246~247, 256~257
九易 242, 248, 267, 274
구역 마을 260
구역(仇驛) 257
구의동 80
구장(玖長) 47

309

구정동 255
구천(狗川) 127
九黃洞 苑池 遺蹟 228
국가단계 24, 40, 151
국립경주문화재연구소 149, 156, 160~168, 190~208, 214, 226~229, 273
국립문화재연구소 118
국립부여문화재연구소 118
국립중앙박물관 62~63
국사 24
국호 155
군민(軍民) 181
군사 방어시설 182
군사시설물 212, 235~236
군사용 성곽 273
굴불(屈佛) 256
굴아화(屈阿火) 256
굴연 190, 230
굴헐역(屈歇驛) 255~257
굵은 귀걸이[太環式 耳飾] 97
궁륭상 석실분 70~71, 85, 87
권병탁 32, 34
귀교(鬼橋) 200
귀면와(鬼面瓦) 244~245
귀면당초문 245
귀목문 245
귀목연화문 245
귀산 130
귀죽임천장 80
그리스 15
근초고왕 125, 138
글래디스(Gladys) 186, 207
금강산 161~162
금살(法王) 134, 138

今西龍 68~69, 73~74, 106
금석문 17, 34, 39, 119, 182, 191~195, 201, 233~234, 272
금성(金城) 189, 213, 215, 224
금입택 157, 159
금학산 182~188, 191, 195, 226, 233, 236, 272
금호강 254
금호읍 구암리 24, 34
及梁部 38
급찬 141
기계면 186
기린문 245
기미년 132
기술통계(記述統計) 171
기와 241~248, 261~266
기이(紀異) 117, 120, 131, 159, 255
기자 11
기잠 140~141
기현 140~141
기후학 275
김경신(金敬信) 188
김광억 31
김교년 149, 151
金基雄 71, 91
김미영 26
김병모 62, 149, 156, 159, 161, 215~219
김병욱 117, 123, 135
김부식 203
김세기 254
김수태 117, 136, 138
김용성 44, 154
김원룡 12, 57, 60~98, 106~107
김재원 31, 57, 151

김재현 104~105
김정배 12, 31
김정호 264
김종서 229
김종우 117
김주성 117, 128, 133, 142
김주원(金周元) 189, 198
김진평(金眞平) 143
김창호 39, 46, 194
김철준 155
김택규 215~217, 221~225, 230, 235
김호상 153~154, 200, 215
나경수 117
낙동강 90, 92, 125
낙랑군 125
남고루(南古壘) 18, 160, 164, 190~191, 273
남교(南郊) 255
남산성 235
남정수 195
남한강 63
낭산 161~162
낭지승운 보현수(朗智乘雲 普賢樹) 256
내남면 노곡리(蘆谷里) 260
내말(內末) 48
내물 마립간 125
내물왕 40~45, 51, 125, 255~256
내해 189
냉수리비 46
냉천리(冷川里) 252
네팅(Netting) 28
노곡(奴谷) 256, 260
노서리 쌍상총 72, 83

노중국 117, 128, 136, 138, 144~145
녹동리(鹿洞里) 253
논산 표정리 석실분 102
농업용수 181
눌지 마립간 189, 194
뉴 멕시코 101
늑로현 140
능묘 162, 173~174
능원 272
다나까(田中俊明) 256
단각고배(短脚高杯) 66, 78, 85, 98~106, 112, 114
단경광구호 98
단군 11
단석산 183
달솔 140
담수면적 34
답달 42
당 태종(唐太宗) 142~143
당(唐)나라 37
당척(唐尺) 170
당초문 245
대가야 127
대경주사민청금보문평개거소(代慶州士民請禁普門坪開渠疏) 200, 232
대구 194, 254
대구 대안동(大安洞) 32
대동군 토포리 75
대동여지도 257, 259, 264, 266, 274
대두산성 62
대로 162, 165, 169, 174
대릉원 162, 190, 211

대마(大馬) 260
대방군 125
대사제[大舍第] 38
대오제[大鳥第] 38
大正 69
대성 67, 101
덕동댐 186~187, 207, 237
덕동호 186~187, 199, 252
덴마크 12
도도 127
도량형(度量衡) 156
도림사 226
도성(都城) 152
도수 분포 110
도작 31, 53
독산성 142
돌담[石墻] 234
돌베개 81
돌제방[石堤] 234
동국대학교 경주캠퍼스 박물관 163, 242
동대산 249
동래(東來) 249
동성왕 120~126, 138, 143
동소 141
동아대학교 박물관 31
동아시아인 30
동여도(東輿圖) 257, 264, 266
동위척(東魏尺) 160~172
동인(動因, causative factor) 54
東潮 160
동진(東晋) 125
동천동 168~169, 187
동천사 18, 200
동침(東枕) 62, 76, 94

동탑지 117
동해남부선 249
동해통(東海通) 255
두침(頭枕) 76
두향(頭向) 93
등주 264
래닝(Lanning) 29
로마 97
리치(Leach) 27~28
마동(麻童) 123
마제(麻帝) 122
마필 264
말갈 57, 62, 143
말다(末多) 123
말통(末通) 123
맞배식 석실분 70, 85
맞조림식 석실분 70~71, 85~86
매납 토기 243~244, 264
매룡리 용강골 58, 94
梅原末治 70, 73, 106
매장문화 270
맥국 57
명(明)왕 144
명농(明農) 127
명문(銘文) 18, 241, 248, 274
명문사리기 271
명주 264
명활산성 252, 235
모대(牟大) 122
모량(牟良) 256
모로성 42
모벌군성(毛伐郡城) 252
모산성 140
모용씨(慕容氏) 125
모촌리 102

311

모화군(毛火郡) 253
모화리(毛火里) 253
목관묘 14
목탄(木炭) 243
몽리(蒙利) 34, 36, 49
몽촌 토성 102
묘광 93
무강(武康) 121~122, 132~133
무개고배 104
무녕왕 123
무령왕 121~122, 143
武末純一 68, 71~72
무문토기 254
무술오작비(戊戌塢作碑) 32, 194
무열왕 189
무오년 132
무왕(武王) 16~17, 117~132, 132~146, 270~271
무왕조 117~143
문무왕릉 77
문성왕 189
문잉림 195
문자왕(文咨王) 126
문주(文周) 126
문지(門址) 78, 237, 253
문화변동 법칙 12
문화재보호재단 164
문화재연구소 118, 160, 200
미국 11, 27, 101, 243
미륵사(彌勒寺) 117~123, 144, 147, 271
미천왕 125
미추왕릉 211~216, 221, 234, 236, 273
미첼(Mitchell) 28

미해(美海) 255
민덕식 149, 151~165, 172~176, 230
민주면(閔周冕) 190, 206, 230
밀론(Millon) 28
밀양 수산제 31
바둑판식 165
박광렬 44
박노준 117, 122
박민경 117, 138, 145
박영복 97
박영철 26
박정화 31~32
박제상 255
반월성 186, 195, 204
방(坊) 149, 152, 168, 272
방미기골 16, 58, 64, 85, 270
방선형(方扇形) 93
방수(防水) 216
방안 152, 167, 172
방어리(防禦里) 249
방이동 62~80, 86, 100~104
방형 67, 88~101, 168
배덕환 27
배수로 94, 173~174, 207, 236
백공(百工) 144, 271
백관 255
백기 140
백제 12, 16~17, 24, 32, 51, 57~109, 119~146, 170, 235, 270~271
백제 고분 67, 75~85, 90, 98, 100, 119
백제 토기 62, 98, 102, 104
백제계 주민 108

백제본기 12, 57, 119~145
벌휴 189
범어(凡於) 256
법공부(法功夫) 48
법사 143
법왕(法王) 128, 131~139
법흥왕 39~40, 53, 194
벽골제 31~32, 194
벽골지 31~32
벽화분 66
변품 140
병지(兵志) 참역조(站驛條) 256
병진(丙辰) 25, 36, 39, 194
병진축제기(丙辰築堤記) 25, 269
보문단지 186~187, 192, 196, 207
보문리 도굴분 72, 74
보문평(普門坪) 181, 186, 197, 205, 273
보문호 199, 252
보물 25
보상화문 245
보수성 15, 59~65, 77, 92, 103, 108
보은 43, 254
보통리 고분 81
보해(寶海) 255
복마(卜馬) 260
복신 143
복합사회 26, 30, 51
봉덕사(奉德寺) 200~201, 226
봉잠 140~141
봉평비 46
봉황대 234
부가구연장경호(附加口緣 長 頸壺) 66

부도 262, 266, 274
부도 탑비 262
부도기단 241~242, 262~266
부명(部名) 25, 34, 45, 49
부산대학교 박물관 27, 103
부산성 235
부석 96
부여 박물관 102
부여 송국리 254
부여족 79
부자상속제 44
부장품 44~45, 77, 80, 104
부족사회 26, 151
부척(斧尺) 48
북구주 90
북문로 164
북방 기마민족 60
북천 161~169, 181~208, 211~
  219, 226~237, 272~273
북천 제방 191~208, 234
북한산순수비 66
북한산주 140
북형산성(北兄山城) 252
분묘 45, 63~64, 69~71, 77, 83,
  107, 216, 225, 258
분청사기 244
분황사 18, 164, 198, 200, 208,
  213, 227
불교의 수용 60
불국사 18, 212, 241~249,
  256~267
비유왕(毗有王) 126
비지(比智) 122, 126
빈도수 188, 198
사걸 141

사두품 170
사라(Sarah) 186
사라리 255
사로 155
사료비판 270
사리봉안기 119, 146
사리역(沙里驛) 258
사비성(泗沘城) 134
사수(史須) 48
사시 42
沙梁部屬長池駟 247
사이또(齊藤) 211, 216, 220
사인(使人) 38
사자사 143
사재동 117
사적(史蹟) 211
사천왕사 261
사택씨(砂宅氏) 119
사택적덕 119, 271
사회학 275
산성 41~43, 193, 235, 269
산수유(山茱萸) 195
산천조(山川條) 260
삼국 11~18, 33, 51
삼국사기 11~17, 24~25, 32~46,
  53, 57, 73, 117~177, 181~203,
  215, 235, 269~272
삼국유사 11, 13, 17, 18, 24, 117~
  146, 149~159, 169, 173~175,
  195, 215, 255~266, 270~274
삼년산군 127
삼년산성(三年山城) 42~43
삼대봉 249
삼도(三道) 190, 193, 231, 233
삼릉 195

삼산학술조사단 24
삼시기 시대 구분 12
삼족기 98
삼태봉 253
삼한 11, 31, 52, 257
삽량주 256
상간(上干) 48
상감청자 244
상당산성(上黨山城) 247, 261, 266
상대연대 96, 224
상리고분 63
상배굴리(上排掘里) 48
상어 101~102
상주 254
상주 공검지 31
상호 작용 254
생물학 102, 275
서곡성 141
서동 16, 117~139, 143, 145~146
서동요 16, 117~146, 270~271
서라벌 155
서부동 164
서석탑 119
서악리 석침묘 72, 83
서안평(西安平) 125
서울 16, 51, 57~90, 106, 120, 131
  ~134, 189, 200, 249, 260, 270
서울 성동구 중곡동 86
서울대학교 고고인류학과 62
서조문 245
서천 181, 190, 199, 211, 272
서침(西枕) 93~94
서형산성 235
석계리(石溪里) 252
석성(石城) 234, 253

313

석실봉토분 71
석실분 57~109
석장(石墻) 234, 237
석종형(石鐘形) 부도 262
석촌동 적석총 102
석총 69
석침(石枕) 67, 72~85, 90~96, 106, 111~114
선(宣) 132, 134
선덕여고 164
선덕왕 142
선도산 182
선사시대 11, 13, 62, 101, 226, 249~257, 265~267, 183
선화공주 16, 117~139, 270~271
城慶州 226, 229, 231
성덕왕 189, 252~253
성동구 중곡동 80, 86
성동동 18, 164, 190, 211, 219, 221, 273
성벽유지(城壁遺址) 216
성보박물관 241~247
城堡條 229
성왕 62, 118, 127~144
성정용 32
성주 140~141
성중(城中) 152
성지(城址) 212, 216
성환도(成歡道) 247
세계문화유산 212
세장방형 88~90, 99
세종(世宗) 129
세형동검기 255
소내사(所內使) 47
소로 162~169, 174, 177

소백산맥 90
소비(小妃) 127~128
소사제[小舍第] 38
소오제[小烏帝] 39
소지 마립간 122, 189
소지왕(炤知王) 122
소화(昭和) 211
속함 140~141
송라(松蘿) 257
수[숲] 162, 172, 174
수도(水稻) 30
수도(首都) 152
수량(須梁) 48
수력 이론 24
수력사회 31
水路 232
수리 경영 181, 197, 202
수리가설 51, 54
수막새 245
수자원 35, 182~183
水災 232
수즙(修葺) 40
수키와 245
수혈식 주거지 101
숙종 25, 34, 193
술리(述利) 38
술천성 낭자곡성 62
숭유억불(崇儒抑佛) 264
숲 머리 마을 196, 207
시상대(屍床臺) 67
시유도기 244
시제(矢堤) 41, 46
시지(尸支) 39
식량자원 27, 150, 182
식수원 229

신·구대륙 24
신경철 45
神鬼干 159
신녕 258
신대리성(新垈里城) 253
신라 12~19, 24~25, 32~54, 57
     ~109, 117~146, 149~177, 180
     ~208, 211~236, 242~266, 269
     ~289
신라고분 74, 77
신라 묘제 60, 67, 109
신라 중고기(中古期) 금석문 34
신라 후기 양식 토기 100~105
신라본기 17, 32, 38, 40~46, 52~
     53, 120~140, 188, 198, 203,
     271~272
신라왕경복원도 211, 214
신라왕조 190
신라인 63, 94, 170, 182, 199
신매리 80
신석기 11, 101, 254
신역(新驛) 256
신용철 58, 87
신용하 31
신유림 162, 195
신이사관(神異史觀) 135
신작로(新作路) 249, 254, 257, 274
신종원 135
신하리스(Sinhalese) 28
실론(Ceylon) 27~28
실성왕 41
십자로 172
쌍봉집(雙峯集) 200, 232
써어비스(Service) 27
씨족사회 151

아곡현(阿曲縣) 256
阿達羅王 232
아리랑 위성 183
아막산성 129
아불(阿弗) 256
아비지(阿非知) 144
아시아 23, 54
아신왕 138
아음부(阿音夫) 52
아전인수(我田引水) 14, 93, 135
아화 258
안강역(安康驛) 257
안동 264
안립홍지심(岸立弘至深) 47
안변고분 74
안승주 70~71, 85~88, 92, 98, 106
안압지 162, 185~186
알천 17, 142, 183, 189, 192, 211, 226, 230, 234, 272~273
알천수개기(閼川修改記) 17, 191 ~193, 201, 233, 272
암막새 245
암키와 245
압량(押梁) 48, 257
애리조나 27, 101
앵잠 140~141
야사(野史) 17
양나라 69
양력 203
양산(梁山) 249
양정로 190, 211
양주(梁州) 256
양평 75
양평 단석리 66

양형 자기 97
에밀레종 201
여선 137
여수로(餘水路) 187, 207
여장 137
여주 매룡리 58, 62~66, 70~84, 90~97, 104, 106
여주 상리 58, 66~67, 80, 105
여주 하거리 16, 58, 68, 72, 85~99, 103~108, 270
여주군 대신면 보통리 58
여주군 주내면 매룡리 69~70, 83, 86
여지도서 18, 241, 247, 260~266, 274
여창 137
역(驛) 246~248, 256
역(曆) 연대 243
역노(驛奴) 260~261
역리(驛吏) 260
역마(驛馬) 247
역사 과학 12
역사 기록 193, 230
역사(驛舍) 258, 262
역사고고학 5, 11, 14, 16, 271
역사학 11~16, 34, 37, 39, 45, 61, 117, 121, 135, 137, 150, 275
역사학의 아버지 12
역역(力役) 25, 29, 34, 40~50, 269
역원(驛院) 248
역졸(驛卒) 197
역참(驛站) 247
역촌(驛村) 257
연도 72, 75, 78, 80, 87~88, 93,

106, 110, 189, 194
연문 83
연양리 62~63
연화문 245
열전 137
염불사 조(念佛師 條) 153
영남대학교 박물관 216, 221~222, 235~236, 273
영남문화재연구원 249, 258
영남좌로(嶺南左路) 249
영일만 252
영지(影池) 249
영천 24, 32~38, 40~44, 48, 52, 54, 194, 254, 269
영천 청제비 24, 48, 54
영천시 남부동 36
영취산(靈鷲山) 256
濊貊 57
옛 길 241~242, 257
오광길 36
오두품 170
오리수(伍里藪) 181, 195~196
오리홍수(伍里紅菾) 195
오문(伍門) 255
오봉 155
오성 39, 46
오차 범위 243
옥문곡 142
옥사조 170, 172, 177
옥순(玉純) 48
옥천 127
온조 62
와산성 62
완 65, 98
왕경(王京) 17, 152~153, 271

왕곡정 164
왕국 28, 151
왕궁 154, 161
왕기 154
왕도(王都) 152~153
왕력(王歷) 131
왕성(王城) 152
왕위계승 126, 137~138
왕재성 141
왕정곡(王井谷) 204
왕흥사 134
왜(倭) 125, 255
왜구 252
왜인 42, 252
왜적 252~253
외동읍 241~242, 246~248, 251~258, 266~267, 274
외성(外城) 237, 273
외위(外位) 39, 46, 50
요동 125
요인 24, 47, 53, 197, 202, 205
요차성 62
용강골 58, 94
용책 140
우곡 치양성 62
우두주 62
우성훈 149, 230
우소 142
울산 181, 207, 248~249, 252~261, 274
울산방면[東海口] 253
울산시 두서면(斗西面) 인보리(仁甫里) 260
울산항 249, 255
울주(蔚州) 255

울주군 범서면 249
웅진 57, 61~64, 76, 104~105, 123, 126, 141
웅촌(熊村) 249
원광대학교 마한·백제문화연구소 117
원산성 62
원삼국시대 63
원성왕(元聖王) 25, 188~189, 194
원인 15, 29, 54, 60, 94, 181, 269
원주 법천리 97
원주민 26~27, 101
원지 228
원통형 석실분 71
원효 120
월성 154, 161~162, 168, 171, 204, 226
월성로 162
월성석교 164
월성해자 171~172
월정교(月精橋) 200
월정교지(月精橋址) 186
위덕왕(威德王) 128~132, 137, 139, 143
위만조선 11
위트포겔(Wittfogel) 16, 23~31, 40, 49, 51, 54, 269
유교 135
유네스코 212
유례 189
유리 189
유리그릇 97
유리잔 97
유사(有司) 39
유석우 215

유원재 128
육두품 170
육질(六叱) 257
윤무병 31, 149, 156~161, 215~216, 218, 221, 230
윤선태 119
윤세영 71
尹煥 86
율령 53
은합 97
음력 188~189, 194, 203
읍남고루(邑南古壘) 215
읍성 191, 215~216, 229~232, 273
의성 대제지 31
의자왕 138, 143
이견대(利見臺) 258
이궁 162 ,173~174
이기동 31, 44, 57, 122~123, 138, 149, 151, 159, 161
이기백 25, 33, 39, 44, 46, 49, 122~123, 131, 135, 138, 159, 161, 194
이기봉 149, 151, 153, 155, 186, 199, 218
이남석 72, 87~88, 102~103, 106, 119
이노우에(井上秀雄) 255
이두 120
이리 39
이벌찬 122
이병도 31, 57, 117, 121~124, 151
이사금 32, 52, 189, 194
이상길 26
이승(異僧) 256
이시우에(石上) 45~46

이영호 247
이우태 32~35, 39, 49, 156, 170, 194
이은석 149, 159
李恩碩 149, 166
이은창 215~217, 221~225, 230, 235~236
이종상(李鍾祥) 195
이종욱 117, 151, 159
이찬 122, 126, 129
이채경 213
이천 42, 61
이하(泥河) 42
이홍종 26
이희준 44~45
익산 미륵사지 117
익산(益山) 123
인구 수용 능력(carrying capacity) 150
인구(population) 150
인구수 17, 271~272
인구압(population pressure) 150
인구학 149
인디안 27, 101
인류학 11~12, 16, 23, 150~151, 275
인명(人名) 24, 34, 37, 39, 45, 49, 181
인비(仁比) 257
인식론 59
인왕동 18, 164, 190, 211, 213, 219, 273
인화문 토기 100, 103
일기사덕(一耆篩德) 132~133
일모 42

일본 고고학계 59
일본인 고고학자 58
일선군 129
일성 194
일연 133~137, 151
일인(日人) 45, 68
일정교(日精橋) 199
일제강점기 12, 106, 176, 258, 266, 273~275
임관군(臨關郡) 253
임기중 117
임나 69
임야 162, 173~174
임원식 233
임정수 195
임진왜란 181, 207
임창순 32
임천사(林泉寺) 18 ,200
입실 249, 251, 255
잉기(仍己) 256
잉보역(仍甫驛) 260
자기 224, 241~242, 244, 247
자비마립간 126
자연환경 182, 202, 204~205
잠실지구 65~66, 76~79
잡지 155
장(璋) 120, 133
장각고배 102
장경호 161
장랑지(長廊址) 211
장명역(長命驛) 247
장방형 67, 72, 75, 88~90, 101
장법 67, 74~75
장성(長城) 253
장성진 117

장수(長守) 256
장수왕 57, 64, 76, 123~126
장순용 149
장제(葬制) 107
長池馹 247, 261, 266
장진호 117
저수량 34
저수지 16, 23~40, 46~55, 193~198
적석목곽분 44~45
적석총 79, 102, 108
전당지(殿堂址) 211
전덕재 261
전라도 125, 190
전라북도 79
전랑지(殿廊址) 162, 164, 200~202, 211~217, 221~227, 273
전북 김제 벽골제 31
전영래 71
전쟁 125, 128, 130, 139, 142~146, 150, 201, 271
전주 194
田中俊明 160, 256
전진(前秦) 125
전축 69
전칠각조역(典柒角助役) 48
전통성 59~64, 77, 92, 270
전파 92, 254
전한 155
절대연대 25, 31, 36~40, 46~47
절화[切火] 48
점토대(粘土帶) 227~229
정극후 200, 232
정렬모 117
정사(正史) 17

317

정상문 200, 232
정요근 256, 264
정원수치기(貞元修治記) 25, 47, 269
정인지 229
정해년 192
정헌(定軒) 195
정형성(定型性) 39
제2구어교 249
제류(堤壘) 216
제방 217~218 223
제방수(堤防藪) 206
제방시설 18 188 273
제천 의림지 31
제철유구 164
조경 149
조근우 87
조명렬 120
조방도(條坊圖) 161
조방제 161, 177
조분이사금(助賁尼師今) 52
조산 고분 102
조선 11~18, 25, 34, 181~183, 191~197, 201~207, 212, 223, 230~236, 241~249, 252, 255~259, 264~267, 272~274
조선고적도보 36
朝鮮古蹟研究會 211~212
조선백자 244
조선총독부 70~72, 212, 249, 251
조역(朝驛) 259, 264
조영현 78, 87
조철제 192, 195, 201, 206, 218, 231~233
조평환 117

족장사회 151
족좌(足座) 72, 95
좌라 42
좌평 119, 127, 129
주거지 17, 26, 62, 101, 169~171, 200, 216, 237, 272
주내면 69~70, 83, 86
주민의 이동 60
주보돈 38~39, 48, 194
주재성(主在城) 141
주척(周尺) 160
죽동 255
죽령 64
중곡동 66, 71, 76, 78, 80, 86
중국 37, 69
중국 남북조시대 37
중국자기 242, 244
중대면 석촌리 69, 86
중로 162, 165, 169, 172, 174
중마(中馬) 260
중앙집권조직체 269
즙석봉토분 104
지[연못] 162, 173~174
지구 15
지리(知里) 256
지리지 154
지리학 275
지마 189
지방관 63~64
지방통치체제 34
지신(地神) 242
지역성 73
지역적인 변형(regional variation) 73
지적도 160

지진구(地鎭具) 242, 244
지질학 275
지표조사 211, 234, 242, 247, 261
지하 수맥 차단시설 228~229
지형 177, 181~192, 204~205, 218, 226, 235, 265
직명(職名) 34, 45, 49
진골 170
진단구(鎭壇具) 242
진사왕 138
진지왕(眞智王) 32
진평왕 16, 117, 189, 120~124, 128~131, 139~146, 270~271
진평왕릉 205
진한조 153, 157~158
진현동 242, 247
진흥왕순수비 66
찬덕 140
참역(站驛) 257
창(昌) 132, 137
창건연기(創建緣起) 121
채약산(採藥山) 35
척과산(尺果山) 249
척도(尺度) 152
천경림 195
천방 18, 191, 272
철기 12, 241
철도 249
첨성대 186, 213, 226
첨해 189
청 못 24, 194
청구도(靑邱圖) 255, 257
청동 숟가락 224
청동기 11~12, 26, 62, 101, 254, 257

318

청동제 유물 254
청제(菁堤) 24
청제중립비(菁堤重立碑) 25
청주 247, 266
청주목 247
청통(淸通) 256
초두 77, 97
최광식 31
최대값 167~168, 172
최맹식 118
최병현 45, 66, 78, 94, 99~100, 103, 106
최소값 167~168 172
최영희 58, 84, 94~95, 102
최종규 45
최헌섭 253, 256
최현덕 34
추령 190, 230
酋長 159
추항 130
춘양교(春陽橋) 204
춘천 57, 64~65, 81
충북 청주시 상당구 산성동 247
충북대학교 박물관 247
충주 264
충청도 66, 125
충효리 65, 72, 74
충효리 7호분 72, 74
치미 244~245
치술령 249
침류왕 138
침점(侵占) 166
침향 72, 76, 93~94
카르네이로(Carneiro) 27
콜로라도 101

탄소연대측정 31
태풍 49, 186, 207
태화강 249
태환식 금동 귀걸이 85, 96~98, 106
토루(土壘) 18, 211, 273
토분 69, 71
토성 213, 234~235
토착인 63~64
土浦里 고분 81
토함산 183, 188, 249, 252, 259, 261
톰센(Thomsen, Christian J.) 12
통계량 167~168, 172
통계학 171, 168, 272, 275
통구 51
통일신라 11, 17, 58, 75, 80~83, 91~92, 100, 106, 109, 152, 155~156, 161, 166, 170~171, 215, 223~225, 228, 242~245, 252~257, 261~266, 271
파사 189
페루 27
편견(sampling bias) 101
평균 91, 151~152, 159, 165~172, 176~177, 202, 264
평기와 241~245
평등사회 26, 51
평면 비 88~89
평면 형태 67, 88~93, 101, 106
평면도 111~112
평민 171
평석천정 석실분 70
평양 125, 234
평양성 125

평저광구호 98
평천정 88, 99, 106
평행 발전(parallel development) 101
포유류(mammal) 102
포항 187, 274
표본 67~68, 101, 163, 167~168
표본 추출 101
표본수 67, 167
표준편차 167~168, 171~172
피닉스 27
피리사 158
피리촌 158
避隱 158~159, 256
하거리 16, 58, 64, 68, 72, 85~99, 103, 105~114, 270
하슬라 42~43
하와이 26
하일식 31, 39
한강 유역 석실분 59, 65, 87, 100, 101, 105, 107, 109
한경남도 안변군 위익면 상세포동 68, 73
한국 11~18, 23~40, 51~54, 57~109, 117~126, 135, 146, 150~151, 211~215, 225, 230, 245~255, 269~275
한국 고대 국가 형성 25, 52
한국사 13, 53, 126, 146
한림대학교 박물관 58, 102, 105
한반도 23, 31, 41, 60, 125, 186, 202
한성 57, 61, 64, 65, 71, 80, 123, 126
한성기 78, 100

319

한성시대 60, 69, 76, 80, 105, 107, 270
한정훈 255~256, 265
한지(閑地) 206
한지수 195
해론 140
해발 182~183, 253
해방 이후 12, 70
해부학적 구조 101
해서(楷書) 37
해수 129
해자(垓子) 190, 223, 236
행정구역 44, 52, 53, 268, 266
향가 17, 117, 270~271
향찰[吏讀] 120
헌강왕 157
헌덕왕릉 192, 200
헌병(獻丙) 132
헌안왕 194
헤로도투스(Herodotus) 12, 15
혁거세 155
현도성 125
현실 17, 66~67, 72~73, 76, 79, 85~89, 96, 98, 125, 139, 142, 155, 176, 199, 237, 271, 375
현종(顯宗) 190, 193, 196, 225, 226, 229~231
혈책 140
형산강 161~162, 182~184, 186, 200, 204, 211, 219, 235, 249
형제상속 138
혜왕(惠王) 137
호(戶) 17, 149, 271
호호캄(Hohokam) 27
홍보식 79, 88~89, 92, 104, 106

홍수 17, 49, 181~208, 272~273, 212, 216~219, 223, 226, 231~237
화성군 마도면 백곡리 83
화척즉지 38
환호 시설 26
활리(活里) 256
황금 271
황남대총 45
황남동 18, 226, 273
황룡사 18, 100, 144, 164~168, 171~172, 200, 208, 211, 213, 220, 225~228, 235, 237, 272
황성공원 195
황성동 164, 168~169, 171~172
황오동 18, 164, 171~172, 190, 211, 221, 273
황인호 166, 168
황패강 123
황해도 125
횡구식 58, 87~88, 94~99, 110, 270
횡장방형 현실 66~67
횡혈식 석실분 57~60, 67~68, 70, 72, 88, 90~94, 98, 100, 102~103, 106, 108
효불효교(孝不孝橋) 204
효소왕 189
孝順 132
후지시마(藤島亥治郎) 18, 160, 273
휘 122, 132
혼암리 62
흘해 이사금 32, 189
흥법(興法) 131, 133, 138

홍해 258